古典文獻研究輯刊

三七編

潘美月・杜潔祥 主編

第 36 冊

曝書亭詩錄箋注（下）

陳 開 林 整理

國家圖書館出版品預行編目資料

曝書亭詩錄箋注（下）／陳開林 整理 -- 初版 -- 新北市：花
木蘭文化事業有限公司，2023〔民112〕
目 12+188 面；19×26 公分
（古典文獻研究輯刊 三七編；第 36 冊）
ISBN 978-626-344-499-7（精裝）
1.CST：（清）朱彝尊 2.CST：中國詩 3.CST：詩評 4.CST：注釋
011.08   112010533

ISBN-978-626-344-499-7

9 786263 444997

古典文獻研究輯刊
三七編　第三六冊　　　　　　　ISBN：978-626-344-499-7

曝書亭詩錄箋注（下）

作　　者　陳開林（整理）
主　　編　潘美月、杜潔祥
總 編 輯　杜潔祥
副總編輯　楊嘉樂
編輯主任　許郁翎
編　　輯　張雅淋、潘玟靜　美術編輯　陳逸婷
出　　版　花木蘭文化事業有限公司
發 行 人　高小娟
聯絡地址　235 新北市中和區中安街七二號十三樓
　　　　　電話：02-2923-1455／傳真：02-2923-1452
網　　址　http://www.huamulan.tw 信箱 service@huamulans.com
印　　刷　普羅文化出版廣告事業
初　　版　2023 年 9 月
定　　價　三七編 58 冊（精裝）新台幣 150,000 元　　版權所有・請勿翻印

曝書亭詩録箋注（下）

陳開林 整理

目

次

下　冊

曝書亭詩錄卷之七

嘉興江浩然孟亭箋注

男塤聲先校

平蜀詩十三章並序韓菼《平定三逆方略序》：「滇逆吳三桂背恩反叛，閩逆耿精忠、粵逆尚之信相繼煽亂，生民荼毒。仰荷天威赫濯，六師四征。戰守機宜，悉從指授；三方竊踞，次第削平。」毛鳴岐《菜根堂集》：「滇逆自甲寅倡亂，海內鼎沸，全蜀首先淪陷。繼而盤踞興元，蔓延秦隴。逆寇數十萬，蜂聚天水，環繞洛門，三輔騷然震動。上以奮威將軍顯吾王公膺閫外重寄，大小數十戰，掎角數閱月，設奇制勝，所向克捷，為三秦半壁。及洛〔註1〕門寇潰，退保興元。顯吾提精銳之師，渡渭河，涉鳳嶺，親冒矢石。殘寇望風披靡，始據武關，扼吭守險，以拒我師。顯吾以武關為興元天塹，且棧道險巇，寇知我不敢逕進，若從間疾趨以絕其後，出其不意，破賊必矣。乃分兵繞武關之後，衝鋒陷陣，斬殺無算。寇以我兵從天而下，連夜奔遁雞頭關。漢城諸逆知勢不能支，各自潰逃。顯吾抵漢城，招降卒，輯殘黎，不戮一人，民皆安堵。迨殘寇入蜀，復據保寧。時偽帥九人，收合餘燼數萬，深溝高壘，以為固守計。顯吾同建威將軍吳公從漢南統大師，疾馳五丁，奪七盤，首克葭萌，分兵取廣、昭、蒼三邑，四晝夜直抵龍盤山。顯吾謂吳公曰：『逆寇嬰城死守，以老我師。不分兵攻擊，卒難取勝。公擁一軍，於盤龍山柯城之東北以分其勢；我統一軍，從城之西南直逼錦屏，阨其咽喉。必出戰，不三日，山賊可拔也。』是夜，顯吾率松潘鎮提所部勁旅，盡渡蒼溪之竹貢灘，分布各營，列於錦屏山之西南。次日黎明，寇果擁大隊於城南接戰。顯吾與松潘總兵冒鋒鏑，賈勇直前。寇果敗逃。而城內尚有寇守，浮橋一帶盡伏火器。顯吾顧其子用予曰：『不從此時入城，遲有備矣。』父子以八騎奪橋斬關，逕趨城內，號令諸將毋許妄殺一人。以蜂屯蟻聚之眾，一鼓蕩平，商民感喜。」王士禛〔註2〕《居易錄》：「奮威將軍進寶武關之戰，身先士卒，所向無前，轉戰直抵保寧。王屏藩縊死，

〔註1〕「洛」，底本殘，據《漁洋精華錄》卷九《詔起奮威將軍鎮保寧》「百戰能輕敵」惠棟注、楊謙《曝書亭集詩注》卷九補。
〔註2〕「禛」，底本作「正」。

其麾下大將尚數十人，已約降，猶據城觀望。進寶免冑卸甲，盡屏左右，單騎馳入，大呼曰：『我仁義將軍也，降者待以不死。』賊將皆羅拜歸命，乃直入偽帥府，解屏藩之懸而哭之。賊大喜過望，遂定閬中。漢羌川蜀稱進寶為仁義將軍，故賊聞之皆悅服云。」

臣伏見皇上即阼以來，《史記·文帝本紀》：「皇帝即阼。」《注》：「古時殿前兩階無中間道，故以阼階為天子之位。」仁聲溥洽，凡在海外，重譯來格。《禮》：「北方曰譯。」《說苑》：「成王時，越裳氏重譯而朝。」邇者巴蜀負固，《周禮》：「負固不服則攻之。」蕞才外切。爾叛寇，《左傳》：「蕞爾國。」《說文》：「蕞，小貌。」神人交憤。六師所向，何堅不摧。《梁書·武帝紀》：「摧堅覆銳，咽水塗原。」皇上先之以德化，未即咸劉，《書》：「咸劉厥敵。」乃凶渠既殞，陸倕《石闕銘》：「凶渠泥首。」餘孽罔悛，杜甫詩：「餘孽尚縱橫。」《書》：「惟受罔有悛心。」天威赫怒，爰命虎臣，《詩》：「矯矯虎臣。」五道分軍，陳琳《檄吳將校部曲文》：「萬里剋期，五道併入。」深入其阻。《詩》：「深入其阻。」日未浹旬，保寧、成都千里〔註3〕底定。正月丁巳，捷書上聞。誕集文武臣工，宣於闕下，僉曰：蜀寇之不靖，於今六稔。《左傳》：「不可以五稔。」《說文》：「稔，穀熟也。」古人以一年為一稔。按：自甲寅至庚申凡六年。皇上休養民力，湛靜不絿。《漢書·匡衡傳》：「湛靜安舒者戒於後時。」《詩》：「不競不絿。」金鏡在握，劉峻《廣絕交論》：「聖人握金鏡，闡風烈。」朗照萬里之遠。山川險易，瞭若掌中。廟算恢宏，《孫子》：「夫未戰而廟勝，得算之多者也。」潘岳《西征賦》：「彼雖眾，其焉用，故致勝於廟算。」指授方畧。以師則武，以時則利，以將相則和調，《史記·陸賈列傳》：「將相和調則士豫〔註4〕附。」用能不日成功。聖武布昭，《書》：「布昭聖武。」〔註5〕遠邁隆古。臣以布衣，被蒙恩澤，拔置史館。粵稽曩昔，劉闢〔註6〕既擒，韓愈進《元和聖德詩》；韓愈《元和聖德詩序》：「臣伏見皇帝陛下即位以來，誅流姦臣，朝廷清明，無有欺蔽，外斬楊惠琳、劉闢以收夏蜀，東定青徐積年之叛，海內怖駭，不敢違越。郊天告廟，神靈歡喜；風雨晦明，無不從順。太平之期，適當今日。臣蒙被恩澤，日與群臣序立紫宸殿陛下，親望穆穆之光，而其職業又在以經籍教導國子，誠宜率先作歌詩以稱道盛德，不可以辭語淺薄不足以自效為解，輒依古作四言《元和聖德詩》一篇，指事實錄，具載明天

〔註3〕「千里」，四庫本《曝書亭集》無。
〔註4〕「豫」，《史記》作「務」。
〔註5〕《伊訓》。
〔註6〕「闢」，四庫本《曝書亭集》作「辟」。

子文武神聖，以警動百姓耳目，傳示無極。」**明之平蜀，劉基亦作頌以獻。臣雖蒙滯，躬逢盛際，於以頌揚丕烈，其何敢後。乃拜手稽首而獻詩曰：**

皇帝聖哲，鍾會《檄蜀文》：「太祖武皇帝神武聖哲。」**靡遠勿瞻。南諧北變，**張衡《東京賦》：「北燮丁令，南諧越裳。」**西被東漸。**《書》：「東漸於海，西被於流沙。」**蠢爾不庭，**《詩》：「蠢爾蠻荊。」《左傳》：「以王命討不庭。」**憑阻滇黔。**曹植《王仲宣誄》：「憑江阻湖。」張載《劍閣銘》：「憑阻作昏。」《一統志》：「滇池在雲南府。」又：「黔江在重慶府。」**爰踞**〔註7〕**巴蜀，以逞戈銘。**歐陽修詩：「森羅武庫戈戟銘。」

皇帝曰諮，元戎是救。《詩》：「元戎十乘，以先啟行。」**欲宣武功，**《詩》：「文王受命，有此武功。」**誕敷文德。**《書》：「帝乃誕敷文德。」**寇眾來挑，**茶了切。《史記·項羽本紀》：「願與漢王挑戰。」**我堅壘壁。**張衡《西京賦》：「正壘壁乎上蘭。」**匪久其師，恤民之力。**

民力既恤，士氣孔揚。我車我牛，《詩》：「我車我牛。」**我倉我箱。**《詩》：「乃求千斯倉，乃求萬斯箱。」**剡荄菽粟，**《書》：「峙乃剡荄。」**在巘在岡。**《詩》：「陟則在巘。」又：「廼陟南岡。」**萬夫豫附，萬馬騰驤。**張衡《西京賦》：「仍奮翅而騰驤。」

魁渠肆殄，《書》：「殲厥渠魁。」**梟謀日阻。**《後漢書·朱浮傳》：「造梟鴟之逆謀。」**帝曰可哉，命整雲旅。**鮑照詩：「肅裝屬雲旅。」**分鑣以馳。**梁昭明太子《文選序》：「分鑣並驅。」**揚旌負羽。**楊雄《羽獵賦》：「蒙盾負羽。」**或搤**音厄。**其吭，**《史記·婁敬列傳》：「夫與人鬥，不搤其吭〔註8〕，拊其背，皆未能全勝。」**或擊其脅。**

赫赫奮威，師度七盤。《一統志》：「七盤嶺在保寧府廣元縣北一百七十里。」**既下葭萌，**《華陽國志》：「昔蜀王弟葭萌封漢中，命其地曰葭萌。」《寰宇記》：「昭化縣本漢葭萌地，天寶中改為益昌縣。」**入閬中關。**《一統志》：「保寧府，唐為閬中郡。」**桓桓勇略，**《書》：「尚桓桓。」**鳥道鉤援。**《南中八志》：「鳥道四百里，以其險絕，獸猶無蹊，特上有飛鳥之道耳。」杜甫詩：「關塞極天惟鳥道。」《詩》：「以爾鉤援。」**緜井既收，**緜竹、井研二縣俱屬成都府。**遂復錦官。**《華陽國志》：「城〔註9〕都西城，故錦官城也。」

〔註7〕「踞」，四庫本《曝書亭集》作「居」。
〔註8〕「吭」，《史記》卷九十九作「亢」。
〔註9〕「城」，疑當作「成」。楊謙《曝書亭集詩注》作「成」。

如彼東瀛，簡文帝《招真館碑》：「東瀛淥水，三變成田。」《正韻》：「瀛，海也。」用注螢爝。《北史·崔仲方傳》：「鉤篨所見，冀申螢爝。」如彼衝風，用卷秋蘀。庾信《賀平鄴都表》：「旗鼓所臨，衝風之卷秋葉。」《晉書·載記》：「符堅曰：『鼓行而摧遺晉，若霜風之隕秋蘀。』」昧雉斯經，《公羊傳》：「昧雉彼視。」《注》：「昧，割也。時割雉以為盟，猶曰視彼割雉，負此盟則如彼矣。」《晉語》：「雉經於新城廟。」《釋名》：「屈頸閉氣曰雉經，如雉之為也。」窮獸乃縛。《法苑珠林》：「窮獸入廬，乃祈生於歐〔註10〕氏。」徹其幟竿，清我堭柝。

蜀之黃髮，《詩》：「黃髮〔註11〕臺背。」植杖以遨。蜀之黃口，見後《詠柿》。聯臂而謠。壺則有漿，簞則有醪。或徯於野，或迓於郊。

迆疆迆理，《詩》：「迆疆迆理。」橙林棘路。杜甫詩：「橙林礙日吟風葉。」〔註12〕□□□箋〔註13〕：「舊注云：『諸韻無橙字，蜀人相傳以為音邱宜切。』橙惟蜀有之，不才之木也。或謂即榕也。」稽紹《白首賦序》：「忠貞抗於棘路。」爾宅爾田，輕爾徭賦。巴貢其牋，杜甫詩：「巴牋染翰光。」《紙譜》：「蜀牋紙盡用蔡倫法，有玉版、貢餘、經屑、表光之名。」賨音叢。輸其布。《晉中興書》：「巴人謂賦為賨。」《後漢書·南蠻傳》：「歲令大人輸布一匹、小口二丈，是謂賨布。」棧谷梯山，《後漢書·西域傳·論》：「梯山棧谷，繩行沙度之道，莫不備寫情形，審求根實。」千里褰泲。《水經注》：「行者間關，褰泲山水之號，亦因事生焉。」

捷書夜奏，徹於宸聰。徐元弼詩：「猶是滿宸聰。」午門斯啟，孫承澤《春明夢餘錄》：「午門即俗所謂五鳳樓也。」宣示臣工。小大稽首，《詩》：「小大稽首。」蹈舞攸同。庭燎晰晰，《詩》：「庭燎晰晰。」光如日中。

我出我師，《詩》：「我出我師。」正月初吉。《詩》：「二月初吉。」至於益部，《一統志》：「四川，古梁州地，漢置益州部。」曾不旬日。矯矯虎臣，殆罕其匹。帝心是嘉，首用遷秩。

人亦有言，《詩》：「人亦有言。」師克在和。《左傳》：「師克在和，不在眾。」

〔註10〕「歐」，《法苑珠林》作「區」。
〔註11〕「髮」，《大雅·行葦》作「耇」。
〔註12〕《堂成》。
〔註13〕按：出錢謙益《錢注杜詩》卷十一《堂成》。（上海古籍出版社 2009 年版，第373 頁）另，《杜詩詳注》卷九《憑何十一少府邕覓橙木栽》：「蔡夢弼曰：『《蜀中記》：玉壘以東多橙木，易成而可薪，美陰而不害。然余嘗歷考韻書無橙字。詢之蜀人，相傳以為丘宜切。』」

惟此成功，廟筭實多。貳者勿族，降者勿苛。皇仁之溥，四國是吡。《詩》：「四國是吡。」

井絡既平，左思《蜀都賦》：「遠則岷山之精，上為井絡。」《注》：「岷山之地，上為東井維絡也。」坤垠式奠。柳宗元《劍門銘》：「井絡坤垠，時惟外區。界山為門，環於蜀都。」蒙詔牂牁，《唐書·南詔傳》：「南詔本哀牢夷後，烏蠻別種也。夷語，王為詔。其先渠帥有六，自號六詔：蒙嶲詔、越析詔、浪穹詔、邆睒詔、施浪詔、蒙舍詔。」《一統志》：「牂牁，古西夷之地名。秦為夜郎、且蘭二縣地。漢置牂牁郡。唐為播州。」載歸赤縣。《史記·孟子列傳》：「中國名曰赤縣神州。」杜佑《通典》：「京都所治為赤縣。」皇帝神武，《易》：「古之聰明睿知、神武而不殺者夫。」〔註14〕俾修組練。《左傳》：「楚使鄧廖帥組甲三百、被練三千以侵吳。」亦有昆池，於焉習戰。《漢書·武帝紀》：「發謫吏穿昆明池。」《注》：「《西南夷傳》：『越嶲昆明國有滇池，方三百里。』漢使求通身毒國，為昆明所閉。欲伐之，故作昆明池象之，以習水戰。」

聖有恆訓，儆戒無虞。《書》：「儆戒無虞。」凡百有位，《詩》：「凡百有位。」職思其居。《詩》：「職思其居。」勿謂外寧，官守或渝。小臣作詩，以贊訏謨。《詩》：「訏謨定命。」

七月晦日賜藕恭紀二首高士奇《金鰲退食筆記》：「康熙癸丑六月九日，賜閣部大臣詞林臺省遊西苑，泛舟飲宴。辛酉七月廿二日〔註15〕，又賜閣部大臣詞林臺省部屬諸臣宴於西苑，賜內紵蓮藕有差。」

宸遊西苑念詞曹，李适詩：「禁苑秋光入，宸遊霽色高。」《畿輔通志》：「西苑在皇城內，周圍深廣，波光澄澈，綠荷芳藻，含香吐秀，遊魚浮鳥，競戲成〔註16〕集。島皆奇石巉岩，下瞰池水，喬松古檜，煙雲繚繞，隱然蓬萊仙府也。」踏藕連船出鷺濤。杜甫詩：「踏藕野泥中。」枚乘《七發》：「波湧濤起，若白鷺之下翔。」嚴維詩：「青雀舟隨白鷺〔註17〕濤。」白蕟音弱。金門教遍及，《爾雅》：「荷其本蕟。」《注》：「莖下白蕟在泥中者。」揚雄《解嘲》：「今吾子幸得，應〔註18〕金門、上玉堂

〔註14〕《繫辭上》。
〔註15〕「廿二日」，《金鰲退食筆記》卷上作「二十一日」。
〔註16〕「成」，《欽定古今圖書集成》引《畿輔通志》作「群」。
〔註17〕「鷺」，《送崔峒使往睦州兼寄薛司戶》作「露」。按：（唐）駱賓王《夏日遊德州贈高四》：「鷺濤開碧海，鳳彩綴詞林。」（唐）皎然《送稟上人遊越》：「投石輕龍窟，臨流笑鷺濤。」
〔註18〕「應」，《解嘲》作「歷」。

有日矣。」**青泥玉井訝新淘。欲添素節秋迎閏，**自注：「是歲閏八月。」《廣雅釋》：「蓮曰芙蓉，其根曰藕。陸佃云：『凡芙蓉行根，如竹行鞭。節生一葉一花，花葉常偶生，故謂之藕。』藕生應月，月生一節，遇閏則益一節。」**看漉花磚日漸高。**《唐書・李程傳》：「學士入署，視日影為候。程性懶，日過八磚乃至，時號八磚學士。」韓偓詩：「人歸三島路，日過八花磚。」**賜果自來聞曲禮，**《曲禮》：「賜果於君前。」**不圖異數小臣叨。**《左傳》：「名位不同，禮亦異數。」

分載篴音鞭。**輿路未賒，**《史記・張耳列傳》：「廷尉以貫高事辭聞。上使泄公持節問之篴輿前。」《注》：「編竹木為篴。」**冰條玉筍淨無瑕。蒸來須實麞牙稻，**白居易詩：「祿米麞牙稻，園蔬鴨腳葵。」**雪後寧論虎掌瓜。**《家語》：「黍以雪桃。」注：「雪，拭也。」杜甫詩：「佳人雪藕絲。」《齊民要術》：「瓜有龍肝、虎掌、羊骹、兔頭。」**故事繙書前代少，歸田對客異時誇。餘根試傍柯亭種，**見後《送徐中允》。**驗取薰風紅白花。**見後《五月丙子侍宴》。

贈別梅庚三首梅字耦長，號雪坪，又號聽山翁。宣城人。康熙辛酉舉人。

宛陵才子數都官，《江南通志》：「寧國府，漢置丹陽郡，治宛陵。」《宋史・梅堯臣傳》：「堯臣字聖俞，宣州宣城人。累遷尚書都官員外郎。撰《宛陵集》四十卷。」杜佑《通典》：「魏置都官，隋改都官為刑部。」**似爾清詩和者難。猶記春遊潭柘寺，**見前《題畫竹》。**下方點筆到層欄。**馬戴詩：「下方雲雨上方晴。」杜甫詩：「石欄斜點筆。」

東田西曲我曾居，《輿地紀勝》：「東田，齊文惠太子立，在上元縣東八里，形勢為天下第一。」**擬向茅山讀道書。**《江南通志》：「茅山在江寧府句容縣東南四十里。」**此意沉吟三歲久，送君南去轉躊躇。**

谿山重疊細泉分，杜甫詩：「竹竿嫋嫋細泉分。」**畫手由來最軼群。輸與田郎團扇好，秋牕看寫敬亭雲。**自注：「謂學使雯也。」李白詩：「鶱飛宛溪水，牕落敬亭雲。」潘佐《送人往宣州》詩：「謝安團扇上，為畫敬亭雲。」《江南通志》：「敬亭山在寧國府城北十里，東臨宛溪，南俯城闉，煙市風帆，極目如畫。」

送十一叔還里即作豫章之遊二首《一統志》：「江西，漢置豫章郡。」

沙隄棘樹路依然，《國史補》：「凡拜相，禮絕班行，府縣載沙填路，自私第至於城東街，名曰沙堤。」《北齊書・邢卲傳》：「槐宮棘寺顯麗於中。」**再到京華四十年。客裏鬢絲驚並老，愁中藥裹迭相憐。**王維詩：「松龕藏藥裹。」**觥籌尚**

記投賓轄，歐陽修《醉翁亭記》：「觥籌交錯。」《漢書‧陳遵傳》：「遵嗜酒，每大飲，賓客滿堂，輒關門，取客車轄投井中，雖有急，終不得去。」薑蔗都無負郭田。韋應物詩：「薑蔗傍湖田。」《史記‧蘇秦列傳》：「且使我有洛陽負郭田二頃，吾豈能佩六國相印乎！」此去南湖仍暫住，見前《樹萱篇》。未容高枕竹林眠。見後《贈魏世傚》。杜甫《示姪佐》詩：「自聞茅屋趣，只想竹林眠。」

大江西上總風湍，杜甫詩：「也從江檻落風湍。」猶勝驚沙老據鞍。儲光羲詩：「日暮驚沙亂雪飛。」擬共故人登快閣，《一統志》：「快閣在吉安府泰和縣治東澄江之上。」便浮小艇泝層灘。《一統志》：「贛江在吉安府城東下流一百里，凡二十四灘。」竹雞格磔雲根語，《格物論》：「竹雞比鷓鴣差小，毛羽褐色，多斑，赤文。」《唐本草》：「鷓鴣生江南，形似母雞。鳴雲鉤輈格磔。」李群玉詩：「又聽鉤輈格磔聲。」楊升庵集：「古詩：『黯黯布雲根。』雲生於石，故石曰雲根。」蘭草青蔥鏡裏看。江淹詩：「玉樹信蔥青。」南道逢迎應不少，莫輕留滯等長安。

題李檢討澄中濯足圖

我昔左海遊，《禮》：「洗之在阼，其水在洗東，祖天地之左海也。」《注》：「天地之間，海居於東，東則左也。」曾為東武客。《山東通志》：「東武城在青州府諸城縣境。漢置縣，隋改曰諸城。」夕陽一騎人不知，馬耳晴峰照金碧。《山東通志》：「馬耳山在諸城縣西南六十里。」趙希鵠《洞天清錄》：「唐大小李將軍始作金碧山水。」夢想青蓮五朵開，《山東通志》：「五垛山在諸城縣南八十里，五峰遙望如雉堞。」雩泉百折流濚洄。蘇軾《雩泉記》：「常山在東武郡治之南二十里。其廟門之西南十餘步，有泉汪洋折旋如車輪，清涼甘滑，冬夏若一。琢石為井，作亭於其上，而名之曰雩泉。」當時濯足若逢爾，筍鞋桐帽忘歸來，張籍詩：「踏石筍鞋輕。」黃庭堅詩：「桐帽棕鞋稱老夫。」攜手日上超然臺。蘇軾《超然臺記》：「因城以為臺者舊矣，稍葺而新之。時相與登覽，放意肆志焉。余弟子由適在濟南，聞而賦之，且名其臺曰『超然』，以見余之無所往而不樂者，蓋遊於物之外也。」《山東通志》：「超然臺在諸城縣北城上。」

五月丙子侍宴保和殿恭紀二十四韻

柱下隨周史，《唐六典》：「《周官》宗伯屬官御史掌邦國都鄙及萬民之治令，以贊冢宰。凡治之者，受法令焉。以其在殿柱之間，亦謂之柱下史。老聃嘗為之。秦改為侍御史。」杜甫詩：「伏柱聞周史。」琴邊聽舜歌。《家語》：「舜彈五弦之琴，造

《南風》之詩。其詩曰：『南風之薰兮，可以解吾民之慍兮；南風之時兮，可以阜吾民之財兮。』」王丘詩：「南風動舜歌。」**廟謨神策勝**，《後漢書．光武紀．贊》：「明明廟謨，赳赳雄斷。」潘勗《冊魏公文》：「奮其武怒，運諸神策。」**荒服遠人過**。《書》：「五百里荒服。」**蔥嶺車書接**，《綱目集覽》：「蔥嶺本山名，在天竺國東，後人據其地，自立為王，因以名國。」**條支部落多**。《史記．西域傳〔註19〕》：「條支〔註20〕在安息西數千里。」《漢書．鮑宣傳》：「部落鼓鳴，男女遮迣。」《晉書．武帝紀》：「匈奴都督拔奕虛率部落歸化。」**郵籤幾重譯**，杜甫詩：「郵籤報水程。」注：「郵籤，驛館漏籌也。」「重譯」，見前《平蜀詩》。**貢使百明駝**。《酉陽雜俎》：「唐制：驛置明駝，使非邊塞軍機，不得擅發。」陳繼儒《書蕉》：「駝臥腹不帖地，屈足漏明，則走千里。故曰明駝」〔註21〕**黃帕開封速**，陸游詩：「黃帕〔註22〕裹書俄復至。」**花甎視日趓**。音莎。「花甎」，見前《七月晦日》。《說文》：「趓，走意。」歐陽炯詞：「豆蔻花開〔註23〕趓晚日。」**九賓齊脫劍**，《漢書．叔孫通傳》：「大行設九賓。」《注》：「九賓謂公、侯、伯、子、男、孤、卿、大夫、士也。」《禮》：「裨冕搢笏，而虎賁之士脫劍也。」**一士許鳴珂**。《玉篇》：「珂石，次玉也。一云螺屬也，生海中。」《通俗文》：「勒飾曰珂。」《爾雅翼》：「貝大者珂，皮黃黑，骨白，可飾馬具，一名馬珂螺。」梁元帝詩：「鳴珂隨蹋駛。」**乍橐螭頭筆**，《漢書．張安世傳》：「持橐簪筆侍孝武皇帝數十年。」馬祖常詩：「侍臣橐筆皆鵷鳳。」「螭頭」，見後《送孫編修》。**還衣鳳尾羅**。李商隱詩：「鳳尾香羅薄幾重。」**逶迤緣幔閣**，《正韻》：「逶迤，行貌。」**踧踖步鑾坡**。《翰林志》：「唐德宗移學士院於金鑾坡上。」**天半聞清蹕**，《周禮》：「凡邦之事蹕。」《注》：「國有事，王當出，則宮正主禁絕行者，若今時衛士填街蹕也。」又：「掌蹕宮中之事。」《注》：「蹕謂止行者，清道，若今時儆蹕。」《漢官儀注》：「皇帝輦左右侍帷幄者稱警，出殿則傳蹕，止行人，清道也。」《古今注》：「警蹕所以戒行。《周禮》：『蹕而不警。』秦制：出警入蹕。謂出軍者皆警戒，入國者皆蹕止也。」王褒詩：「衡衜〔註24〕嚮清蹕。」**塵中隔絳河**。《楊

〔註19〕按：《史記》無《西域傳》。此處《史記》卷一百二十三《大宛列傳》。

〔註20〕「支」，《史記》作「枝」。

〔註21〕按：楊慎《升菴集》卷五十二《明駝使》：「《木蘭辭》：『願借明駝千里足，送兒還故鄉。』今本或改『明』作『鳴』，非也。駝臥腹不帖地，屈足漏明，則走千里，故曰明駝。唐制：驛置有明駝，使非邊塞軍機，不得擅發。楊妃私發明駝，使賜安祿山荔枝，見小說。」又載《丹鉛餘錄》卷十一、卷十三。

〔註22〕「帕」，《秋雨》作「把」。

〔註23〕「開」，《南鄉子》其七（袖斂鮫綃）作「間」。

〔註24〕「衜」，《從駕北郊詩》作「街」。

升庵集》：「《漢武內傳》：『王母使女侍問武帝云：上問起居，遠隔絳河。』蓋道書天有九霄：赤霄、碧霄、青霄、玄霄、絳霄、黅霄、紫霄、練霄、縉霄也。絳河即絳霄。」**班聯小侯近**，見前《明顯帝大閱圖》。**禮異叔孫苛**。《漢書·叔孫通傳》：「上使行禮。自諸侯王以下莫不振恐肅敬。至禮畢，盡伏，置法酒。諸侍坐殿上皆伏抑首，以尊卑次起上壽。觴九行，謁者言『罷酒』。御史執法舉不如儀者輒引去。竟朝置酒，無敢諠譁失禮者。」粔音巨。**粔籹官庖出**，《楚辭》：「粔籹蜜餌。」《注》：「言以蜜和米麵，熬煎作粔籹，搗黍作餌也。」**葡萄塞馬駄**。《史記·大宛傳》：「宛左右以葡萄為酒，富人藏至萬餘石，久者數十歲。」〔註25〕**壺冰淘紫苣**，《本草綱目》：「白苣、生菜不可煮烹，宜生接去汁，鹽醋拌食。」《合璧事類》云：「苣有數種，色白者為白苣，色紫者為紫苣，味苦者為苦苣。」**山葉裹瓊禾**。張協《七命》：「大梁之黍，瓊山之禾。」《注》：「瓊山，崑崙山也。」**割肉容臣朔**，《漢書·東方朔傳》：「上曰：『昨賜肉，不待詔，以劍割肉而去之，何也？』朔免冠謝。上曰：『先生起，自責也！』朔再拜曰：『受賜不待詔，何無禮也！拔劍割肉，壹何壯也！割之不多，又何廉也！歸遺細君，又何仁也！』上笑曰：『使先生自責，迺反自譽！』復賜酒一石，肉百斤，歸遺細君。」**傾心到尉佗**。見前《越王臺懷古》。**上雲留麗曲**，江淹《為建平王上明帝表》：「教孚上雲則紫寓交泰。」劉允濟《明堂賦》：「藹上雲之殊祉。」**深雍舞蠻鞾**。見前《阿那環》。舒元輿詩：「便脫蠻鞾出絳帷。」**喜溢龍顏甚**，《史記·高祖本紀》：「隆準而龍顏。」**哀慚鶴髮何**。《後漢書·趙壹傳·贊》：「大儀鶴髮。」《注》：「白髮也。」**見知真特達**，《論衡》：「夫特達而相知者，千載之一遇也。」〔註26〕**矢報尚蹉跎**。**懷核披香案**，《禮》：「賜果於君前，其有核者懷其核。」任華詩：「披香寓直月團團。」《唐書·武宗本紀》：「御殿日昧爽，宰相、兩省官鬭班於香案前。」**分酹太液波**。《正韻》：「酹，馬酪也。」孫國敉《燕都遊覽志》：「太液池在子城西乾明門外。」**自然蠲暍**音謁。暑，《說文》：「暍，傷暑也。」**直覺去沉痾**。《晉書·樂廣傳》：「沉痾頓愈。」韓愈詩：「一片入口沉痾瘥。」**煙淨高城柳，風傳別殿荷**。**景猶長北至**，《唐書·曆志》：「日北至，其行最舒。」**序正秩南訛**。《書》：「平秩南訛。」**帝治原無外**，《公羊傳》：「王者無外也。」**皇居信有那**。《詩》：「王在在鎬，有那其居。」**萬方皆屬國**，《漢書·霍去病傳》：「分處降者於河南，因其故族為屬國。」《注》：「不改其本國之俗而屬於漢，故號屬國。」**六詔敢橫戈**。見前《平蜀詩》。**洱海兵**

〔註25〕按：《史記》卷一百二十三《大宛列傳》無此語。出《漢書》卷九十六上《西域傳上》。

〔註26〕出王褒《四子講德論》，「之」作「而」。

將洗，《一統志》：「大理府西有洱海。」楊慎《雲南山川志》：「西洱海在府城東，古葉榆河也。」《魏都賦》：「洗兵海島。」苴蘭石可磨。《一統志》：「苴蘭城在雲南府城北十餘里。楚莊蹻王滇時所築。」《墨池編》：「唐元結作《中興頌》，顏真卿書勒於浯溪崖石，名摩崖碑。」宣功宜作頌，聖德邁元和。見《平蜀詩》。

題王舍人嗣槐西山遊記三首字仲昭，錢塘人。舉博學鴻詞。大學士益都馮公延致邸第，都人所稱「佳山堂六子」，王君其一也。授中書舍人歸。《一統志》：「西山在順天府城西三十里，巍峩鉅勢，爭奇擁翠於皇都之右。」

三年索米住長安，《漢書·東方朔傳》：「臣言可用，幸異其禮；不可用，罷之，無令但索長安米。」咫尺雲峰欲上難。讀罷高文但西笑，《新論》：「關東俚語：人聞長安樂，則出門西向而笑。」開簾試隔女牆看。見前《鴛鴦湖櫂歌》。

盧師說法已千霜，《古樂府》：「延年壽千霜。」石上松猶四尺強。按：《帝京景物略》云：「秘魔崖上一松長尺，不凋不榮，是盧師所植。」王士禎〔註27〕《秘魔崖》詩云：「石上留孤松，終古不盈尺。」皆甚言松身之短耳。此云「四尺」，或其實也。「強」猶餘也。《木蘭辭》：「賞賜百千彊。」「彊」讀為「強」。我亦曾尋二龍子，《長安客話》：「盧師山以神僧得名。師隋末居此山，能馴二龍子。山有潭，覆以巨石，其下深不可測，二龍潛焉。」《青溪漫稿》：「大小青龍之神，按碑記：昔有僧名盧，自江南來，寓居西山之屍陀林秘魔巖。一日，二童子來拜於前，盧納之，鬻薪供奉，寒暑無怠。時久旱，二童子白於盧能限雨期，言訖委身龍潭，須臾化青龍，一大一小，至期果得甘雨。事聞，賜盧號感應禪師，建寺設像立碑，以記其事。」夕陰點筆在莓牆。徐淮詩：「莓牆墨尚新。」

上方絕磴最巉同巉。巖，楊萬里詩：「曉攀絕磴更禁當。」司馬相如《上林賦》：「巉巖參差。」花藥春叢靜不芟。鮑照詩：「時黦憐花藥。」六聘山中三日住，見後《六聘山中弔霍原》。輸君秉燭入空嵌。范成大《假山》詩：「或瘦露空嵌。」

秋杪同周篔王翬李符龔翔麟邵琪舍弟彝玠從子建子游攝山是夕包銘嘉興人。**曹彥樞**嘉興人。**適至際曉周覽山曲信宿乃還翬圖為行看子**行看子即今行樂圖也。未詳所出。**各紀以詩予得四首**《江南通志》：「攝山在江寧府上元縣東北四十五里。」

一峰立如纖，江總《攝山棲霞寺碑》：「攝山，其狀似纖，亦名纖山。」眾峰

韜陰霞。謝靈運詩：「陰霞屢興沒。」**有時眾峰露，一一青蓮花。我來秋已深，白露零蒼葭。**《詩》：「蒹葭蒼蒼，白露為霜。」**同調五六人，志在窮幽遐。**盧諶詩：「身經險阻，足蹈幽遐。」**出郭屏僷**音欠。**從**，《唐書・封常清傳》：「奏僷從者三十人。」《類篇》：「僷，侍從也。」**取徑入峆**音酣。**岈**。音蝦。《集韻》：「峆岈，或作峆岈。谷中大空貌。」**高墳何王墓，但有麟辟邪**。《古樂府》：「百鳥集來如煙，山獸紛綸麟辟邪其端。鶡雞聲鳴，但見山獸援戲相拘攀。」《後漢書・靈帝紀》：「鑄天祿、蝦蟆，轉水入宮。」《注》：「天祿，獸也。」今南陽縣有宗資碑，旁有兩石獸，鑴其膊，一曰天祿，一曰辟邪。　詳見前《岳忠武王墓》。**犬吠疏籬根**，陸游詩：「籬根犬迎吠。」**鳥棲枯樹椏。每因青谿曲**，《一統志》：「青谿在江寧府治。」**遂使略彴斜**。《廣志》：「獨木之橋曰棧，亦曰彴。」注：「棧，水上橫一木為渡彴，今謂之畧彴。」**山僧遠迎客，拄杖披袈裟**。《楞嚴經會解》：「袈裟從色得名，三衣通稱。」**坐我青豆房**，梁簡文帝《與智琰法師書》：「伏承興駕，尋幸伽藍。辯論青豆之房，遣惑赤華之舍。」**汲泉烹紫茶**。《國史補》：「湖州有顧渚紫筍茶。」錢起詩：「竹下忘言對紫茶。」

　　摵摵〔註28〕**霜葉鳴**，盧諶詩：「摵摵芳葉零。」《六書故》：「摵摵藉以狀落葉之聲。」《正字通》：「蕭摵即蕭瑟，古借用瑟字，瑟瑟即摵摵也。」**皎皎霜月白。豈期深山中，乃有不速客**。《易》：「有不速之客三人來。」**將無御風行**，《莊子》：「列子御風而行，泠然善也。」**吹落大小翮**。《水經注》：「王次仲，上谷人。變倉頡舊文為今隸書。秦始皇以次仲文簡，便於事要，奇而召之。三徵而輒不至，始皇怒其不恭，令檻車送之於道上。化為大鳥，翩然而去，落二翮於斯山，故其峰巒有大翮、小翮之名矣。」**手持竹如意**，《南史・明僧紹傳》：「僧紹屢徵不至，隱於攝山。高帝謂其弟慶符曰：『卿兄高尚其事，亦堯之外臣。』仍賜竹根如意、筍籜冠。」**並坐萬古石。舉杯斟酌之**，陶潛詩：「有酒斟酌之。」**酒戶笑連擘**。姚合詩：「愛花高酒戶。」詳見後《畢上舍止酒》。**東林鐘魚聲**，孟浩然詩：「東林精舍近，日暮坐聞鐘。」袁桷詩：「鐘魚落葉聲。」**相答永今夕**。《詩》：「以永今夕。」

　　凌晨取微徑，王襃詩：「嚴駕早凌晨。」杜甫詩：「微徑不復取。」**栗杖叩精廬**。曹松《答匡山僧贈榔栗杖》詩：「栗杖出匡山，百中無一枝。」**病葉脫鴨腳**，杜甫詩：「病葉先秋墮。」《格物總論》：「銀杏一名鴨腳，因葉相似也。」**斜門束林**

〔註28〕「摵摵」，《曝書亭集》作「槭槭」。

篠。左思《吳都賦》:「其竹則篔簹林箊。」**秋盡澗泉涸。**㕈榼。**窟徙潛狙，**音疽。郭璞《江賦》:「鼓㕈窟以漰渤。」《注》:「㕈，穴也。」柳宗元文:「陰姤潛狙。」《注》:「潛狙，蛇也。」**谿橋凡屢渡，徑草多未除。西上天開岩，縱觀石壁書。**《一統志》:「攝山棲霞寺，齊時建，後有天開岩，唐以來名人多有題詠。」**大江流舄下，日午風舒舒。急槳撣廬舟，**陸龜蒙詩:「細槳輕撣下白蘋。」**有若逆水魚。不知躋絕頂，蒼茫復何如。**

山遊逾信宿，《詩》:「於女信宿。」**未能極深窈。**《古詩》:「曲徑通深窈。」**我僕迎路隅，揭步出叢篠。**李白詩:「揭步滄州畔。」張九齡詩:「叢篠亦清深。」**比丘指雙松，**《魏書・釋老傳》:「桑門為息心，比丘為行乞。」顧況《攝山》詩:「古墓依寒草，前朝寄老松。」**紀年千歲少。何人植此樹，毋乃明僧紹。摩挲捨宅碑，**《江寧府志》:「棲霞寺在攝山南。齊明僧紹故宅。永明七年捨為寺。」**風跡尚未杳。**《後漢書・朱浮傳》:「頗欲厲風跡。」《注》:「風化之跡也。」**王郎妙山水，能事擅江表。**王士禎〔註29〕《居易錄》:「王翬，字石谷，自號烏目山人，常熟人。畫與太倉王太常時敏、王廉州鑑齊名，江左稱『三王』。」杜甫《戲題王宰畫山水圖歌》:「能事不受相促迫，王宰始肯留真蹟。」**試畫偕遊朋，煙液信昏曉。**《楚辭》:「窺煙液之所積。」**經營殫意匠，**見前《贈沈華》。**改月庶能了。**

贈徐丈

石帆先生海嶽姿，《江南通志》:「蘇州府城西南有石帆山，附鄧尉山。」李郢詩:「龍馬精神海鶴姿。」**盛年解組棲山茨。**唐玄宗《送賀知章詩序》:「解組辭榮，志期入道。」「山茨」，見前《贈鄭簠》。**耕漁軒竹長千個，上下崦梅開幾枝。**《蘇州府志》:「鄧尉山西北為虎山，中通一溪，跨以石梁，曰虎山橋。橋之西南有上下崦。」按:此二句，詩家所謂折句法。如李益云「柳吳興近無消息，張長公貧苦寂寥」;貫休云「尋班超傳空垂淚，讀李陵書更斷腸」;又，「郭尚父休誇塞北，裴中令莫說淮西」;杜荀鶴云「卷一箔絲供釣線，種千林竹作漁竿」;歐陽修云「靜愛竹時來野寺，獨尋春偶過溪橋」;黃庭堅云「管城子無肉食相，孔方兄有絕交書」。五言如杜牧云「一千年際會，三萬里農桑」;孟郊云「藏千尋布水，出十八高僧」;賈島云「一千尋樹直，三十六峰寒」;元稹云「庾公樓悵望，巴子國生涯」。似齟齬而實協律也。先生集中常有此體。**有客問年書亥字，**《左傳》:「晉悼夫人食輿人之城杞者。絳縣人或年長矣，無子，而往與於食，有與疑年，使之年。曰:『臣，小人也，不知紀年。臣

〔註29〕「禎」，底本作「正」。

生之歲，正月甲子朔，四百有四十五甲子矣。其季於今，三之一也。』吏走問諸朝。師曠曰：『七十三年矣。』史趙曰：『亥有二首六身，下二如身，是其日數也。』士文伯曰：『然則二萬六千六百有六旬也。』」李商隱詩：「過客不勞詢甲子，惟言〔註30〕亥字與時人。」**閉門轟飲過申時**，呂才《東皋子序》：「恨不逢劉伶與閉門轟飲。」馬翼詩〔註31〕：「不須愁犯卯，且乞醉過申。」**只今介雅多新句**，《隋書·音樂志》：「四曰介雅。」注：「上壽酒用之。取《詩》『君子萬年，介爾景福』也。」**好續金蘭舊日詩**。先生《靜志居詩話》：「吳人徐達左良夫居太湖之濱光福寺，闢耕漁軒以延名士，集其詩文為《金蘭集》。其好事亞於顧仲瑛云。」又「耕漁軒名士留題甚眾，朱德潤澤民為作圖，仇機沙大用作傳，高遜志士敏作記，唐肅處敬作銘，王行止仲作序，楊基孟載作說，釋道衍作後序，因編為《金蘭集》。其十二世孫大業受業於予，出先代所遺詩箋百餘幅，正草篆隸靡所不有，如束筍然，皆元季明初諸公手蹟也。」按：徐丈非大業之父，當即其祖也。

送徐中允秉義假還崑山四首 徐字果亭。康熙癸丑探花。官至吏部侍郎。

經義紛綸致異同，見前《酬閻若璩》。**誰能閉戶軟塵中**。蘇軾詩：「軟紅猶戀屬車塵。」注：「前輩戲語，西湖風月不如東華軟紅香土。」**著書終讓名山好**，《漢書·司馬遷傳》：「僕誠已著此書，藏之名山，傳之其人。通邑大都，則僕償前辱之責。」**輸與周南太史公**。《司馬遷傳》：「天子始建漢家之封，而太史公留滯周南，不得與從事。」《注》：「周南，洛陽也。」杜甫詩：「周南太史公。」

舊侶荊高對酒頻，《史記·刺客傳》：「荊軻至燕，愛燕之狗屠及善擊筑者高漸離。荊軻嗜酒，日與狗屠及高漸離飲於燕市，」**香螺畫楖五冬春**。庾信詩：「香螺酌美酒。」**獨醒客去無堅坐**，《楚辭》：「眾人皆醉我獨醒。」杜甫詩：「老人因酒病，堅坐看君傾。」**臥甕憑誰捉醉人**。見前《春暮》。

石湖居士范成大，《宋史·范成大傳》：「成大，字致能，崑山〔註32〕人。工於詩。自號『石湖』。」《江南通志》：「石湖在蘇州府西南十二里，宋參政范成大隨高下為亭觀，繪湖山圖。孝宗寫『石湖』二字賜之。」**金粟山人顧阿瑛**。顧嗣立《元詩選》小傳：「顧瑛，一名阿瑛，別名德輝，字仲瑛，崑山人。世居界溪之上。卜築玉山草堂，園池亭榭、餚館聲伎之盛，甲於天下。四方名士常主其家，日夜置

〔註30〕「言」，李商隱《戲題贈稽山驛吏王全》作「書」。
〔註31〕按：出（唐）馬異《暮春醉中寄李幹秀才》。
〔註32〕「崑山」，《宋史》卷三百八十六原作「吳郡」。

酒賦詩。一時風流文雅,著稱江東。自稱金粟道人。」**歸向東吳無個事**,秦系詩:「謝生〔註33〕無個事。」**留賓題徧草堂名。**

淥波碧草望中遙,江淹《別賦》:「春草碧色,春水淥波。送君南浦,傷如之何!」**劉井柯亭轉寂寥。**黃佐《翰林記》:「劉井,學士劉定之所濬,在公署後堂之左。柯亭,學士柯潛所建,在公署後堂之右。」李東陽詩:「柯亭劉井相西東。」**他日歸帆下吳苑**,見前《同曹侍郎和秋柳》。**先攜竹杖訪平橋。**

送張劭之平遙張字博山,嘉興人。《一統志》:「平遙縣在汾州府城東八十里。」

彼汾沮洳吾舊遊,《詩》:「彼汾沮洳。」**送爾匹馬逾徐溝。**《一統志》:「徐溝縣在太原府城南八十里。」**人行芳草碧於水,日出杏花紅滿樓。榼中酒味苦桑落**,杜甫詩:「坐開桑落酒。」**簾外鳥聲黃栗留。**陸璣《詩疏》:「黃鳥,黃鸝留也,或謂黃栗留。」**客居適意遠亦得,搖筆賦詩何所求。**

上巳萬柳堂讌集同諸君和相國馮夫子韻二首陳維崧《徵萬柳堂詩文啟》:「都城海岱門之東,沙河門之內,有地一區,益都相國馮公顧而樂之,節縮其祿米所入,買以為園,名曰萬柳堂。先是元廉公希憲有堂名萬柳,距都門不三十里而近,當時趙承旨諸公參作詩歌以詠之,其遺址在今豐臺左右。公慕廉孟子之為人,又園中種柳,不啻以萬計,故仍以為名。」先生《萬柳堂記》:「萬柳堂,今文華殿大學士益都馮公取元野雲廉公讌遊舊地以名之也。方元之初,廉公定隴蜀還,進拜中書平章政事,賜宅一區,暇同盧、趙諸君子出郊置酒。所謂萬柳堂者,故老相傳在今豐臺左右。當其飲酣,賦詩命歌者進驟雨新荷之曲,風流儒雅,百世之下,猶想見之。今公弼諧盛際,謀謨內贊,坐致太平,其勳業與廉公等。彝尊客山東時,道經臨朐,觀乎薰治之源,清泉白沙淪漣;側坎之下,叢竹百萬。詢之,則公之別業。循階以登,徑之翳者當闢,石之戴土者當剔,亭之圮者當葺。公輟不治,顧專力於是,則以冶源公所獨樂,而京師與天下人同其樂也。堂成後,適四方人士應召至京師,公傾心下交,貧者為致館,病饋以藥,喪者賻以金。一時抒情述德,咸歌詩頌公難老。又慮公捨斯堂而請歸里也,爭賦詠公前,期公樂之而不去。」相國名溥,字孔博。順治丁亥進士。

不到閒園已隔年,綠楊高映女牆連。無妨並馬橫橋渡,更許深杯曲水傳。《晉書·李暠傳》:「上巳日讌於曲水,命群僚賦詩,而親為之序。」**徑仄易侵蘋葉小,日晴況有杏花妍。舞雩幸忝從遊列,澹沲春光過禁煙。**杜甫詩:「春光澹沲秦東亭。」吳曾《漫錄》:「澹沲,當是潭沱。」《江賦》:「隨風猗萎,

與波潭沱。」善曰：「潭沱，隨波之貌。」梁簡文詩：「潭沱青帷閉。」富嘉謨詩：「春光潭沱度千門。」〔註34〕《荊楚歲時記》：「介之推三月五日為火所焚，國人哀之。每歲春暮不舉火，謂之禁煙。」

小徑升堂步屧音燮。**偕**，杜甫詩：「小徑升堂舊不斜。」《南史‧袁粲傳》：「粲嘗步屧白楊郊野間，遇一士人，便與酣飲。」《說文》：「屧，履中薦也。又，屐也。」**隄沙遙築避塵霾**。見前《送十一叔》。**歌翻驟雨新荷好**，《輟耕錄》：「京師城外萬柳堂，亦一宴遊處也。野雲廉公一日於中置酒，招疏齋盧公、松雪趙公同飲。時歌兒劉氏名解語花者，左手折荷花，右手執杯，歌《小聖樂》，云：『綠葉陰濃，遍池亭水閣，偏趁涼多。海榴初綻，朵朵簇紅羅。乳燕雛鶯弄語，對高柳鳴蟬相和。驟雨過，似瓊珠亂撒，打遍新荷。人生百年有幾，念良辰美景，休放虛過。富貴前定，何用苦張羅。命友邀賓宴賞，飲芳醑淺酌低歌。且酩酊，從教二輪，來往如梭。』既而行酒，趙公喜，即席賦詩曰：『萬柳堂前數畝池，平鋪雲錦蓋漣漪。主人自有滄洲趣，游女仍歌白雪詞。手把荷花來勸酒，步隨芳草去尋詩。誰知咫尺京城外，便有無窮萬里思。』《小聖樂》乃小石調曲，元遺山所製，而名姬多歌之，俗以為《驟雨打新荷》者是也。」野雲廉公於都城外萬柳堂張筵邀疏齋、松雪兩學士，歌姬劉名解語花，左手折荷花持獻，右手舉杯，歌驟雨打新荷之曲。」**地比崇山峻嶺佳**。王羲之《蘭亭序》：「永和九年，歲在癸丑，暮春之初，會於會稽山陰之蘭亭，修禊事也。群賢畢至，少長咸集。此地有崇山峻嶺，茂林修竹，又有清流激湍，映帶左右，引以為流觴曲水，列坐其次。雖無絲竹管絃之盛，一觴一詠，亦足以暢敘幽情。」**露井有華滋藥甲**，杜甫詩：「露井凍銀床。」又：「藥條藥甲潤青青。」　「井華」，見前《河豚歌》。**春衣無桁**杭去聲。**掛松釵**。桁，衣架。《古樂府》：「還視桁上無懸衣。」《癸辛雜識》：「凡松葉皆雙股，故世以為松釵。」**永和會後斯遊最**，杜甫詩：「將老斯遊最。」**禊飲蓬池未許儕**。鈕世楷注：「蕭穎士《蓬池禊飲序》：『天寶乙未，暮春三月，河南連帥領陳留守李公以政成務簡，方國多暇，率府郡佐吏二三賓客暢飲於蓬池，修祓除之禮也。』」

〔註34〕 按：此一節似錄自王士禎《行經鵲華二山間即目》「春波澹沲清心顏」惠棟注（《漁洋精華錄集釋》卷十二，上海古籍出版社1995年版，第1801頁），曰：王志堅《名句文身表異錄》：「《江賦》：『隨風猗萎，與波潭沱。』《注》：『潭沲，隨波之貌。沲，徒我切。』梁簡文詩：『潭沲青帷閉，玲瓏朱扇開。』富嘉謨詩：『陽春三月朝始暾，春光潭沲度千門。』」少陵《醉歌行》：「春光澹沲秦東亭。」草堂本作「潭沲」。吳曾《能改齋漫錄》：「澹沲，當是潭沲。」西樵《上浮集》作「淡沲」，雲淡平讀，沲仄讀。
故此中「吳會」疑是「吳曾」。

恩賜禁中騎馬王士禎〔註35〕《分甘餘話》:「大內南書房在乾清門內西廊下,內直翰林官居之。其出入皆奉旨,由某門侍衛某人導引伴送。壬戌後,特旨內直官許於禁中乘馬,至所出入之門。故朱檢討彝尊紀恩詩云:『回思身賤日,足繭萬山中』,蓋異數云。」

　　魚鑰千門啟,梁簡文帝詩:「夕門掩魚鑰。」《芝田錄》:「門鑰必以魚,取其不瞑守夜之義。」**龍樓一道通**。《漢書・成帝紀》:「上嘗急召太子,出龍樓門,不敢絕馳道。」《注》:「門樓上有銅龍,若白鶴、飛廉之為名也。」**趨翔人不易,行步馬偏工**。《列異傳》:「鮑宣生子永、永子昱,三世皆為司隸,而乘驄馬。京師歌曰:『鮑氏驄,三人司隸再入公。馬雖瘦,行步工。』」**鞭拂宮鴉影**,柳宗元詩:「傳點亂宮鴉。」**衣香苑柳風。薄遊思賤日**,謝靈運詩:「薄遊似邴生。」**足繭萬山中**。《戰國策》:「蘇子足重繭,日百而舍。」《注》:「繭,足胝也。」

駕幸五臺山恭紀三首徐乾學《高士奇〈扈從西巡日錄〉序》:「康熙二十二年二月甲申,大駕發京師,歷五臺諸山寺道苑,家口南海子,以三月戊申還宮,往返二十五日。」《一統志》:「五臺山在太原府五臺縣東北一百四十里,環五百餘里,五峰高出雲表。世傳北方有文殊師利所居之地,曰清涼山者,即此也。」

　　圖經曾識五臺名,《隋書・經籍志》:「《諸州圖經集》一百卷。」《宋史・藝文志》:「《山海圖經》十卷。」**想見雲從帳殿生**。宋之問詩:「雲依帳殿結為樓。」蔣一葵《唐詩選箋釋》:「天子出行所在,以帷帳設為宮殿,曰帷宮帳殿。」**節物乍分春恰半**,陸機詩:「踟躕感節物。」**登臨最好雪初晴**。羅隱詩:「馬前山好雪初晴。」**林香紫鴿翻風上**,庾信詩:「林香動落梅。」杜甫詩:「紫鴿下罘罳。」注:「暗用釋氏『鴿入佛影,心不驚怖』之語。」《大智度論》:「有鷹逐鴿,鴿飛來佛邊住。佛影覆鴿,鴿身安隱,怖畏即除。」**月黑金蓮照地明**。高士奇《扈從西巡日錄》:「五臺山名花有五:曰菊、曰金芙蕖、曰百枝、曰鉢囊、曰玉仙。元好問詩云:『沉沉龍穴貯雲煙,百草千花雨露偏。佛土休將人境比,誰家隨步得金蓮。』蓋指金芙蕖也。」**定有山靈呼萬歲**,《漢書・武帝紀》:「親登嵩高,聞呼萬歲者三。」**不徒龍象下方迎**。《傳燈錄》:「水中龍力大,陸中象力大,故負荷大法者,比之龍象。」馬戴詩:「下方雲雨上方晴。」

　　花宮高下繞臺懷,《白帖》:「佛寺曰蓮界、花宮。」《扈從西巡日錄》:「廣宗、永明、圓照、塔院、羅睺、殊像諸寺,在靈鷲之麓。土人名曰臺懷、清涼,最佳處也。」

〔註35〕「禎」,底本作「正」。

鐵鏃層層鴈齒階。庾信《溫湯碑》：「秦皇餘石，仍為鴈齒之階。」代郡雲山連朔郡，北街星斗劃南街。《星經》：「昴畢間二星曰天街。日月五星出入要道，若津梁，主伺候關梁。又主國界，街南為華夏，街北為外國，所以限隔華夏。」千夫試轉清涼石，《華嚴經大疏》：「清涼山即代州雁門郡五臺山也。歲積堅冰，夏仍飛雪，曾無炎暑，故曰清涼。」《一統志》：「清涼嶺西有清涼石、清涼泉、清涼洞。」《扈從西巡日錄》：「清涼石在清涼谷嶺西保安寺內，崇六尺五寸，圍四丈七尺。石面如砥，細理成文，天然綺藻。傳有頭陀跌〔註36〕坐說法，梵音琅琅，近之即失。後人目之為曼殊床。」二月如燔泰岱柴。《書》：「歲二月，東巡守至於岱宗，柴。望秩於山川。」望秩百王曾不到，天教宸藻首磨崖。沈佺期詩：「宸藻光盈尺。」　「磨崖」，見前《五月丙子》。

　　紫府仙居嶽鎮同，《太平御覽》：「五臺山名紫府山，仙人居之。」《寰宇記》：「《五臺山道經》以為紫府山，《內經》以為清涼山。」削成太古想神功。《山海經》：「太華山削成而四方。」地傳竺法蘭棲處，《大藏一覽》：「後漢明帝遣博士王遵等往西域迎佛法，至月氏國，遇迦葉摩鳩騰、竺法蘭二僧，帶白氎畫釋迦像、《四十二章經》，白馬馱之，邀至洛陽，此中國有三寶之始。」山入勾龍爽畫中。《宣和畫譜》：「勾龍爽有《紫府仙山圖》。」曲磴溪流頻度馬，晴雲鳥下數歸鴻。省方豈為尋沙界，《易》：「先王以省方，觀民設教。」《金剛經》：「諸恒河所有沙數佛世界。」王中《頭陀寺碑》：「演勿照之明，而鑒窮沙界。」特採天花壽兩宮。《扈從西巡日錄》：「五臺山有杉叢生，下視若薺，土人目為落葉松，又曰柴木。雨餘產菌如斗，其色乾黃，是謂天花。其在陰崖叢薄，落葉委積，蒸濕怒生，白莖紫繳，是謂地菜。宋朱弁有《謝崔致君餉天花詩》云：『地菜方為九夏珍，天花忽從五臺至。堆盤初見瑤草瘦，鳴齒稍覺瓊枝脆。赤城菌子立萬釘，今日因君不知貴。』可稱工於狀物矣。」陳與義詩：「誰折黃花壽兩宮。」

賜紵紀事

　　上蘭〔註37〕初日映簾犀，《漢書・元后傳》：「餐飲飛羽，校獵上蘭。」《注》：「上蘭，觀名也。在上林中。」王維詩：「紫莖朱櫻出上上蘭。」李商隱詩：「簾釘鏤白犀。」天語聽傳紫閣西。庾信詩：「紫閣旦朝罷。」織自珠宮加熨貼，杜甫詩：「煌煌珠宮物。」又：「美人細意熨帖平，裁縫滅盡針線跡。」擎來黃紙驗封題。

〔註36〕「跌」，底本誤作「跌」。
〔註37〕「蘭」，《曝書亭集》作「闌」。

西鑑《續事始》：「貞觀十年，詔用黃麻紙寫詔勅。」**折枝花訝臨風並**，見《鴛鴦湖櫂歌》。**掉尾鯨看戲水齊**。杜甫《張舍人遺織成褥段》詩：「開緘風濤湧，中有掉尾鯨。」**端綺入春恩再洽**，《古詩》：「客從遠方來，遺我一端綺。」**稱詩彌媿在梁鵜**。《詩》：「維鵜在梁，不濡其翼。彼其之子，不稱其服。」

賜御衣帽恭紀

鶴紋初啓尚衣封，謝靈運詩：「遺我鶴紋綾。」張玄〔註38〕晏《謝衣段啓》：「鶴紋價重，龜甲樣新。」《新唐書·百官志》：「尚衣局奉御二人、直長四人，掌供冕服几案。」王維詩：「尚衣方進翠雲裘。」**藤帽朱絲自九重**。《楚辭》：「君之門以九重。」《注》：「天子有九門，謂關門、遠郊門、近郊門、城門、皋門、雉門、應門、庫門、路門也。」**日角乍辭宮樣穩**，《東觀漢記》：「光武隆準日角。」鄭玄《尚書中候注》：「日角謂庭中骨起狀如日。」**冰紈不散御香濃**。《漢書·地理志》：「齊地織作冰紈綺繡純麗之物。」**玉堂掌故傳他日**，《漢書·李尋傳》：「臣尋位卑術淺，過隨眾賢待詔，食大官，衣御府，久污玉堂之署。」《注》：「玉堂殿在未央宮。」《〈史記·晁錯傳〉注》：「掌故主故事也。」**清鏡衰顏話舊蹤。回憶滄江六年事，箬皮荷葉釣船縫**。高適《漁父歌》：「箬皮笠子荷葉衣。」

賜鰣魚《江南通志》：「鰣魚，揚子江出。四月時，郭公鳥鳴，捕魚者以此候之。魚遊江底，惜其鱗縷掛網，即隨水而上。其鱗如銀，鮮明可愛。」

京口鰣魚尺半肥，《一統志》：「鎮江府，三國吳初都於此。及遷都秣陵，乃改京口鎮。」**黃梅小雨水平磯**。見《鴛鴦湖櫂歌》。**無煩越網千絲結**，杜甫詩：「網聚黏圓鯽。」韓愈詩：「囚飛黏網動。」李商隱詩：「莫將越客千絲網。」按：鎮江春秋時為吳，後屬越。越敗屬楚。顧炎武《日知錄》云：「趙至《與嵇茂齊書》：『梁生適越，登嶽長謠。』梁鴻本適吳，而以為越者，吳為越所滅也。」「越網」亦非借用。**早見燕山一騎飛**。《一統志》：「順天府，宋宣和中名燕山府。」**翠釜鳴薑縿敕進**，王績《遊北山賦》：「拭丹鑪而調石鼎，裏翠釜而出金精。」韋琳《菹賦》：「方當鳴薑動桂，紆蘇佩棳。」**玉河穿柳旋攜歸**。梅堯臣詩：「魚穿楊柳誇鮮鱠。」**鄉園縱與長干近**，見前《小長干曲》。**四月吳船販尚稀**。

送杜少宰臻視海閩粵二首杜字肇餘，秀水人。順治戊戌進士。官至禮部尚書。

漢將樓船遠受降，《漢書·武帝紀》：「元鼎五年，遣樓船將軍楊僕出豫章，下

〔註38〕「玄」，底本作「元」，據《文苑英華》卷六百五十五改。

滇水。」《後漢書・馬援傳》：「援將樓船大小二千餘艘，戰士二萬餘人，擊九真賊徵側餘黨都羊等，自無功至居風，斬獲五千餘人，嶠南悉平。」杜佑《通典》：「漢孝成征閩越東甌，有伏波樓船。」**重臣疆理到南邦**。《史記・汲黯列傳》：「非素重臣不能任。」《詩》：「于疆于理，至于南海。」〔註39〕**山程越嶺復見嶺**，見前《和程遠》。晁補之詩：「幽事課伐嶺。」**水驛下瀧**音雙。**還上瀧**。《一統志》：「三瀧水在韶州府樂昌縣西六十里，源出湖南莽山。水有新瀧、垂瀧、腰瀧三派，故名。」元結詩：「下瀧船似入深淵，上瀧船似上青天〔註40〕。」**榕葉清陰交露輞**，見後《送張遠》。王維詩：「朱文露輞〔註41〕動行軒。」《韻會》：「車輞，車之牙輞，輮也。」**梅花疎影入吟牕**。見後《重九後一日》。林逋《梅花》：「疏影橫斜水清淺。」岑參詩：「斜月隱吟牕。」**不知五色羅浮雀**，《東坡集》：「羅浮有五色雀，以絳羽為長，餘皆從之東西，俗云有『貴人入山則出』。」吳震方《嶺南雜記》：「五色雀產羅浮。遊羅浮者，大率先至華首寺。有佳客至，則此鳥飛鳴迎客，名迎客鳥。」**玉節前頭日幾雙**。唐玄宗詩：「玉節授軍符。」

　　暫輟山公啟事書，《晉書・山濤傳》：「濤再居選職十有餘年。所奏甄拔人物，各為題目，時稱山公啟事。」**周巡閩海自扶胥**。韓愈《南海神廟碑》：「扶胥之口，黃木之灣。」**廿年已失魚鹽利**，《管子》：「通齊國魚鹽東萊，使關市幾而不正，壥而不稅，以為諸侯之利。」**百戰猶存蕩析餘**。《書》：「今我民用蕩析離居，罔有定極。」**鴈戶沙邊尋舊宅**，《丹鉛續錄》：「鴈戶，流民也。」**鮫人渡口趁新墟**。《博物志》：「南海外有鮫人，水居如魚，不廢績織，時出人家賣綃。」柳宗元詩：「綠荷包飯趁墟人。」注：「嶺南人呼市為墟。」《閩敘粵述》：「市日謂之墟，赴者謂之趁墟。」**恩言卻似平淮後，相度來宣走傳車**。韓愈《平淮西碑》：「帝有恩言，相度來宣。」　「相度」，宰相裴度也。　「傳車」，見後《送曹郡丞》。

送宋僉事犖之官通潞四首湯右曾《宋公墓誌》：「公諱犖，字牧仲，晚歲自號漫堂。商丘人。大學士文康公子。年十四，例以大臣子入宿衛。逾歲，擢用試第一，改文資。康熙中謁選，得黃州通判。歷官江西、江蘇巡撫，召為吏部尚書。」按：此詩為康熙二十二年由刑部郎中出為通永道僉事，先生贈行之作。「通潞」，見前。

　　十里鶯花露輞前，丘遲《與陳伯之書》：「雜花生樹，群鶯亂飛。」孫逖詩：

〔註39〕　《大雅・江漢》。
〔註40〕　「上青天」，《雜曲歌辭》其五《欸乃曲》作「欲昇天」。
〔註41〕　「輞」，王維《送崔五太守》作「網」。

「邊地鶯花少。」　「露輧」，見上篇。慶豐牐口〔註42〕得漁船。見前《九言》。莫嫌一出春明遠，《唐六典》：「京城東面三門，中曰春明，北曰通化，南曰延興。」王渻詩：「莫道兩京非遠別，春明門外即天涯。」猶是城東尺五天。《雞跖集》：「韋曲、杜鄠近長安。諺曰：『城南韋杜，去天尺五。』」杜甫詩：「時論同歸尺五天。」

中盤曾聽佛樓鐘，《畿輔通志》：「盤山，在順天府薊州城西北二十五里。山不可登，盤而登之，曰盤山。盤有三，上盤塔，中盤寺，下盤泉。寺，少陵寺也。」按部重登紫蓋峯。《齊書・武帝紀》：「守宰親民之要，刺史案部所先，宜嚴課農桑，必窮地裏〔註43〕。」蘇軾詩：「淮西按部威猶凜。」《盤山志》：「紫蓋峰在盤山中央。」料得使君吟興發，塞門百道走紅龍。高士奇《松亭行紀》：「少陵寺傍紅龍池，鑿石如龍，以朱塗之，甚不可解。」

漁陽松纖寶坻魚，《一統志》：「通州，秦屬漁陽郡。」《盤山志》：「松纖產盤山，土人目為紫蘑菇。」《一統志》：「寶坻縣在通州城東南一百二十里。」《燕山叢錄》：「寶坻銀魚，都下所珍。」湼酒吳船味不如。《一統志》：「湼水在豐潤縣，經縣西南，過玉田，至寶坻縣草頭湖入海。」更憶昔年移柳在，杜甫詩：「移柳更能存。」濃陰輸爾晝簾餘。《宋書・顧愷之傳》：「為山陰令，御繁以約。晝日垂簾，門階閒寂。」

白馬銀鞍紫絡縷，引弓曾傍屬車行。《漢書・賈捐之傳》：「鸞旂在前，屬車在後。」詳見後《高麗湲歌》。為郎未老單車出，《漢書・馮唐傳》：「唐以孝著，為郎中署長，事文帝。帝輦過，問唐曰：「父老何自為郎？」《注》：「言年已老矣，何乃自為郎也。」《漢武故事》：「上嘗輦至郎署，見顏駟鬢眉皓白，問：『何其老也？』駟對曰：『臣文帝時為郎，文帝好文，而臣好武；景帝好老，臣尚少；陛下好少，臣已老。是以三棄不遇。』上感其言，擢為會稽都尉。」李陵《答蘇武書》：「足下昔以單車之使。」射虎重過右北平。《史記・李廣列傳》：「廣為右北平太守。出獵，見草中石，以為虎而射之，中石沒鏃，視之石也。因復更射之，終不能復入石矣。廣所居郡聞有虎，嘗自射之。及居右北平射虎，虎騰傷廣，廣亦竟射殺之。」《一統志》：「北平城在薊州，相傳李廣射石沒羽即此。」

題雪中垂釣圖先生《翰林院檢討任丘龐君叢碧山房詩序》云：「任丘在畿南，九十九澱之水匯於縣境，陂塘遠近，芰荷、葭葦、蒲柳之利比於吳越，舟檣之往來，魚鳥

〔註42〕「口」，《曝書亭集》作「水」。
〔註43〕「裏」，《南齊書》卷三作「利」。

之出沒，山房領其要焉。君歸乎，吾將訪君。於是漁榔釣車，相與賦詩酬和，附茲集之末。」則此詩殆為龐君題也。龐名塇，號雪崖，舉博學鴻詞。

九十九澱音電。畿南水，《風庭掃葉錄》：「左思《魏都賦》有掘鯉之澱，或云即狐狸澱。《廣韻》：『澱，泊屬。』《韻會》：『淺泉也。』今京師有南澱、北澱，近畿則有方澱、三角澱、大澱、小澱，不能悉記，凡九十九澱。」按：《說文》無澱字，傳寫者或作�，或作澱，或作墊，皆非。五三六點塞北鴻。無上宮道人《仙遊歌》：「五三六點靈雨滴，百千萬樹梨花開。」雪花溟濛濕柳絮，見前《雪牕》。人影瑟縮枯蓮蓬。韓愈詩：「瑟縮久不安。」按：吳偉業有《蓮蓬人》詩，尤侗有《蓮蓬人》詞。易酒淶酒村甕白，東家西家爐火紅。此時堅坐不歸去，杜甫詩：「堅坐看君傾。」一笑無乃天隨翁。《唐書·陸龜蒙傳》：「陸龜蒙，字魯望。升舟設蓬席，齎束書、茶灶、筆床、釣具往來。時謂江湖散人，或號天隨子、甫里先生。」蘇軾詩：「邂逅天隨翁。」

元日南書房宴歸上復以肴果二席賜及家人恭紀

繞承曲讌侍仙閣，嵇康《琴賦》：「若乃華堂曲宴，密友近賓。」錢起詩：「應驚片雪下仙閣。」又撒瓊筵到北扉。謝朓詩：「既通金閨籍，復酌瓊筵醴。」《夢溪筆談》：「學士院北扉者，為其在浴室之南，便於應詔。」王禹偁詩：「漫踏花磚入北扉。」歲酒更番移席勸，丁仙芝詩：「開正獻歲酒。」《唐書·張說傳》：「更番上下。」主恩一念感心微。比鄰漏下驚窺戶，兒女燈前笑攬衣。謝師厚詩：「倒著衣裳迎戶外，盡呼兒女拜燈前。」閒向金坡說遺事，《韓林誌》：「德宗移學士院於金鑾坡。」《玉海》：「乾道間作《翰苑群書》，有錢惟演《金坡遺事》。」全家賜食古來稀。

送張先生巡撫山東二首張名鵬，丹徒人。順治辛丑進士。

十二河山〔註44〕大小東，《漢書·高帝紀》：「夫齊，東有琅邪、即墨之饒，南有泰山之固，西有濁河之限，北有渤海之利，地方二千里，持戟百萬，縣隔千里之外，齊得十二焉。」譚用之《送友人歸青社》詩：「三〔註45〕千賓客舊知己，十二山河新故園。」顧炎武《日知錄》：「古人謂倍為二。《孟子》：『卿祿二大夫。』『秦得百二』，言百倍也。『齊得十二』，言十倍也。《詩》：『小東大東。』」中丞持節鎮繁雄。

〔註44〕「河山」，四庫本《曝書亭集》作「山河」。
〔註45〕「三」，譚用之詩作「二」。

陸游詩：「雖慚江左繁雄郡。」**循良久數張京兆，**柳宗元《柳州謝上表》：「萬邦共理，必藉於循良。」《漢書・張敞傳》：「其治京兆，略循趙廣漢之跡。方略耳目，發伏禁姦，不如廣漢。然敞本治《春秋》，以經術自輔其政，頗雜儒雅，往往表賢顯善，不醇用誅罰。」**副相依然漢上公。**杜佑《通典》：「漢御史大夫，副丞相事，若今之同平章及參知機務之類。」《漢官儀》：「漢末以大司馬、大司徒、大司空為三公。立師傅保之官，位在三公上，崇號為上公。」岑參詩：「上公周太保，副相漢司空。」楊巨源詩：「次第儀形漢上公。」**井稅蠲來青帝壤，**王維詩：「歲晏輸井稅。」鄭樵《通志》：「泰山上，其祠曰青帝。」**屬車迎及素王宮。**「屬車」，見前《送宋僉事》。杜預《春秋左傳序》：「說者以為仲尼自衛反魯，脩《春秋》，立素王。」《正義》：「董仲舒對策云：『孔子作《春秋》，先正王而繫以萬事，是素王之文焉。』賈逵《春秋序》云：『孔子覽史記，就是非之說，立素王之法。』鄭玄《六藝論》云：『孔子既西狩獲麟，自號素王。』盧欽《公羊序》云：『孔子自因魯史記而脩《春秋》，制素王之道。』是先儒皆言孔子立素王也。《家語》稱齊太史子餘歎美孔子，言云：『天其素王之乎！』素，空也。言無位而空王之也。彼子餘美孔子之深，原上天之意，故為此言耳，非孔子自號為素王也。」**䧿**同鵲。**華**〔註46〕**秋色看逾好，**《濟南府志》：「鵲山在歷城北十五里。」又：「華不注山在歷城東北十五里。《左傳》『郤克及齊頃公戰於鞌，逐齊侯三周華不注』即此。」王士禛〔註47〕《香祖筆記》：「趙松雪《鵲華秋色圖》，為周密公謹作。山頭皆著青綠。公謹家世濟南，流寓吳興，故松雪為作此，以寄其故鄉之思。」**秀澤單椒儼畫中。**《水經注》：「華不注單椒秀澤，不連丘陵以自高。虎牙桀立，孤峰特拔以刺天。青崖翠發，望同點黛。」

泰雲堂上酒曾酣，院署中堂名。**種竹開亭徑舊諳。**杜甫詩：「五馬舊曾諳小徑。」**山湧高城雙戟外，池分新水七橋南。**《歷城縣志》：「《齊乘》曰：『』大明湖南岸百花洲，洲上百花臺，臺傍百花橋。環湖有七橋，曰芙蓉、曰水西、曰湖西、曰北池之類是也。南豐詩云：『從此七橋風與月，夢魂長到木蘭舟。』」**要知政簡無留牘，可許朋來賦盍簪。**《易》：「朋盍簪。」**準擬春風陪杖屨，**《禮》：「侍坐於君子，君子欠伸，撰杖屨，視日蚤莫，侍坐者請出矣。」蘇軾詩：「春在先生杖屨中。」**重遊細酌濋泉甘。**自注：「濋泉，余客濟南時所鑿。」先生《濋泉記》：「宛平劉公巡撫山東之明年，於廳事西北掘土，深二尺，有泉涓涓出自穴，從而濬之。又

〔註46〕「華」，四庫本《曝書亭集》作「花」。
〔註47〕「禛」，底本作「正」。

二尺，其廣倍焉。語其友朱彝尊曰：『是宜何名？』曰：『《爾雅》：水自濟出為濋。其濋泉乎？』」

題汪贊善霦讀書秋樹根圖汪字朝采，號東川，平湖籍，錢塘人。康熙丙辰進士，授行人。舉博學鴻詞，改授編修。歷官戶部侍郎。杜甫詩：「讀書秋樹根。」

千官仗下列蛾眉，杜甫詩：「千官拜舞開仙杖。」《研北雜志》：「唐使兩省官對立，謂之蛾眉班。」東馬嚴徐獻賦時。韓愈詩：「東馬嚴徐已奮飛。」謂東方朔、司馬相如、嚴助、徐樂也。安得斯人坐雲壑，孔稚圭《北山移文》：「欺我雲壑。」披圖真笑虎頭癡。《名畫記》：「顧愷之小字虎頭。」吳曾〔註48〕《漫錄》：「顧愷之為虎頭將軍，非小字也，《畫記》悮耳。」

同陸處士查上舍兄弟寓齋小集分韻得逢字

金水橋南楊柳，《元史·地理志》：「金水河源出宛平縣玉泉山，流至和義門、南水門入京城。」西華潭外芙蓉。葛邏祿乃賢《西華潭》詩自注：「西華潭，今之太液池也。」孫國敉《燕都遊覽志》：「太液池在子城西乾明門外，周遭凡數里。其源自玉泉山，合西北諸水流入都城德勝門，為積水潭，亦名海子。至北安門水關，流入西苑，人呼西海子。」衰年杯興未減，韓琦詩：「杯興逢人〔註49〕老未闌。」隔歲詞人又逢。爾汝何甥謝舅，李商隱詩：「何甥謝舅當世才。」飛揚季虎頭龍。黃滔詩：「賈氏許頻趨季虎，荀家因敢謁頭龍。」《三輔決錄》：「賈彪字偉節。兄弟三人有高名，彪最優，時人語曰：『賈氏三虎，偉節最怒。』」張璠《漢紀》：「荀淑有八子，居西豪里。縣令苑康曰：『昔高陽氏有才子八人。』遂署其里為高陽里。時人號曰『八龍』。」夕曛戀客未落，留聽西林暮鐘。

送益都馮先生集萬柳堂次韻二首見前《上巳》。

十里沙堤萬樹楊，見前《送十一叔》。秋容猶未點新霜。小車稷下將歸日，《漢書·田千秋傳》：「車千秋，本姓田氏。年老，上憂之，朝見得乘小車入宮殿中，故因號曰『車丞相』。」《水經注》：「系水傍城北流，徑陽門西，水次有故封處，所謂齊之稷下也。齊宣王喜文學游說之士，鄒衍、淳于髡之徒皆賜列第，為上大夫，

〔註48〕「曾」，底本誤作「會」。按：吳曾《能改齋漫錄》卷五《顧愷之小字虎頭》：「然予考《世說》，乃謂『顧愷之為虎頭將軍，每食蔗，自尾至本。人或問，曰：漸入佳境』，則知虎頭非小字，《名畫記》之誤，而洪又承其失耳。」

〔註49〕「人」，（宋）韓琦《感春貽崔公孫國博》作「辰」。

是以稷下學士復盛。劉向《別錄》以稷為齊城門名，談說之士期會於稷門下，故曰稷下也。」《山東通志》：「稷下在青州府臨淄縣。」**上巳城東舊醉鄉。坐立部歌聽總好**，《唐書・禮樂志》：「分樂為二部。堂下立奏，謂之立部伎；堂上坐奏，謂之坐部伎。太常閱坐部，不可教者隸立部，又不可教者，乃習雅部〔註50〕。」**田園樂事話方長。千秋祖帳嬴疏傅**，《漢書・疏廣傳》：「廣為太傅，兄子受為少傅，俱移病。滿三月賜告，廣遂稱篤，上疏乞骸骨。上以其年篤老，皆許之。公卿大夫故人邑子設祖道，供張東都門外，送者車數百兩，辭決而去。及道路觀者皆曰：「賢哉二大夫！」或歎息為之下泣。」《注》：「祖道，餞行也。祖者，送行之祭，因設宴飲也。昔黃帝之子累祖好遠遊而死於道，故後人以為行神也。」〔註51〕杜審言詩：「祖帳連河闕。」**錄別樽前有和章。**漢樂府有《擬李陵錄別詩》。

白頭許賜冶源閒，王士禎〔註52〕《池北偶談》：「臨朐縣有冶源，亦名冶泉，有水竹之勝。世為馮氏別業。」詳見前《上巳》。**青史難將諫錄刪。**《漢書・藝文志》：「《青史子》五十七篇。」《注》：「古史官記事也。」江淹《上建平王書》：「俱啟丹冊，並圖青史。」**此去耕漁尋舊侶，且憑絲竹解離顏。開簾浴鳥階前水，過雨斜陽檻外山。他日從遊期莫定，強留嘶騎玉河灣。**見前《酬閣若璩》。

送張遠之桂林二首張字超然，侯官人。康熙甲子解元。〔註53〕

濯枝新雨玉河隄，周處《風土記》：「六月有大雨，名濯枝雨。」**送客遙尋五筦古管。西。**朱子《韓文考異》：「嶺南有經略軍，謂之五管，容、廣、邕、桂、安南。」《眉公秘笈》：「嶺南之地曰五管，乃統治之名，猶南中之六詔也，曰廣管，曰桂管，曰容管，曰邕管，曰瓊管。」**自是驂鸞逐仙侶**，韓愈《送桂州嚴大夫》詩：

〔註50〕 「部」，《新唐書》卷二十二作「樂」。
〔註51〕 《漢書》卷七十一《疏廣傳》，師古曰：「祖道，餞行也。解在《景十三王》及《劉屈氂傳》。」卷五十三《景十三王傳》：「榮行祖於江陵北門。」師古曰：「祖者，送行之祭，因饗飲也。昔黃帝之子累祖好遠遊而死於道，故後人以為行神也。」卷六十六《劉屈氂傳》：「丞相為祖道，送至渭橋。」師古曰：「祖者，送行之祭，因設宴飲焉。」
〔註52〕 「禎」，底本作「正」。
〔註53〕 按：「甲子」有誤。楊謙《曝書亭集詩注》作「己卯」。王士禎《居易錄》卷三十二：「己卯福建解元張遠，字超然，舊交也，今為予門人。」鄭方坤《全閩詩話》卷九：「張遠，字超然，閩縣人，領康熙己卯鄉薦第一。遊京師，與竹垞、初白諸人唱和甚富，有集梓行。（《榕陰詩話》）」

「遠勝登仙去，飛鸞不暇〔註54〕驂。」范成大《驂鸞錄》：「桂林自唐以來，以山川奇秀稱。韓文公雖不到，然在潮熟聞之，故詩有參天、帶水、『翠羽』、『黃甘〔註55〕』之語。末句乃曰『飛鸞不暇驂』，蓋歆羨之如此。故余行紀以驂鸞名之。」**緇塵不上錦障泥**。《晉書·王濟傳》：「濟善解馬性，嘗乘一馬，著連乾障泥，前有水，終不肯渡。濟云：『此必是惜障泥。』使人解去，便渡。」梁簡文帝詩：「未乘青鞘尾，猶掛錦障泥。」

星郵南指伏波岩，呂周任《泗州大水記》：「連維揚之路，俾星郵無壅滯。」《閔敍粵述》：「伏波岩在桂林城東北，突起千餘丈。相傳馬伏波征交阯過此。」**路轉衡山九面帆**。《一統志》：「衡山在衡州府衡山縣西三十里。」《水經注》：「衡山東南二面臨映湘川，自長沙至此，江湘七百里，中有九向九背，故漁歌曰：『帆隨湘轉，望衡九面。』」**吟到相思江更好**，《一統志》：「相思江在桂林府城南五十里。」**綠榕樹底紫蕉衫**。《南方草木狀》：「榕樹，桂林、南海多植之。葉如木麻，實如冬青，樹幹拳曲，是不可以為器也。其本稜理而深，是不可以為材也。燒之無焰，是不可以為薪也。以其不材，故能久而無傷。其蔭一畝，故人以為息焉。」白居易詩：「綠槐風透紫蕉衫。」

題王叔楚墨竹為家上舍載震〔註56〕賦

先生《明詩綜》小序：「王翹，字叔楚，蘇州嘉定人。工畫竹。」　載震，字悔人，湖廣潛江人。

畫家畫竹專用墨，李波文同已難得。《宣和畫譜》：「李波善畫竹，氣韻飄舉，不求小巧任率，落筆便有生意。然所傳於世者不多。」又：「文同善畫墨竹，知名於時。」**後來能事吳仲圭**，杜甫詩：「能事不受相促迫，王宰始肯留真蹟。」《圖繪寶鑒》：「元吳鎮，字仲圭，號梅花道人。畫山水師巨然。亦能墨竹墨花。」**橫斜曲直無端倪**。江為詩：「竹影橫斜水清淺。」《莊子》：「反覆始終，不知端倪。」**誰為此圖王叔楚，意象豈必全師古。竹枝大者一尺強，其餘瑣細抽風篁**。杜甫詩：「山果多瑣細。」謝莊《月賦》：「涼夜自淒，風篁成韻。」**山泉泠泠走石礐，可惜無人坐銷夏。潛江主人購得之，索我點筆題新詩**。杜甫詩：「石闌斜點筆，桐葉坐題詩。」**吾家長水一茅屋**，見前《鴛鴦湖櫂歌》。**北垞南垞都是竹**。

〔註54〕「暇」，韓愈《送桂州嚴大夫同用南字》作「假」。
〔註55〕「甘」，底本作「相」，據《驂鸞錄》改。按：韓愈《送桂州嚴大夫同用南字》：「江作青羅帶，山如碧玉篸。戶多輸翠羽，家自種黃甘。」
〔註56〕「震」，四庫本《曝書亭集》作「宸」。

王維輞川別業有南垞、北垞。詳見後《贈魏世傚》。**每憶園林燒筍時，不戀樹雞及榆肉。**《廣菌譜》：「木菌即木耳，亦名木樅。南楚人謂雞為樅。樹雞曰樅，因味似也。韓愈有《答道士寄樹雞》詩，注：『樹雞，木耳之大者。』」王士禛〔註57〕《居易錄》：「榆肉，大同產，珍味也。」**海陵曹岳為我畫作圖，**《揚州府志》：「泰州，東漢為海陵倉，元狩始為海陵縣。」曹岳，字次岳，號秋崖，泰興人。**藥爐茗椀書簽廚，**梅堯臣詩：「書畫羅簽廚。」**年來松菊成榛蕪。對此臨風一惆悵，歸與歸與范蠡湖。**見前《鴛鴦湖櫂歌》。

送少詹王先生士禛〔註58〕代祀南海兼懷梁孝廉某〔註59〕及南園諸社友

王士禛〔註60〕《南來志》：「康熙二十三年十月十九日辛亥，上東巡狩，祭岱宗，謁先師闕里。先期布告中外，遣官祭嶽鎮海瀆之神。兵部督左理事官鄭重祭告南鎮會稽山，余以詹事府少詹事兼翰林院侍講學士有事南海。」〔註61〕

　　今年天子省方岳，《易》：「先王以省方觀民設教。」《書》：「六年，五服一朝。又六年，王乃時巡，考制度於四嶽。諸侯各朝於方岳，大明黜陟。」**詔祀四瀆封五山。**《禮》：「天子祭天下名山大川，五嶽視三公，四瀆視諸侯。」《爾雅》：「江、淮、河、濟為四瀆。」又：「中嶽嵩山，東嶽泰山，西嶽華山，南嶽衡山，北嶽恒山。」**屬車先行上日觀，**《漢官儀》：「泰山東南頂名曰日觀，雞鳴時見日出，高三丈。」**使者分命辭星班。**章碣詩：「玉皇恩詔別星班。」**先生儲端乍遷秩，**《事文類聚》：「太子詹事號曰儲端，亦曰宮端。」**誕持龍節臨百蠻。**《周禮》：「凡邦國之使節，山國用虎節，土國用人節，澤國用龍節。」**維南有海祝融宅，**韓愈《南海神廟碑》：「海於天地間，為物最鉅。自三代聖王，莫不祀事。考於傳記，而南海神次最貴，在北東西三神河伯之上，號為祝融。」又，《詩》：「南海陰墟，祝融之宅。」□□□□□□□〔註62〕：「南海之帝實祝融。祝融，火帝也，帝於南嶽，又帝於南海者。石氏《星經》云『南方赤帝，其精朱鳥，為七宿，司夏，司火，司南嶽，司南海，司南方』是

〔註57〕「禛」，底本作「正」。
〔註58〕「禛」，底本作「正」。
〔註59〕「孝廉」下空一格，再注「某」。按：康熙本《曝書亭集》題作《送少詹王先生士禛代祀南海兼懷梁孝廉佩蘭屈處士大均陳處士恭尹》，四庫本《曝書亭集》無此篇。另，（清）崔弼輯《波羅外紀》卷八「詩歌」（清光緒八年刻本）收此篇，題為《送少詹王先生士禛代祀南海兼懷梁孝廉佩蘭及南園諸社友》。
〔註60〕「禛」，底本作「正」。
〔註61〕《漁洋精華錄》卷十《河間從倉公乞滄酒》「同時銜命帝城闉」惠棟注。
〔註62〕按：引文見屈大均《廣東新語》卷六《神語》（中華書局 1985 年版，第 207頁）。

也。」**沐月浴日神所寰**。《禹玉牒辭》：「祝融司方發其英，沐日浴月百寶生。」韓愈詩：「幽暗鬼所寰。」**吾昔踰嶺謁祠下，嘔啞門啟金獸鐶**。薛逢詩：「鎖銜金獸連環冷。」陸游詩：「金鋪零落獸鐶空。」**木棉陰濃晝壁冷**，吳震方《嶺南雜記》：「木棉樹大可合抱，高者數丈。葉如香樟，瓣極厚，一條五六葉。正二月開大紅花，如山茶，而蕊黃色。結子如酒杯，老則坼裂，有絮茸茸，與蘆花相似。廣州閱武廳前與南海廟各有一株甚大，開時赤光照耀。坐其下，如入朱明之洞也。」**銅鼓雨漬苔花斑**。先生《南海廟二銅鼓圖跋》：「廣州波羅江上南海神廟銅鼓二。大者，唐嶺南節度使鄭絪出鎮時，高州守林靄得之峒戶以獻，絪納諸廟。面闊五尺，臍隱起，羅布海魚蝦蟇等紋，旁設兩耳。通體微青，雜以丹砂瘢，其光可鑒。小者殺大者五之一，從潯州灘水湧出，色純綠，雜以鷓鴣斑。審視之，隱隱若八卦畫。每歲二月上壬，土人擊以樂神。民間有疾，禱於廟，亦擊之。考《周官》：「六鼓四金。」鼓人辨其聲用；籥章以土；韗人以木；革以冒之。不聞範金也。迨伏波將軍平交阯，諸葛丞相渡瀘，始鑄銅為鼓，流傳三川百粵頗多。嶺南一道，廉州有塘，欽州有村，博白有潭，萬州靈山文昌有嶺，取以名其地。傳聞鼓初成，懸於廣庭，宰牲置酒，子女繁會，出金銀釵叩之，納諸主者，目曰都老。有讎怨相攻，則鳴鼓集眾，俄頃烏合。蜀則凡鼓悉稱孔明所遺，其直易牛千頭。苗民得此，雄視一方。要其制，無若南海廟中之大者。」**糢糊穹碑蝕歲月，夾侍秘怪殊鬒鬘**。**鱟帆欻忽颶母惡**，《埤雅》：「鱟海中群行，輒相積於背上高尺餘，如帆，俗呼鱟帆。」《南越志》：「颶風者，具四方之風也。常以五六月發。未至時，雞犬為之不鳴。」《嶺表錄》：「夏秋間有暈如虹，謂之颶母。」**珠宮貝闕罕得扳**。布還反。《楚辭》：「魚鱗屋兮龍堂，紫貝闕兮珠宮。」**先生到日陳祝冊**，韓愈《南海神廟碑》：「祝冊自京師至。」**扶胥渡口黃木灣**。《南海神廟碑》：「廟在廣州治之東，南〔註63〕道八十里扶胥之口、黃木之灣。」**雙崖斷若青玉玦**，孫覿詩：「蒼巘中斷青玉玦。」**小海大海波漩澴**。楊萬里《題南海東廟》詩：「大海更在小海東，西廟不如東廟雄。」郭璞《江賦》：「漩澴榮瀯。」**綾袍織成孔雀翠**，白居易詩：「彩動綾袍雁趁行。」《嶺南雜記》：「孔雀產廣西，而羅定山中間或有之。雌者尾短，無金色。雄者尾大而綠，金翠奪目。土人取其尾，每數十莖，長短相雜為屏，價亦不甚貴。其遍身毳毛及尾毛之破碎者，取以織補服。」**綵旗飄颭芙蓉殷**。烏閑切。**神絃安歌合箏瑟**，鈕世楷注：「《古今樂錄》：『《神絃歌》十一曲，曰宿阿，曰道君，曰聖郎，曰嬌女，曰白石郎，曰青溪小姑，曰湖就姑，曰姑恩，曰採菱童，曰明下童，曰同生。』」《楚辭》：「揚枹兮拊鼓，疏緩節兮安歌，陳竽瑟兮

〔註63〕韓愈原文「南」下有「海」字。

浩倡。」〔註 64〕《注》:「使巫緩節而舞,徐歌相和,以樂神也。」**巫覡屢舞搖花鬘**。《國語》:「在南曰覡,在女曰巫。」《詩》:「屢舞僊僊。」皮日休詩:「花鬘斗藪龍蛇動。」**牲肥酒香百靈悅,旋艫奮櫂渡無艱。乾坤端倪盡軒豁**,《南海神廟碑》:「牲肥酒香,尊爵淨潔。降登有數,神具醉飽。海之百靈秘怪,恍惚畢出。蜿蜿虵虵,來享飲食。闔廟旋艫,祥飆送颿。旗纛旄麾,飛揚晻藹。鐃鼓嘲轟,高管噭譟。武夫奮棹,工師唱和。穹龜長魚,踊躍後先。乾端坤倪,軒豁呈露。」**鱷魚遠徙除陰姦**。韓愈詩:「本以除陰姦。」《唐書・韓愈傳》:「愈至潮州,皆曰:『惡溪有鱷魚,食民畜產。』愈自往視之,令其屬秦濟以一羊一豕投溪水而祝之。祝之夕,暴風震電起溪中,數日水盡涸,西徙六十里。自是潮無鱷魚患。」**五羊仙城六榕寺**,《郡國志》:「吳孫皓時,以滕修為廣州刺史。未至州,有五仙人騎五色羊負五穀來迎而去。」《廣州記》:「廣州廳事梁上畫五羊像,又作五穀囊,隨像懸之。云:昔高固為楚相,五羊銜穀,萃於楚庭,故圖其像為瑞。六國時,廣州屬楚。」王士禛〔註 65〕《廣州遊覽小志》:「五羊觀,在城中西南坡山上,有穗石洞、五仙祠。」又:「淨慧寺,蘇長公南遷時過此,書『六榕』二大字,因名六榕寺,今寺額即蘇書也。」**劉王花塢恣迴環**。《一統志》:「劉王花塢在廣州府城西六里。」**況有尉陀臺畔樓,晴闌百尺眺高閒**。「尉陀臺」,見《越王臺懷古》。《一統志》:「海山樓在廣州府城鎮南門外。極目千里,百越之偉觀也。宋陳去非詩:『百尺欄杆橫海立,一生襟抱與天開。岸邊天影隨潮入,樓上春容帶雨來。』」趙壹《疾邪賦》:「通淳淑於高閒。」**人家兩岸種紅豆**,《粧樓記》:「相思子即紅豆,赤如珊瑚。」王維詩:「紅豆生南國,秋來發幾枝。願君頻採摘,此物最相思。」歐陽炯詞:「兩岸人家微雨後,收紅豆。」**芳草一叢飛白鷴**。□□□□〔註 66〕:「白鷴者,南越羽族之珍,即白雉也。素質,黑章,喙丹。雄者朱冠,背純白,腹有黑毛,尾長二三尺,時銜之以自矜。神貌清閒,不與眾鳥雜,故曰鷴。」**荔枝洲邊少黃葉**,《一統志》:「荔枝洲在廣州府城東四十五里,周回五十里。」**菖蒲澗曲多青菅**。《一統志》:「菖蒲澗在廣州府城北二十里。」**江蕉成林乳滴滴**,見後《送梁孝廉》。歐陽炯詞:「笑指芭蕉林裏住。」**山鳥挾子鳴喧喧**。《嶺南雜記》:「山烏形如八哥,能作種種禽獸音,教之亦能學人語。臆間有黑色圓長者善鳴,眼紅者善鬥,彼處皆畜之。」李賀詩:「桐林啞啞挾子烏。」《玉篇》:「喧本作䦧。䦧䦧,和鳴也。」**珠娘搖櫓蜑子唱**,蜑同蛋。《述異記》:「越俗以珠為上寶,

〔註 64〕《九歌》其一《東皇太一》。
〔註 65〕「禛」,底本作「正」。
〔註 66〕按:引文見屈大均《廣東新語》卷二十《禽語》。

生女謂之珠娘，生男謂之珠男。」蘇軾詩：「浦浦移家蜑子船。」《閩敘粵述》：「蜑人水居，無土著。捕魚為食，自為婚姻。善沒水取珠。今潯梧有蜑戶，供魚稅及拽舟之役。」《嶺南雜記》：「蛋戶，其種未詳何出，或云即龍戶。以船為家，以魚為業。見水色即知有龍。性粗蠢，不諳禮法。入水不沒，每為客汩取遺物。性耐寒，隆冬單衣跣足，婚娶以酒相餽。兩姓聯舟數十，男女互歌為樂。有三種。魚蜑取魚，蠔蜑取蠔，木蜑伐山取木。」**小舫亦足開襟顏**。陶潛詩：「斗酒散襟顏。」**先生賦才嫓群雅**，司馬相如《上林賦》：「載雲罕，揜群雅。」張揖注：「《詩》小雅之材七十四人，大雅之材三十一人，故曰群雅。」先生《經義考》：「按：揖言以一篇為一人。」**得句豈獨驚愚孱**。司馬光詩：「山林付愚孱。」**古來時巡必望秩，書有帝典頌有般**。《書·舜典》：「望秩於山川。」《詩·周頌·般之篇》：「於皇時周，陟其高山。墮山喬嶽，允猶翕河。」《注》：「巡狩而登此山以柴望，又道於河以周四嶽。」**蛔蛉毛筆鸜鵒硯**，《廣志》：「蛔蛉，鼠毛，可以為筆。」「謝在杭《文海披沙記》：『筆有豐狐、蛔蛉、龍筋、虎僕及猩猩毛。狼毫雖奇品而醇正得宜，不及中山兔毫。』」「鸜鵒硯」，見前《和程邃硯歌》。**輶軒所採誰能刪**。《風俗通》：「周秦[註67]常以歲八月遣輶軒使，採異俗方言，還奏之。」韓愈詩：「心之紛亂誰能刪。」**郵籤雖越一萬里**，見前《五月丙子》。**計程七月當來還。河冰未合日南至**，《後漢書·王霸傳》：「光武北至虖沱河，河冰亦合。」《左傳》：「日南至。」《注》：「自秋分日行南陸，至冬至之日，日南極。」**盧溝橋水流崢**[註68]**潺。**見前《題李檢討圖》。陸龜蒙詩：「落處皆崢潺。」**四牡皇華送行邁**，《詩》：「四牡騑騑。」《左傳》：「《四牡》，君所以勞使臣也。」《國語》：「君所以章使臣之勤也。」**車前騶唱難牽攀**。《南史·王融傳》：「車中乃可無七尺，車前豈可乏八騶。」《唐書·李實傳》：「實與御史王播遇，而騶唱爭道。」魏武帝詩：「長恨相牽攀。」**最愁執手河梁人**，李陵《與蘇武詩》：「攜手上河梁，遊子暮何之。」**歸時穩臥柴荊關**。杜甫詩：「老夫臥穩朝慵起。」謝靈運詩：「促裝返柴荊。」謝莊詩：「收櫂掩荊關。」**南園舊友倘無恙，尺書報我吳會間。**《漢書·韓信傳》：「奉咫尺之書以使燕。」《注》：「八寸曰咫。咫尺言其簡牘，或長咫，或長尺，喻輕率也。今俗言尺書，或言尺牘，蓋其遺語耳。」「吳會」，見前《鴛鴦湖櫂歌》。

曝書亭詩錄卷之七終

〔註67〕 「泰」，《風俗通義序》作「秦」。
〔註68〕 「崢」，康熙本《曝書亭集》作「琤」。

曝書亭詩錄卷之八

嘉興江浩然孟亭箋注

男壎聲先校

送周參軍在浚之官太原周字雪客，祥符人。

曩客晉陽城，《一統志》：「秦置太原郡，治晉陽。」逢君館香界。《韻會》：「佛寺曰香界。」群公方愛士，列席邀旅話。君時一縫〔註1〕掖，《禮》：「衣縫掖之衣。」《後漢書·王符傳》：「徒見二千石不如一縫掖。」血氣自矜邁。《晉書·王綏傳》：「少有美稱，厚自矜邁。」高坐敶頦肩，勇若舞陽噲。《漢書·樊噲傳》：「項羽曰：『壯士！』賜之巵酒彘肩。噲既飲酒，拔劍切肉食之。」又：「漢王即皇帝位，以噲有功，賜爵列侯，食舞陽，號舞陽侯。」百壺忩傾倒，寸心無蔕介。張衡《西京賦》：「睚眥蔕介。」《注》：「張揖《〈子虛賦〉注》曰：『蔕介，刺鯁也。』蔕與蒂同。」此會二十年，平生意所快。川塗同塗。屢漂泊，《周禮》：「凡天下之地勢，兩山之間，必有川焉；兩川之上，必有塗焉。」庾信《哀江南賦》：「下亭漂泊，高橋羈旅。」第宅改湫隘。見前《九言》。謀生術愈疎，汲古心匪懈。韓愈詩：「汲古得修綆。」詩圖審正變，歐陽修《詩譜序》：「《春秋》、《史記》本紀、世家、年表，而合以毛、鄭之說，為《詩圖》十四篇。」《晉書·庾峻傳》：「常侍帝講詩，中庶子何劭論風雅正變之義，峻起難往反，四坐莫能屈之。」樂章別流派。博稽皇象碑，《宣和畫譜》：「皇象，字休明。工八分隸〔註2〕草。世以書聖稱。」《東觀餘論》：「皇象書，人間殊少，惟建康有吳時天發神讖碑，若篆若隸，字勢雄偉，相傳乃象書也。」耽讀向平卦。見前《觀海行》。以茲河漢才，《論衡》：「漢作書者多，司馬長卿、揚子雲河漢也，其餘涇渭也。」金門足遷拜。揚雄《解嘲》：「歷金

〔註1〕「縫」，四庫本《曝書亭集》作「逢」。
〔註2〕「隸」，《宣和畫譜》卷十三作「篆」。

門，上玉堂有日矣。」《後漢書・李固傳》：「日有遷拜。」**一官趨幕府**，杜甫詩：「白頭趨幕府。」詳見前《將之永嘉》。**諾仕籲可怪**。《論語》：「諾。吾將仕矣。」《文心雕龍》：「銘發幽石，籲可怪也。」杜甫詩：「異俗籲可怪。」**衣垢馬足塵**，費昶詩：「飄飄馬足塵。」**氣短酒壚債**。孔融詩：「歸家酒債多。」所幸**山水區，轍跡舊曾屆**。《左傳》：「昔穆王欲肆其心，周行天下，將皆有車轍馬跡焉。」**琮琤**〔註3〕**難老泉**，韓愈詩：「泉聲玉琤琮。」〔註4〕先生《遊晉祠記》：「晉祠者，唐叔虞之祠也，在太原縣西南八里。祠南向，其西崇山蔽虧，山下有聖母廟，東向，水從堂下出，經祠前。又西南有泉曰難老，合流分注於溝澮之下，溉田千頃。《山海經》所云『懸甕之山，晉水出焉』是也。」**分流注蒲稗**。謝靈運詩：「蒲稗相因依。」**中有長生蘋**，韓琦詩：「長生晉水蘋。」**蔥菁儼圖畫**。江淹詩：「玉樹信蔥青。」**峪**音欲。**藏千佛經**，先生《風峪石刻佛經記》：「太原縣之西五里，有山曰風峪，風穴存焉。相傳神至，則穴中肅然有聲，風之所從出也。愚者捧土塞穴，建石佛於內，環列所刻佛經，凡石柱一百二十有六。積歲既久，虺蝮居之。雖好遊者，勿敢入焉。丙午三月，予率土人燎薪以入，審視書法，非近代所及。惜皆掩其三面，未縱觀其全也。」**遺跡久未壞。吾初見之喜，力欲抉幽砦**。音寨。《正韻》：「砦，藩落也。山居以木柵。」**徙置叔虞祠，琳琅等金薤**。《書史會要》：「仙人務光，殷湯時避天下於清泠之陂，植薤而食。清風時至，見其積葉倒偃，為倒薤書。」韓愈詩：「平生千萬篇，金薤垂琳琅。」〔註5〕**事惟慮始難**，《北史・于謹傳》：「愚人難以〔註6〕慮始。」**謀以蓄疑敗**。《書》：「蓄疑敗謀。」自注：「風峪洞中有北齊天保時刻佛經石柱一百二十六。予客太原，謀於王方伯顯祚、曹副使溶，將啟而徙於晉祠，築亭貯之。有方使君持不可，乃止。」**好奇君過我，試往破天械**。韓愈詩：「逸步謝天械。」**築亭古柏交，移石秋陽曬。廣搨九萬牋**，《韻會》：「用紙墨磨摸古碑帖曰搨。」《語林》：「王右軍為會稽令，謝公就乞牋紙。檢校庫中，有九萬牋，悉與謝公。」**流轉都市賣**，桓譚《新論》：「布之都市。」**即事良可傳**。沈約詩：「即事既多美。」**居卑莫深喟**，程琳《子奇賦》：「前齊相，後漢文，皆當悼敝而深喟。」**行春狐突山**。《後漢書・謝夷吾傳》：「遷鉅鹿太守。行春，乘柴車從兩吏。」杜甫詩：「峽內憶行春。」《一統志》：「狐突山在太原府交城縣北五十里。」**翫月鮑昭廨**。鮑昭有《翫

〔註3〕「琮琤」，《曝書亭集》作「琤琮」。
〔註4〕按：韓愈集未見此句。（宋）徐沖淵《題清音亭》：「泉聲飽聽玉琮琤。」
〔註5〕《調張籍》。
〔註6〕「以」，《北史》卷二十三作「與」。

月城西門廨中詩》。**適意亦由人，慎勿形神瘵。**側賣切。《詩》：「無自瘵焉。」趙岐《孟子序》：「十有餘年，心勤形瘵。」

送田少參雯之楚分韻得江字

前年白下君送我，《江南通志》：「白下城在江寧府西北一十四里。」**臨當解纜拔柳椿。**謝靈運詩：「解纜及流潮。」韓愈詩：「斬拔柿與椿。」**勞勞亭子惜分袂，**《江南通志》：「勞勞亭在江寧府，古送別之所，吳置亭，在勞勞山上。顧家寨大路東即其所。」李白詩「勞勞送客亭」即此。**津吏伐鼓聲逢逢。**李白詩：「橫江館前津吏迎。」李端詩：「月落聞津鼓。」《詩》：「鼉鼓逢逢。」**今年燕市我送君，西山積雪連崆峣。**吾江切。張衡《南都賦》：「其山則崆峣嶱嵑。」《注》：「山石高峻貌。」「西山」，見前《題王舍人西山遊記》。**夕陽欲落猶未落，返景倒射紅油幒。**陸游詩：「日射油幒特地明。」**人生會難別苦易，**曹植詩：「別易會難，當各盡觴。」**君又乘傳熊渠邦。**《漢書·京房傳》：「乘傳奏事。」詳見下篇。《一統志》：「武昌府，周夷王時屬楚。楚熊渠封其子為鄂王。」《史記·遊俠列傳》：「條侯乘傳車，將至河南得劇孟。」**川塗迢遞四千里，**見上篇。**計程涉濟河淮江。翻飛蒼鴈且莫致，**見前《明妃曲》。**攬環結佩何時雙。**杜甫詩：「趙公玉立高歌起，攬環結佩相終始。」**深杯當前宜縱飲，滿貯獸火傾羊羫。**《晉書·羊琇傳》：「琇性豪侈，屑炭和作獸形，洛下豪貴咸競傚之。」韓愈詩：「酒壺掇〔註7〕羊腔。」**坐中曹實庵。**謝方山。**鬪奇句，掉險類舞都盧橦。**傳江切。《漢書·地理志》：「南入海，有都盧國。」《註》：「其國人勁捷，善緣高。」又，《西域傳》：「饗四夷之客，作巴俞都盧、海中碭極、漫衍魚龍、角抵之戲。」張衡《西京賦》：「都盧尋橦。」《談薈》：「漢所謂都盧尋橦，今之所謂上竿也。」**譬諸宮商迭相奏，竽瑟椌**音腔。**楬**音怯。**紛琤摐。**音摐。《禮》：「聖人作為鞉、鼓、椌、楬、壎、篪。」《注》：「椌，柷也。楬，敔也。」司馬相如《子虛賦》：「摐金鼓，吹鳴籟。」**君亦錄別留新詩，**《漢樂府》有《擬李陵錄別詩》。**偏師一出長城降。**《唐書·秦系傳》：「系與劉長卿善，以詩相贈答。權德輿曰：『長卿自以為五言長城，系用偏師攻之，雖老益堅。』」**古來文人志開濟，**《梁書·張惠紹傳》：「志略開濟，幹用貞果。」杜甫詩：「兩朝開濟老臣心。」**豈必翰墨驚冥憨。**《禮》：「寡人憃愚冥頑。」**邇者七澤罷兵革，**司馬相如《子虛賦》：「楚有七澤。」**燒畬買犢齊耕耰。**初江切。杜甫詩：「燒畬度地偏。」注：「楚俗燒榛種田曰畬。先以刀芟治林木，曰斫畬。其刀以木為柄，刃向曲，謂之佘

〔註7〕「掇」，《病中贈張十八》作「綴」。

刀。」《漢書・龔遂傳》:「遂為渤海太守,民有帶持刀劍者,使賣劍買牛,賣刀買犢。」黃庭堅詩:「一丘事耕耡。」《集韻》:「耡,不耕而種也。**劉茭米粟待輸輓**,《書》:「峙乃劉茭。」**筥籔稯**音宗。**秅**音茶。**爭牽扛**。《儀禮》:「十六斗曰籔,十籔曰秉,四秉曰筥,十筥曰稯,十稯曰秅。」蘇軾詩:「珍禽瑰產爭牽扛。」**有時清暇集參佐**,《魏志・王基傳》:「歸功參佐。」杜甫詩:「自公多暇延參佐。」**赤闌湖口浮艂艭**。《一統志》:「武昌府城望澤門外南湖,舊名赤闌湖。」《廣韻》:「艂艭,船名。」**雄風颯然蘋末至**。宋玉《風賦》:「此大王之雄風也。」又:「風生於地,起於青蘋之末。」**怒濤直指臺根撞**。**武昌魚泔十千尾**,見前《寄表弟查容》。《荀子》:「曾子食魚有餘,曰:『泔之。』」《注》:「泔,烹和之名。」**宜城酒醞二百缸**,張華詩:「蒼梧竹葉清。」宜城,九醞酒,詳見前《寄表弟查容》。秦觀詩:「獨留二〔註8〕百缸。」**維藩樹屏昔所重**。《詩》:「价人維藩。」**快意不在張牙幢**。《演繁露》:「黃帝出軍,有所征伐,作五采牙幢。」**吾今謫官一無事,思從楚客搴蘭茳**。《楚辭》:「扈江離與辟芷兮,紉秋蘭以為佩。」又:「朝搴阰之木蘭兮。」黃庭堅詩:「要我賦蘭茳。」**題襟漢上許酬和**,《文獻通考》:「《漢上題襟集》三卷。陳氏曰:『唐段成式、溫庭筠、崔皎、余知古、韋蟾、徐商等唱和詩什,往來簡牘,蓋在襄陽時也。』」**他日抽帆偃畫槓**。李賀詩:「抽帆歸來一日功。」《爾雅》:「素綿〔註9〕綢槓。」《注》:「謂以白地錦韜旗之竿。」《廣雅》:「天子槓高九仞,諸侯七仞,大夫五。」沈遼詩:「且卷孤篷偃畫槓。」

送曹郡丞貞吉之官徽州 曹字升六,號實菴,安邱人。康熙甲辰進士。

勝絕新安郡,《江南通志》:「徽州府,晉曰新安郡。」**高秋擁傳行**。《爾雅》:「驛、遽,傳也。」《注》:「皆傳車驛馬之名。」武元衡詩:「相如擁傳有光輝。」**江流清見底**,《南畿志》:「新安江其源有四,皆達於歙浦,合流入浙江,為灘三百六十。水至清,深淺皆見底。」**山色翠當楹**。**萬壑雲為海**,《九域志》:「新安黃山有雲如海,稱黃海,一稱雲海。」**三都石作城**。《山海經》:「三天子都,一曰天子鄣。」《張氏土地記》:「東陽永康縣南四里有石城山,山有小石城,云黃帝曾遊此山,即三天子都也。」《爾雅注》:「三天都,今在新安歙縣東。」**漆林分井社**,《一統志》:「徽州祁門縣出漆。」《周禮・載師》:「漆林之徵,二十而五。」**松蓋辨陰晴**。李山甫詩:「高丘松蓋古。」**墨愛糜丸漬**,《江南通志》:「五代李超及子廷珪造墨。至宋,

〔註8〕「二」,《與子瞻會松江得浪字》作「三」。
〔註9〕「綿」,《爾雅・釋天》作「錦」。

－202－

徽州逐歲充貢。仁宗嘉祐中宴群臣，以李超墨賜之，曰新安香墨。其後賜翰林，皆李廷珪雙脊龍，樣品尤佳。近代製墨者，以程君房、方於魯為上，吳去塵次之。」《漢官儀》：「尚書令僕丞郎月給赤管大筆一雙、隃麋墨一枚。」王士禛〔註10〕《香祖筆記》：「隃麋，漢縣名，地出石墨，即今瀧州之汧陽。」《北戶錄》：「前朝有呼墨為丸。梁科律：御墨一量十二丸。」楊慎《謝華啟秀》：「麋丸，墨也。」**茶先穀雨烹。**《江南通志》：「徽州府產茶，細者為雀舌、蓮心、金芽。」《學林新編》：「茶之佳者，造在社前，其次火前，其次雨前。」**由來風土美，見說訟庭清。之子齊東彥，才華鄴下並。**《河南通志》：「彰德府，戰國魏之鄴地。魏曹操受封於此。」江淹《雜體詩序》：「隴西鄴下，既已罕同；河外江南，頗為異法。」《宋書·謝靈運傳·論》：「至於建安，曹氏基命，二祖陳王，咸蓄盛藻。」按：謂太祖、武帝、文帝、烈祖、明帝、陳王植也。**詞源白石叟，**黃昇《白石詞序》：「姜夔，字堯章，自號白石道人。詞極精妙，不減清真樂府。其間高處，有美成所不能及。」**詩法玉谿生。**《唐書·藝文志》：「李商隱《玉谿生詩》三卷。」**鳳詔趨晨久，**《晉書·載記》：「後趙石虎凡下詔書，用五色紙，銜於木鳳之口中，放數百丈緋繩，以轆轤回轉飛下，故名曰鳳詔。」**鸞臺典籍榮。**《唐書·職官志》：「改門下省為鸞臺，中書省為鳳閣。」**後來薪愈積，**《史記·汲黯列傳》：「陛下用群臣如積薪耳，後來者居上。」**老去驥長鳴。**魏武帝詩：「老驥伏櫪，志在千里。」**豈厭承明出，**《漢書·嚴助傳》：「君厭承明之廬，勞侍從之事，懷故土，出為郡吏。」《注》：「承明在石渠閣外。」**遙思廄吏迎。**《漢書·朱買臣傳》：「長安廄吏乘駟車馬〔註11〕來迎，買臣遂乘傳去。」**名山謝康樂，**見前《華壇》。**隱吏許宣平。**《雲笈七籤》：「許宣平，新安歙人也。睿宗景雲中，隱於城陽山南塢，結庵以居。或負薪以賣。醉行歸吟，人多誦之。天寶中，李白自翰林東遊，於傳舍覽詩，吟之，歎曰：『此仙人詩也。』於是遊新安，累訪之不得，乃題詩庵壁，有『應化遼天鶴，歸當千載餘』之句。後不知所終。」**晚飯桃花米，**《梁書·任昉傳》：「昉為新安太守，為政清省，惟有桃花米二十斛。」**春廚竹筍萌。**《江南通志》：「徽州府產筍，出問政山，鮮脆香美，獨異他種。」《爾雅》：「筍，竹萌。」**麥光題素紙，**《一統志》：「歙縣龍鬚山出紙，有麥光、白滑、水翼、凝霜之名。」蘇軾詩：「麥光鋪幾淨無暇。」**龍尾滌金坑。**見前《和程邃龍尾硯歌》。《歙硯譜》：「羅紋金星坑，在羅紋山西北，自羅紋坑相去四十五丈。今廢。」**暇有懷人作，知同惜別情。十年呼薊酒，**《食物本草》：「薊州薏苡酒清烈。」**雙調譜秦箏。**杜牧詩：「絃

〔註10〕「禛」，底本作「正」。
〔註11〕「車馬」，《漢書》卷六十四上作「馬車」。

管開雙調。」曹植詩:「秦箏何慷慨。」**忽漫登長道,沉吟數去程。跡猶淹旅食,心已定歸耕。七里嚴陵瀨,**見前《七里瀨》。**千秋黟**音衣。**帥營。**《一統志》:「徽州黟縣林歷山,三國吳將賀齊討黟帥陳僕、祖山等於此。」**相尋試酬和,編筏採紅蘅。**孫覿詩:「編筏沿村徑。」《許彥周詩話》:「湘妃廟詩:『碧杜紅蘅縹緲香。』」

詠柿

　　累累八稜柿,《禮記》:「累累乎端如貫珠。」《事類合璧》:「柿大者如楪,八稜,稍扁;其次如拳。」**託根西山陽。**見前《王舍人西山遊記》。**一株一畝陰,蟲鳥莫敢藏。**《本草衍義》:「世傳柿有七絕:一多壽,二多陰,三無鳥巢,四無蟲蠹,五霜葉可玩,六佳實,七落葉肥滑,可以臨書。」**烏椑**〔註12〕音悲。**秋迸實,**《漢書·地理志》:梁侯園有八稜、烏椑。《開寶本草》:「椑柿生江淮以南,似柿而青黃。」潘岳《閑居賦》所謂「梁侯烏椑之柿」是也。**赤葉新翻霜。**方干詩:「輕柳暗翻霜。」**團酥釀甘露,**溫庭筠詩:「團酥握雪花。」**冰齒流寒漿。**孟郊詩:「冰齒相磨齧。」**回憶三伏時,**見前《九言》。**毒熱難周防。**王羲之帖:「晚復毒熱。」杜甫詩:「周防期稍稍。」**永日無片雲,焦煙起連岡。**鮑昭《苦熱行》:「焦煙起石圻。」注:「焦煙,熱氣也。」**行人經樹底,豈異冰壑涼。**沈約《為皇太子謝表》:「如臨冰壑。」**此時倘結子,瓜果安足方。奈何風凄其,**《詩》:「凄其以風。」**摘來始盈筐。嗟爾生非時,難誇受命強。況值蟹膏肥,**皮日休詩:「蟹因霜重金膏溢。」**配爾慮見殃。**杜甫詩:「配爾亦茫茫。」《本草衍義》:「凡柿同蟹食,令人腹痛作瀉,二物俱寒也。」**憧憧往來人,**《易》:「憧憧往來。」**掉臂不一嘗。**《史記·孟嘗君列傳》:「日暮之後,過市朝者掉臂而不顧。」**空煩黃口兒,**《古樂府》:「上用滄浪天故,下為黃口小兒。」鈕世楷注:「顧炎武《日知錄》云:『唐高祖武德六年三月詔:人始生為黃,四歲為小,十六為中,二十一為丁,六十為老。玄宗天寶三載十二月詔曰:比者,成童之歲即掛輕繇,既冠之年便當正役,憫其勞苦,用軫於懷。自今宜以十八已上為中男,二十三已上成丁。《遼史·耶律學古傳》:多張旗幟,雜丁黃為疑兵。蓋中小皆雜用之,而史文代以黃字。黃者,四歲以下,何可雜之兵間邪?』」此詩用「黃口」,俟考。**燈火市道傍。南鄰煨芋栗,**杜甫詩:「園收芋栗未全貧。」趙師秀詩:「寒爐夜煨栗。」**北舍鳴椒薑。**韋琳《鮖賦》:「方當鳴薑動桂,紆蘇佩欖。」《孝經援神契》:「椒薑禦濕。」**炎涼迭**

〔註12〕「椑」,《曝書亭集》作「稗」。

相代，《齊書・樂志》：「裁化變〔註13〕寒燠，布政司炎涼。」李白詩：「榮枯異炎涼。」斂退分所當。韓愈詩：「斂退就新懦。」幸有林居人，愛之終勿忘。

題東浦學耕圖二首按：此為潛江朱載震題。東浦，其別號也。

上書空敝黑貂歸，《戰國策》：「蘇秦說秦王書十上而說不行。黑貂之裘弊，黃金百斤盡，資用乏絕，去秦而歸。」賣賦年來計漸非。見前《放言》。爭似為農東浦畔，醉吟獨速舞蓑衣。孟郊詩：「腳踏小船頭，獨速舞短蓑。」按：獨速，蓑聲。陳陶《紫竹》詩云：「嘯風清獨速」，亦狀其聲也。

老我青絇音戈。嬾束腰，《史記・滑稽列傳》：「東郭先生拜為二千石，佩青絇。」《說文》：「綬紫青色曰絇。」謝朓《酬德賦》：「腰青絇而容與。」薄田枕水傍彎〔註14〕橋。明年準擬全家返，也買烏犍種楚苗。《說文》：「犍，犗牛也。」蘇軾詩：「卻下關山入蔡州，為買烏犍三百尾。」注：「黃州出水牛。」枚乘《七發》：「楚苗之食，安胡之飯。」《注》：「楚苗山出禾。《淮南子》：『苗山之鋋。』高誘曰：『苗山，楚山也。』」

題汪檢討楫乘風破浪圖先生《汪公墓表》：「公諱楫，字舟次。世居徽州休寧縣。至曾祖考某，遷江都。公幼補學官弟子，以貢署贛榆儒學訓導。會開博學鴻詞科，徵文學之士。康熙十有八年三月朔，召試體仁閣下。天子拔置一等，授翰林院檢討。二十一年春，琉球國王表請封爵舊典，用給事中、行人各一員往。天子重其選，特命廷臣會推可使者以聞。入朝，人多俛首畏縮，公鶴立班中，大臣遂以公對。充正使，賜一品服。臨發，公詣闕，上言七事。其一謂本朝文教誕敷，皇上方頒御書於封疆大吏，宜並及海外屬國。禮部以無故事，持不可。天子特允四條，給鑾仗之半，縹囊鈿函，齎宸翰以往。既達螺江，醮酒梅花洋，百神衛護，帆開風便，七日抵彭湖島。中〔註15〕王率所部郊迎公，論以天子威德，王及臣民小大稽首，陳天書殿中，告諸宗廟。琉球自隋始通道，明初析而為三，其後山北山南復合於中山為一。分合之故，史不能詳。公思採入《明史》，乃入廟，觀所立主，一一默識之，撰《中山沿革志》一〔註16〕卷。又述其山川風俗禮義，為《琉球使錄》。國王之讓公也，酒半，手自彈琴以悅公。公故善樂律，與譚長清短側之辨，王大悅服。及請公書殿牓，公縱筆為擘窠書，王大驚，以為神。國雖有孔子廟，庳陋將圮，公俾修治。既成，為文刊諸石上，

〔註13〕「變」，《南齊書》卷十一作「徧」。
〔註14〕「彎」，《曝書亭集》作「灣」。
〔註15〕《曝書亭集》卷七十三《通奉大夫福建布政司使內陞汪公墓表》「中」下有「山」。
〔註16〕「一」，《曝書亭集》作「二」。

頌天子神聖，聲教洋溢海外。繇是國人知學。使還，國王例有饋。王重公，有加禮，卻不受。朝命受之，乃受。天子以公奉使盡職，從優議敍，俾宮坊官缺出用。適聞本生祖考訃，乞歸治喪。里居三年，始就京師，補原官。是冬，公出知河南府事，擢按察司使。後三年，轉布政司使。」〔註17〕《南史·宗慤傳》：「叔父少文高尚不仕，慤年少，問其所志，答曰：『願乘長風破萬里浪。』」

汪君才地何崢嶸，直與東馬嚴徐並。見前《題汪贊善圖》。**一朝銜命使絕域，**《禮》：「銜君命而使。」李陵《答蘇武書》：「出征絕域。」**瀕行封事上九閽。**《說苑》：「子賤瀕行，遇陽晝曰：『子亦有以送僕乎？』」注：「瀕，地之近水者，故謂近水曰瀕。」《文心雕龍》：「或上書，或奏狀，慮有宣洩，則囊封以進，謂曰封事。」《漢書·揚雄傳》：「騰九閽。」《注》：「九天之門。」**乞降御筆示海外，永使荒服輸其誠。**《書》：「五百里荒服。」**僉曰不可帝曰可，濃墨大字搖光晶。**李白詩：「日月慘光晶。」**天子臨軒賜顏色，**《漢書·史丹傳》：「天子自臨軒檻〔註18〕上。」王維詩：「天子臨軒賜侯印。」崔顥詩：「一朝天子賜顏色。」**容臺諫院那得爭。**《事文類聚》：「禮部稱南省，又曰容臺。」**琅函錦題國門出，**吳澄詩：「八景琅函記玉題。」米芾《書史》：「題，押頭也。」**車前騶唱揚三旌。**見前《送王少詹》。《莊子》：「子其為我延之以三旌之位。」《注》：「諸侯之三卿。」**麒麟之袍繡織成，**白居易詩：「金杯翻污麒麟袍。」杜甫詩：「麒麟織成罽。」**青絲絡馬雙鞶纓，**張翥詩：「青絲絡馬黃金勒。」《周禮·春官》：「巾車樊纓。」《注》：「樊讀如鞶帶之鞶，謂今馬大帶也。纓，今馬鞅。」**被以重罽**音記。**紅猩猩。**《爾雅》：「氂，罽也。」《疏》：「所謂毛罽也。織毛為之。若今之毛氍毹，以衣馬之帶鞅也。」《齊東野語》：「猩猩血以赭罽，色終始不渝。」**南浮江淮達閩越，長風五月沙雨晴。天妃廟前釃酒行，**《一統志》：「五代閩王時，都巡簡林願第六女歿而為神，賜號天妃。生時預知休咎，長能束席渡海，乘雲遊島，眾呼為神母，亦呼龍女。」《詩》：「釃酒有藇。」**柂樓語笑潮已生。**杜甫詩：「翻疑柂樓底，晚飯越中行。」又：「洪濤隱語笑，鼓枻蓬萊池。」盧綸詩：「舟人夜雨覺潮生。」**梅花洋東天水黑，**顧祖禹《讀史方輿紀要》：「梅花江在福州府東北五十里，近梅花所城。嘉靖三十八年，倭賊犯會城，旋自洪塘江出洋，參將尹鳳進敗之於梅花外洋。即此。」**但見日月星辰明。一夫危檣赤腳撐，**杜甫詩：「危檣逐夜烏。」**捷如山木騰鼯鼪。百夫仰望目盡瞠，**音撐。**峭帆風飽弓在檠。**李白詩：「狂風愁殺峭帆人。」方

〔註17〕《曝書亭集》卷七十三《通奉大夫福建布政司使內陞汪公墓表》。
〔註18〕「檻」，《漢書》卷八十二作「檻」。

岳詩：「風飽橫江十幅蒲。」范成大詩：「渡船帆飽如張弓。」《漢書‧蘇武傳》：「武能網紡繳，檠弓弩。」《注》：「檠謂輔正弓弩也。」**又如張翼鷔鳥征，有時吟嘯訏餅笙。**蘇軾《餅笙詩引》：「劉幾重餞飲東坡。中觴聞笙簫聲，杳杳若在雲霄間。徐而察之，則出於雙瓶，水火相得，自然吟嘯。主客驚歎，請作《瓶笙詩》記之。」**千人同舟一心力，不比吳越交相傾。**《孔叢子》：「吳越之人同舟濟江，中流遇風波，其相救如左右手者，所患同也。」**巨魚長似金背鯨，**范成大詩：「誰能坐守白頭浪，我欲往騎金背鯨。」**揚鬐前導莫敢攖。**郭璞《江賦》：「揚鬐掉尾，噴浪飛涎。」**滿空霜禽飛且鳴，**林逋詩：「霜禽欲下先偷眼。」**黃衣蝶翅方鸝庚。**無名子《直沽櫂歌》：「釃酒未終舟子報，舵樓黃蝶早飛來。」晁補之詩：「可容叢灌和鸝庚。」**昏波忽拔虎蛟穴，**唐太宗《三藏聖教序》：「朗愛月之昏波。」**靜夜或睞驪龍睛。**《莊子》：「千金之珠，必在九重之淵，驪龍頷下。」**潮雞報曉鼉報更，**孫綽《望海賦》：「石雞清響而應潮。」《異物記》：「伺潮雞，潮水上則鳴。」《埤雅》：「鼉宵鳴如桴鼓。今江淮謂鼉鳴為鼉鼓，其數應更。吳越謂之鼍更。」**三日竟指中山城。**《明史‧外國列傳》：「琉球自古不通中國。元世祖遣官招諭之，不能達。洪武初，其國有三王，曰中山，曰山南，曰山北，皆以尚為姓，而中山最強。五年正月，命行人楊載以即位建元詔告其國，其中山王察度遣弟泰期等隨載入朝，貢方物。」《一統志》：「琉球國在福建泉州東海島中。」趙吉士《寄園寄所寄》：「休寧汪太史楫出使琉球，往時僅三晝夜，遂抵其國，蓋御書『中山世土』四字賜琉球王尚貞者在船也。」**中山君長搓手迎，道旁張樂聲瑽琤。傾城士女堵牆立，**《禮記》：「孔子射於矍相之圃，蓋觀者如堵牆。」**筍皮笠重蕉衫輕。**高適詩：「筍皮笠子荷葉衣。」白居易詩：「短鞾尖帽白蕉衫。」**叢筠夾岸煙梢平，**賈島詩：「露蕊煙梢畫不真。」**佛桑花開白紫赬。**《余皇日疏》：「佛桑出嶺南，花類芍藥，二三月開，有深紅、深紫、淺紅數種。」**日長使館坐無事，圍棊隔院聞楸枰。**揚子《方言》：「投博謂之枰。」韋曜《博弈論》：「所志不出一枰之上。」溫庭筠詩：「閑對楸枰傾一壺。」**銀光硏紙百幅呈，**見前《九言》。《正韻》：「硏，碾硏也。」趙汝莣詞：「小硏紅綾牋紙。」**詩篇或與沙門賡。**《後漢書‧郊祀志》：「沙門，漢言息心。剃髮出家，絕情洗欲，而歸於無為也。」**愛君臨池用筆精，草書不減張伯英，**衛衡《四體書勢》：「張芝，字伯英。臨池學書，池水盡黑。韋仲將謂之草聖。」**八分遠過梁昇卿。**《唐詩紀事》：「梁昇卿工書，於八分尤工。書東封朝覲碑，為時絕筆。」**宣尼新宮碑一丈，**《漢書‧平帝紀》：「追諡孔子曰宣尼公。」**高文搴**

勒傍兩楹。《西京雜記》：「廟廊之下，朝廷之上，高文典冊用相如。」《禮記》：「夢坐奠於兩楹之間。」**更聞島中田少畔，賓筵日日羅香秔，佳酥之魚翠釜烹**。屠粹忠《三才藻異》：「佳〔註19〕酥魚，海魚之極大者，至千斤。琉球人以其脊為酥，販鬻閩中。」杜甫詩：「紫駝之峰出翠釜。」**香螺勸酒黏綠餳**，「香螺」，見前《送徐中允》。白居易詩：「黏臺〔註20〕酒似餳。」又：「如餳氣味綠黏臺。」**糢糊深椀山藷羹**。劉彥沖詩：「分得蹲鴟種，連根佔地腴。曉煩〔註21〕黏玉糝，深椀啖糢糊。」《南方草木狀》：「土藷即山藥，又名山藷。」**遐陬風土正不惡**，謝靈運《撰征賦序》：「內匡寰表，外清遐陬。」杜甫詩：「形勝有餘風土惡。」**亦有花藥同揚荊**。鮑照詩：「時豔憐花藥。」杜甫詩：「荊揚風土暖。」**歸艎仍以鍼計程**，鈕世楷注：「林謙光《臺灣紀略》：『舟子有望風占氣之法，羅經針定〔註22〕，放洋各有方向。』」**往還七見蟾蜍盈**。《五經通義》：「月中有玉兔、蟾蜍。」張載詩：「下車如昨日，蟾蜍四五圓。」**君來詣闕因陳情**，李密有《陳情表》。**請假讀禮旋書棚**。《禮》：「居喪未葬，讀喪禮。既葬，讀葬禮。」孟郊《聯句》：「幽蠹落書棚。」**卻金復荷主恩賜，投牒翻來遷秩榮。憶昨送君秋氣清，纔逾一暑入帝京。金門咫尺我顛蹶，君乃萬里來蓬瀛**。見前《觀海行》。**披圖雪浪看尚驚，眼花欲眩心怦**音烹。怦，《楚辭》：「心怦怦兮諒直。」**耳中髣髴波濤聲。粉精墨妙誰經營**，見前《顯皇帝大閱圖》。**恍疑博望星槎橫**。《漢書·張騫傳》：「以校尉從大將軍擊匈奴，知水草處，軍得以不乏，乃封騫為博望侯。」宗懍《荊楚歲時記》：「漢武帝令張騫使大夏，尋河源，乘槎經月，而至一處，見一女織，一丈夫牽牛飲河。織女取支機石與騫而還。」朱鶴齡《杜詩注》：「《漢書》張騫窮河源，無乘槎之說。張華《博物志》：『海上有人，每年八月，乘槎到天河』，未嘗指言張騫。宗懍《歲時記》乃云：『漢武令張騫尋河源，乘槎而去。』趙、蔡俱疑懍為訛。或云：張騫乘槎出《東方朔內傳》。今此書失傳。」**我歌長句揮散卓**，《文房四譜》：「宣州諸葛高造鼠鬚散卓及長心筆絕佳。」**青雲敢附千秋名**。《史記·伯夷列傳》：「閭巷之人，欲砥行立名，非附青雲之士，惡能施於後世哉？」

〔註19〕「佳」，（明）屠本畯《閩中海錯疏》卷中作「嘉」。
〔註20〕「黏臺」，白居易《江州赴忠州至江陵已來舟中示舍弟五十韻》作「臺黏」。按：原詩曰：「甌汎茶如乳，臺黏酒似餳。」
〔註21〕「煩」，《園蔬十詠》其二《芋》作「吹」。
〔註22〕《臺灣紀略》附澎湖「定」下有「子午」。楊謙《曝書亭集詩注》所引亦有「子午」。

題侯開國鳳阿山房圖三首侯字大年，嘉定人。

　　四先生里讀書莊，《明史·文苑傳》：「四明謝三賓合唐時升、婁堅、程嘉燧、李流芳詩刻之，曰《嘉定四先生集》。」**髯也經營興不忘。張筆孫詩陸經義，**自注：「謂張上舍雲章、孫孝廉致彌、陸徵君元輔。」張字漢瞻。孫字愷似，康熙戊午順天舉人，戊辰進士。陸字翼王，戊午應舉博學鴻詞，以不入格罷。俱嘉定人。陸游《筆記》：「南朝詞人謂文為筆。《沈約傳》云：『謝玄暉善為詩，任彥昇工於筆。』又《與湘東王手書》論文章之弊，曰：『詩既若此，筆又如之。』又曰：『謝朓、沈約之詩，任昉、陸倕之筆。』《任昉傳》又有『沈詩任筆』之語。往時諸晁謂詩為詩筆，亦非也。」**孰居南北孰中央。**《南史·劉繪傳》：「永明末，都下人士盛為文章談義，皆湊竟陵西邸。繪為後進領袖，時張融以言辭辯捷，周顒稱為清綺，時人為之語曰：『三人共宅夾清漳，張南周北劉中央。』」

　　吾家亦有三畝宅，見前《題畫竹》。**千个篔簹兩樹桐。**左思《吳都賦》：「其竹則篔簹、林箊。」**輸與勾吳歸客健，**見前《贈鄭簠》。**滿頭白髮帝城中。**

　　練江風物最牽懷，《嘉定縣志》：「練祁塘又名練川，自西南境承吳淞江之流，澄澈如練，故名。」**藥布筠筒市滿街。**《江南通志》：「藥斑布出嘉定縣。以布抹灰，藥染樓臺、人物、花鳥、詩詞各色，充帳幔衾幌之用。」《嘉定縣志》：「竹刻以竹與竹根雕鏤筆斗、香筒、臂閣、酒杯、煙筒、簪釵及人物之象。」**他日堂成須報我，便拖竹杖覓吳鞋。**朱敦儒詞：「拖條竹杖家家酒。」張籍詩：「寄信覓吳鞋。」《嘉定縣志》：「涼鞋以黃菅草擗而織之，四方賈客捆載而往。」

沈上舍季友南還詩以送之沈字客子，平湖人。

　　有客辭我行，席帽白羅袷。音夾。《青箱雜記》：「國初，士子皆曳袍重戴，出則以席帽自隨。」皮日休詩：「白袷從披趁玉芝。」《韻會》：「袷，夾衣也。」**自言不得意，歸當荷松鍤。**音插。班固《西都賦》：「荷鍤成雲。」白居易詩：「困倚栽松鍤。」《釋名》：「鍤，插也。插地起土也。」**小園柘湖湑，**平湖縣鸚鵡湖，一名當湖，一名柘湖。**流水似清霅。**直甲切。《湖州府志》：「霅溪在府治南，一名霅川，合苕溪、前溪、餘不溪諸水，霅然有聲，故名。」徐陵《孝義寺碑》：「清霅瀰瀰，深窮地根。」**離黃舞花梢，**《說文》：「離黃，倉庚也。」**靜綠照簾枅。**李商隱詩：「影隨簾枅轉。」**青蒼風筠竿，**白居易詩：「水竹深青蒼。」**紫茜**音倩。**露藥甲。**沈居平湖之茜莊。《史記·貨殖傳》：「千畝巵茜。」《注》：「茜，一名紅藍，其花染繒赤黃也。」葉適詩：「花蔫堆紫茜。」杜甫詩：「藥條藥甲潤青青。」按：詩句中有用實

字為眼，創出奇峭語。如杜甫詩「弟子貧原憲，諸生老伏虔」，「子能渠細石，吾亦沼清泉」；蔡孚詩「紅鬤錦鬣風綠驥，黃絡青絲電紫騮」之類是也。先生所用「風」、「露」二字祖此。**都籃茶具列，**《茶經》：「都籃以悉設諸器而名之。」梅堯臣詩：「都籃攜具向都堂。」**月波酒槽壓。**《天下名酒記》：「月波，秀州酒名。」**恒許二仲尋，寧嫌三徑狹。**《三輔決錄》：「杜陵蔣詡，字元卿，為兗州刺史，移病歸鄉里。荊棘塞門，舍中有三徑，不出，惟求仲、羊仲從之遊。二人皆治車為業，挫廉逃名，時人謂之二仲。」**年豐鰕蜆賤，市遠漁樵洽。棹歌夜尚聞，香稻曉仍畬。**音插。岑參詩：「香稻盈田疇。」《博雅》：「畬，春也。」**暇便操土風，**《左傳》：「樂操土風，不忘舊也。」**先民有遺劄，**自注：「上舍輯橋李詩。」《詩》：「先民有作。」**樂郊續私語，**《嘉興府志》：「姚桐壽，桐廬羡溪人。值世亂，因寓居嘉興。嘗著《樂郊私語》一卷，海鹽宋元間故實得略存者，賴有斯編也。」**雅製洵不乏。憶昨擔笠來，**《史記·平原君列傳》：「虞卿躡蹻擔簦說趙成王。」《注》：「簦，長柄笠。」**燕臺雪飛恰。**《寰宇記》：「金臺在易州易縣東南三十里，燕昭王所造，置千金於上以招賢士。又有西金臺，俗呼此為東金臺。又有小金臺，在縣東南十五里，即郭隗臺也。」祖詠詩：「燕臺一去客心驚。」**高詠篋中詩，得句奇且法。燈火擁上元，**見《鴛鴦湖棹歌》。**酒人齊賞狎。**《史記·刺客列傳》：「荊軻雖遊於酒人乎，然其為人，沉深好書。」《南史·柳惲傳》：「惲雅被子良賞狎。」**陽春詎寡和，**宋玉《對楚王問》：「其為《陽春》、《白雪》，國中屬而和者，不過數十人。」**轟飲恣深呷。**呼甲切。呂才《東皋子序》：「恨不逢劉伶，與閉門轟飲。」蘇軾詩：「把琖對花容一呷。」**雅材一百五，**見前《送少詹》。**珠槃藉爾歃。**《春秋》：「公及邾儀父盟於蔑。」《疏》：「盟者，殺牲載書，大國制其言，小國尸其事，珠槃玉敦，以奉流血而同歃。」**駢詞妙徐庾，**見後《詠古》。柳宗元《乞巧文》：「駢四儷六，錦心繡口。」**經義析鄒夾。**《漢書·藝文志》：「末世口說流行，故有公羊、穀梁、鄒、夾之傳。四家之中，公、穀立於學官，鄒氏無師，夾氏未有書。」**謂當摶扶搖，**見前《雜詩》。**青雲在俄霎。**山洽切。揚雄《解嘲》：「當塗者升青雲，失路者委溝渠。」**豈意威鳳姿，**見前《古意》。**先鳴讓鶡鴂。**《左傳》：「齊莊公指殖綽、郭最，曰：『是寡人之雄也。』州綽曰：『君以為雄，誰敢不雄？然臣不敏，平陰之役，先二子鳴。』」歐陽修《鶡鴂詩〔註23〕》：「紅紗蠟燭愁夜短，綠牕鶡鴂催天明。」注：「鶡鴂，催明鳥，京師謂之夏雞。」**新霜危葉墮，**吳均詩：「長風倒危葉。」**遠渚羈鴻唼。**音帀。陸游詩：「羽翰憔悴有羈鴻。」《楚辭》：「鳧雁皆唼，夫梁藻兮。」**別筵逾九日，寒水響五

〔註23〕「詩」，歐陽修題作「詞」。

腷。同閘。王在晉《通漕類編》：「自大通橋起至通州石壩四十里，地勢高下四丈，中間設慶豐等五閘以蓄水。」**竹節鞭乍持，茰房鬢猶插**。《風土記》：「茱萸九月九日熟，味辛，色赤。折其房以插頭，可辟除惡氣。」**倦遊憐歸人**，《史記‧司馬相如列傳》：「長卿故倦遊。」**有若劍離匣**。鮑照詩：「雙劍將離別，先在匣中鳴。」**改歲誓言旋**，《詩》：「曰為改歲。」又：「言旋言歸。」**比隣數鵝鴨**。杜甫詩：「比隣鵝鴨宜當數。」〔註 24〕

和韻題惠周惕紅豆書莊圖〔註 25〕惠字元龍，長洲人。康熙辛未進士。

吳船歸及早梅春，淨洗東華裋褐塵。蘇軾詩：「隱居求志義之從，不計東華塵土北窗風。」《方言》：「關西謂襜褕短者曰裋褐。」**我亦潞沙旋放溜**，已見。**來尋北郭十詩人**。杜甫詩：「更想幽棲處，來尋北郭生。」先生《徐賁傳》：「賁字幼文。自常州徙吳，家望齊門外。與高啟、王彝、王行、宋克閭巷相接，日流連於文酒，故以北郭名其詩集。時張羽、楊基亦來吳，四方士聞之，多卜鄰於是，號『北郭十友』。十友者，長洲宋克，字仲溫；崑山陳則，字文度；永嘉余堯臣，字唐卿；無錫呂敏，字志學；其一則釋道衍也。」

嘉禾篇頌張先生張名鵬，丹徒人。

康熙二十三年冬，天子將登日觀峰。見前《送少詹》。**十行詔下軫三農**，《楚辭》：「出國門而軫懷。」《注》：「軫懷，痛念也。」《周禮》：「三農生九穀。」《注》：「三農，平地、山、澤也。」**薄徭放稅寬租庸**。《唐書‧食貨志》：「唐之始時，授人以口分、世業田，而取之以租、庸、調之法。凡授田者，丁歲輸粟二斛，〔註 26〕謂之租。丁隨鄉所出，歲輸絹二匹，綾、絁二丈，布加五之一，綿三兩，麻三斤，非蠶鄉輸銀十四兩，謂之調。用人之力，歲二十日，閏加二日，不役者日為絹三尺，謂之庸。」《文獻通考》：「有田則有租，有身則有庸，有戶則有調。」〔註 27〕**南徐夫子小隊從**，《一統志》：「鎮江府，三國吳為京口鎮。劉宋以南徐州治京口。」杜甫詩：「元戎小隊出郊坰。」**天廄賜馬繡韁鬖**。杜甫詩：「入門天廄皆云屯。」韓翊詩：

〔註 24〕按：杜甫集無此句。杜甫《舍弟占歸草堂檢校聊示此詩》：「鵝鴨宜長數。」《將赴成都草堂途中有作先寄嚴鄭公五首》其二：「不教鵝鴨惱比鄰。」恐牽混而致誤。

〔註 25〕《曝書亭集》詩題另有「五首」二字。

〔註 26〕《新唐書》卷五十一此處有「稻三斛」。

〔註 27〕《新唐書》卷五十三《食貨志》、《文獻通考》卷三《田賦考三》：「有田則有租，有家則有調，有身則有庸。」

「青絲結尾繡纏鬃。」先時水旱頻告凶，北達河沇東濰灘。《周禮》：「河東曰兗州，其川河沇，其浸盧維。」《注》：「『盧維』當為『雷灘』，字之訛也。《禹貢》曰：『雷夏既澤，灘沮會同。』《書》：「灘淄其道。」《一統志》：「灘水自青州流入萊州東北入海。」《爾雅》：「水自河出為灘。」晨炊不舉夜不舂，夫子下車憂忡忡。《禮》：「下車而封夏后氏之後於杞。」《後漢書·張衡傳》：「出為河間相。下車治威嚴，整法度。」《楚辭》：「極勞心兮忡忡。」請發倉粟救鞠訩，《詩》：「昊天不傭，降此鞠訩。」鄉師為粥吏佐饔。《周禮》：「鄉師之職，各掌其所治鄉之數〔註28〕，而聽其治。」饑者得食皆歡悰，何遜詩：「歡悰苦未並。」有如鴈唼魚喰音黏。喁。音顒。見前《春暮》。土鼓賽社聲鼕鼕，《禮》：「土鼓蕢桴。」《漢書·郊祀志》：「冬賽禱祠。」《注》：「賽謂報其所祈也。」陸游詩：「鼕鼕畫鼓祭蠶神。」服田力穡不敢慵。《書》：「若農服田力穡，乃亦有秋。」麰麥既登種稑穜，《周禮》：「司稼掌巡邦野之稼，而辨穜稑之種。」泠風時至甘雨濃。《呂氏春秋注》：「泠風，和風，所以成穀也。」生我嘉穀黑白彤，《詩》：「生我百穀。」一莖乃見抽三稑。音茸。《集韻》：「稑，禾稍。」露苗珠綴花惺忪，音鍾。毛滂詞：「露禾珠綴。」楊萬里詩：「花如中酒不惺忪。」照以滄月涼溶溶。許渾詩：「波靜月溶溶。」下有溝水鳴琤淙，黃庭堅詩：「邐迤頗琤淙。」耕夫餉婦齊動容。繷負稚子行蟨蛩，《孔叢子》：「北方有獸名蟨，食得甘草，必齧以遺蛩。蛩、駏虛二獸見人來，必負蟨以走。二獸非愛蟨也，為其得甘草以遺之。蟨非愛二獸也，為假足也。」百年野老訝未逢。載筐及筥包以幪，《詩》：「載筐及筥。」《玉篇》：「幪，布名。」來告節使獻九重。般般音斑。者獸宛宛龍，司馬相如《封禪文》：「般般之獸，樂我君囿。」《注》：「謂騶虞也。般般，雜色貌。」又：「宛宛黃龍，興德而升。」《注》：「時有黃龍見也。宛宛，龍貌。」連理之木蟠枝松。《孝經援神契》：「德至草木，則生連理。」《晉書·元帝紀》：「一角之獸、連理之木以為休徵者，蓋有百數。」玉芝紫脫青芙蓉，《十洲記》：「鍾山在北海，生玉芝及神草四十餘種。」王融《曲水詩序》：「紫脫花，朱英秀。」《注》：「《禮斗威儀》：『人君乘土而王，其政太平，而遠方神獻其朱英紫脫。』」《杜陽雜編》：「元載芸輝堂前池中有青芙蓉，香潔菡萏，異於常。」未若茲禾和氣鍾。靈苗驛驛芒茸茸，《詩》：「驛驛其達。」《注》：「驛驛，苗生貌。」《說文》：「茸，草茸茸貌。」八月其穫崇如墉。《詩》：「八月其穫。」又：「其崇如墉。」輸之天庾惟正供，《晉書·天文志》：「天倉南四星曰天庾，積廚粟之所也。」《書》：「以庶邦惟正之供。」我聞樂事舒心胷。大賢美政孰比蹤，

〔註28〕「數」，《周禮》作「教」。

曹植詩：「超商越周，與唐比蹤。」**不貪為寶民吏宗。**《左傳》：「子罕曰：『我以不貪為寶。』」**主聖臣良時乃雍，**《書》：「黎民於變時雍。」**五風十雨殊乾封。**京房《易候》：「太平之時，五日一風，十日一雨。」《史記・武帝本紀》：「夏，旱。公孫卿曰：『黃帝時封則天旱，乾封三年。』上乃下詔曰：『天旱，意乾封乎？其令天下尊祠靈星焉。』」《注》：「天旱欲使封土乾燥也。」

簡宋觀察犖

今年燕臺數雨雪，見前《沈上舍南還》。雪晴九陌吹回風。《三輔舊事》：「長安城中八衢九陌。」杜甫詩：「急雪舞回風。」**欲鳴不鳴鶡**〔註29〕**旦鳥，**《禮記》：「仲冬之月，鶡旦不鳴。」**得過且過寒號蟲。**《輟耕錄》：「五臺山有鳥，名寒號蟲，四足有肉，翅不能飛。當盛暑時，文采絢爛，乃自鳴曰：『鳳凰不如我。』比至深冬嚴寒之際，毛羽脫落，索然如鷇雛。遂自鳴曰：『得過且過。』」**茸裘已敝庫尚典，**《左傳》：「狐裘蒙茸。」鈕世楷注：「呂種玉《言鯖》：『今人作庫質錢取利，唐以前惟僧寺為之，謂之長生庫。』」**濁酒苦貴樽長空。故人念我倘分贈，薊門白炭盤山菘**〔註30〕。　《畿輔物產志》：「炭有烏、白二種，白者堅而耐然。」又：「白菜一名菘。性凌冬晚彫，四時常見，有松之操，故曰菘。俗呼曰白菜。」　「薊門」，見前《顯皇帝大閱圖》。「盤山」，見卷前《送宋僉士》。

雨過劉學正兼隱齋觀石鼓文拓本劉名中柱，字禹峰，寶應人。《石鼓》今文：

我車既攻，我馬既同。我車既好，我馬既駒。君子爰獵，爰獵爰遊。麀鹿速速，君子之求。彎彎肉弓，弓茲以時。我驅其時，其來趄趄。趩趩炱炱，即御即時。麀鹿趚趚，其來大坒。我驅其僕，其來遹遹，射其猏屬。○汧也泛泛，丞波淖淵。鱨鯉處之，君子漁之。漫漫有鯊，其遊趣趣。白魚鱳鱳，其苴底鮮。黃白其鯿，有鮒有鮊。其軸孔庶，欒之彙彙，洋洋趖趖。其魚惟何，惟鱮惟鯉。何以橐之，惟楊及柳。○田車孔安，鋚勒駻駻。六師既簡，左驂旛旛，右驂騝騝，我以隮於原。我戎止陸，宮車其寫。秀弓時射，麋豕孔庶，麀鹿雉兔。其原有㠯，其戎奔奔。大車出洛，惡獸白奧，我執而勿射。多庶君子，趯趯逌樂。○帥彼鑾車，勿速填如。秀弓孔碩，彤矢㝰㝰。四馬其寫，六轡沃若。徒馭孔庶，廓騎宣博。酉車載道，如徒如章。原隰陰陽，趨趨六馬。射之簇簇，有貆如虎。獸鹿如兒，怡爾多賢。陳禽奉雉，我兔允異。○我來自東，霝雨奔流。逆湧盈盈，溇隰君子。既涉我馬，流汧汧也。泊淒丞土，駕言西歸。舫舟自廊，徒馭逴逴。維舟以道，或陰或陽。極深以戶，出於水一方。丞徒徨止其奔，我以

〔註29〕「鶡」，《曝書亭集》作「曷」。
〔註30〕「菘」，四庫本《曝書亭集》作「松」。

阻其乃事。○宣猷作原，作周導逎。我辭攸除，帥彼阪田。芽為世里，希微緘緘。乃呰漆栗，柞棫其拔。檓梏庸庸，鳴條亞箸。其華何為，所斿虇虇，水䓞導旨樹幽晤。○徒我嘽嘽然，而師旅填然。會同又繹，以左戎障。弓矢孔庶，焰焰是燉。射夫寫矢，具奪舉羍。其徒旰來，或群或友，悉率左右。燕樂天子，來嗣王始。振振復古，我來攸止。○彼走驕驕，馬麃晰晰。華華雉兔，位多庶微。我師氏憲憲，文武可其一之。○我水既淨，我道既平。我行既止，嘉樹則里。天子永寧，日惟丙申。旭旭杲杲，我其旁導。乘馬既迪，敉夏康康。駕彼四黃，左驂駜駜，右驂騻騻。棨戟以奕，汝不執德。旛翰黎黎，旓斿施施。公謂大來，余及如茲邑，曷不余及。○虞人憐亟，朝夕徼惕。載西載北，勿奄勿伐。若而出奇，進獻用特。歸格藝祖，告於大祀。禘嘗受享，致其方藝。寓逢中囷，孔庶麐鹿。原隰既坦，疆理罄罄。大田不搜，君子何求。有謀有始，周爰止於是。竇蒙《述書賦注》：「史籀，周宣王時史官，著大篆教學童。岐州雍城南有周宣王獵碣十枚，並作鼓形，上有篆文。今見打本。」歐陽修《集古錄》：「石鼓之在岐陽，初不見稱於前世，至唐人始盛稱之。而韋應物以為文王之鼓，至宣王刻詩。韓退之直以為宣王之鼓。在今鳳翔孔子廟中。鼓有十，先時散棄於野，鄭餘慶置於廟，而亡其一。皇祐四年，向傳師求於民間得之，十鼓乃足。其文可見者，四百六十有五，磨滅不可識者過半。退之好古不妄者，予姑取以為信。至於字畫，亦非史籀不能作也。」

今秋最多雨，陸嘉淑。昧谷藏烏蟾。彝尊。《書》：「宅西曰昧谷。」陸龜蒙詩：「烏蟾俱沈光。」詳見《鴛鴦湖櫂歌》。枉書丙丁帖，魏坤。《歲華紀麗》：「俗說久雨不晴，禁丙丁，乃得晴。」王同祖詞：「丙丁帖子畫教成，妝臺求晚晴。」果符甲子占。劉中柱。「甲子占」，詳見前《送喬舍人》。夙興愁霞禎，朱載震。鈕世楷注：「楊慎《補石湖占陰晴諺謠》：『朝霞不出市，暮霞行千里。』」餘溜消突黔。查慎行。《淮南子》：「孔子無黔突，墨子無暖席。」折簡四門至，嘉淑。鄭樵《通志》：「《後魏書》：『劉芳表云：太和二十年，立四門博士，於四門置學。按《禮記》云：天子設四學。鄭玄注：同西郊之虞庠也。今以其遼遠，故置於四門，請移與太學同處。從之。』北齊二十人，隋五人，唐三人。」卜晝得所忺。彝尊。《左傳》：「陳敬仲飲桓公酒，樂。公曰：『以火繼之。』辭曰：『臣卜其晝，未卜其夜，不敢。』」《方言》：「青齊呼意所好為忺。」各各衝塗泥，坤。紛紛污韠襜。中柱。梅堯臣詩：「客有困韠襜。」入門老莎滑，載震。李賀詩：「老莎如短鏃。」繞屋細菊黏。慎行。焜黃已摵摵，嘉淑。「焜黃」，見前《短歌行》。「摵摵」，見《秋杪》。晚翠方娑癡廉切。娑。彝尊。周興嗣《千字文》：「枇杷晚翠。」《說文》：「娑，喜笑貌。」濕徑乍一取，坤。杜甫詩：「微徑不復取。」油雲俄重淹。中柱。陸機詩：「油雲翳高岑。」側耳聽淅瀝，載震。夏侯孝若《寒雪賦》：「集洪霰之淅瀝。」深坐防

濡霑。慎行。**際此霾雰**音蒙。**並**，嘉淑。　「霾雰」，見前《興化李先生壽詩》。**猶未霰雪兼**。彝尊。《詩》：「如彼雨雪，先集維霰。」**臘釀清五加**，坤。令狐楚詩：「金樽臘釀醲。」　「五加」，見前《興化壽詩》。**獸火紅半枕**。中柱。《玉篇》：「枕，蓺屬。」陸游詩：「紙閣磚爐火一枕。」　枕，險平聲。「獸火」，見前《送田少參》。**安肅菜翦甲**，載震。《畿輔通志》：「白菜有黃芽白，莖葉黃嫩如芽，味清脆。冬取之，甘芳可比冬筍。出保府安肅縣者尤佳。」杜甫詩：「自鋤稀菜甲。」**直沽蟹撐箝**。慎行。《畿輔通志》：「直沽在順天府武清縣東南。」無名氏《直沽櫂歌》：「白魚紫蟹四時肥。」《埤雅》：「蟹首二鉗如鉞。今蟹皆八跪二敖，蓋其兵也，所以自衛。」　「箝」同「鉗」。**海物羅瑣碎**，嘉淑。**山果咀酸甜**。彝尊。張衡《南都賦》：「酸甜滋味，百種千名。」**捉臥甕人醉**，坤。　見前《春暮》。**覤**音冀。**不速客添**。中柱。《廣韻》：「覤覯，希望也。」《易》：「有不速之客三人來。」**中筵樂方畢**，載震。潘岳《笙賦》：「促中筵，攜友生。」**主人發經盒**。慎行。陸游詩：「經盒魚蠹蝕真文。」**獵碣自陳倉**，嘉淑。高似孫《緯略》：「周宣王石鼓文，蘇勗謂之獵碣。獵碣二字甚生，蘇氏用此，必有所據。按：任昉《述異記》：『崆峒山有堯碑禹碣。』亦有碣字。」張懷瓘《書斷》：「石鼓文，蓋諷宣王畋獵之所作。今在陳倉。」王厚之《復齋碑錄》：「石鼓有十，其初散在陳倉野中，鄭餘慶始遷之鳳翔孔子廟。」《輿地廣記》：「鳳翔府寶雞縣有陳倉故城，在縣東二十里。」**甲乙分排籤**。彝尊。鄭樵《石鼓考序》：「石鼓十篇，大抵為敘狩而作。甲言敘，乙丙丁戊己庚辛壬癸言狩。」《唐書・經籍志》：「甲乙丙丁四部書各為一庫。經書紅牙籤，史書綠牙籤，子書碧牙籤，集書白牙籤，以別之。」韓愈詩：「觸指如排籤。」**其辭儷雅頌**，坤。徐浩《古蹟記》：「石鼓文若取於詩人，則雅頌之作也。」**其法妙鉤銛**。中柱。周之士《遊鶴堂墨藪》：「史籀取倉頡形意，損益古文，或同或異，轉相配合，加之銛利鉤殺，為大篆。以其名顯，故謂之籀書，以其官名，故謂之史書。以別小篆，故謂之大篆。今之石鼓文是也。」**選徒悉左右**，載震。《詩》：「選徒囂囂。」〔註31〕**體物窮游潛**。慎行。傅玄詩：「遊魚驚著鉤，潛龍飛戾天。」**秀弓既云調**，嘉淑。《石鼓文》：「秀弓時射。」注：「秀與繡同，戎弓也。」《詩》：「弓矢既調。」**麋豕罔不殲**，彝尊。　**君子爰迫樂**。坤。《石鼓文》：「君子迫樂。」注：「《漢書・地理志》：『酆水迫同。』《五行志》：『彝倫迫敘。』即古『攸』字。」**籩豆充焄燖**。中柱。韓愈詩：「不如彈射死，即得親焄燖。」《集韻》：「燖，沉肉於湯也。音潛。」**詩疑吉甫作**，載震。薛尚功《鍾鼎款識》：「岐陽十鼓，雖字體不知伊誰之筆，作詩者

〔註31〕《小雅・吉日》。

必當時之吉甫也。」**書命臣籀僉**。慎行。**車攻與吉日**，嘉淑。**比擬意交厭**。彝尊。「岐陽十鼓，乃周宣王內修外攘，明堂受朝，岐邑講蒐，海宇廓清之日，勒駿功於十鼓，以永鎮於岐周者也。其曰『我馬既同』，《車攻》之『徂東』也；其曰『佳魚魴鱮』，《吉日》之『宴語』也。其文高字古，雖龍騰蛟躍，鸞下鳳翥，亦不能擬其萬一。」**奈何馬鄭徒**，坤。**紛綸起詖譣**。中柱。《姚氏殘語》：「溫彥威使三秦，得偽劉詞臣馬定國文，云石鼓非周宣王時事，乃後周文帝獵於岐陽所作也。史：大統十一年，獵於白水，遂西狩岐陽。」都穆《金薤琳琅》：「右石鼓文，趙古則跋謂溫彥威使三秦，以石鼓為後周文帝獵於岐陽所作，而斷其繆妄。予按《姚氏殘語》云：『彥威使三秦，此得之偽劉詞臣馬定國，然亦非也。』金元好問編《中州詩》，定國小傳云：『仕金翰林學士。考石鼓字畫，定為宇文周時所造，作文辨之，萬有餘言。』」鄭樵《石鼓考序》：「觀此十篇，皆是秦篆。秦篆者，小篆也，簡近而易曉。其間有可疑者，若以『也』為『殹』，以『承』為『丞』之類是也。及考之銘器，『殹』見於秦斤，『丞』見於秦權，正如作越語者，豈不知其人生於越；作秦篆者，豈不知其生於秦乎？秦篆本於籀，籀本於古文。石鼓之書間用古文者，以篆書之所本也。秦人雖創小篆，實因古文籀書加減之，取成類耳。其不得而加減者，用舊文也。或曰：石鼓固秦文也，知為何代之文乎？曰：秦自惠文稱王，始皇稱帝。今其文有曰嗣王，有曰天子，天子可謂帝，亦可謂王，故知此則惠文之後、始皇之前所作也。」《復齋碑錄》：「石鼓文，周宣王之獵碣也。南渡之後，有鄭樵者作釋音，且為之序，乃摘丞、殹二字，以為見於秦斤、秦權，而指以為秦鼓。馬定國以宇文泰嘗蒐岐陽，而指以為後周物。嗚呼！二子固不足為石鼓重輕，然近人稍有惑其說者，故予不得不辨。小篆之作本於大篆，丞、殹二字見於秦器，固無害。況丞字從山，取山高奉丞之義，著在《說文》，字體宜然，非始於秦也。唐初，去宇文周為甚近，事語尚在於長老耳。使文帝鐫功勒成，以告萬世，豈細事哉！宜時人共知之。嗚呼！三代石刻存於世者，壇山吉日癸巳刻與此耳。而吉日癸巳無所考據，此鼓昔人稱說如是之詳，觀其字畫奇古，足以追想三代遺風。而學者因可以知篆隸之所自出，好異者又附會異說，而詆訾之，亦已甚矣。」《字彙》：「詖譣，奸言也。」譣音纖。**年殊成宣狩**，載震。程大昌《雍錄》：「石鼓當為成王之鼓。《左氏》昭四年，椒舉言於楚子曰：『成有岐陽之蒐。』杜預曰：『成王歸自奄，大蒐於岐山之陽。』雖不曰蒐岐之有遺鼓，而謂成蒐之在岐陽者，即石鼓所奠之地也。然則鼓記田漁，其殆成王之田之漁也與？」楊慎《風雅逸篇》：「石鼓詩，周宣王獵碣也。或以為周成王時，以《左傳》『成有岐陽之蒐』證之，亦一說也。」**譜異姬嬴鋟**。慎行。　姬，周姓。嬴，秦姓。鋟音尖。**缺畫費呷嚘**，嘉淑。韓愈《石鼓歌》：「年深

豈免有缺畫。」**密義煩顧瞻**。彝尊。韓愈《石鼓歌》:「辭嚴義密讀難曉。」**修藤蔓穿笔**，坤。**勁草萌勾尖**。中柱。《後漢書・王霸傳》:「疾風知勁草。」韓愈詩:「萌芽夭勾尖。」**簪花女姚冶**，載震。見《鴛鴦湖櫂歌》。《荀子》:「美麗姚冶。」**帶甲士凝嚴**。慎行。米芾《書評》:「顏真卿如項羽掛甲，樊噲排突。」江淹《詣建平王上書》:「何嘗不局影凝嚴，側身局禁者乎?」**作龍之而鱗**，嘉淑。見前《贈鄭簠》。**掀獲**音腳。**于思**音腮。**髯**。彝尊。《爾雅注》:「獲，貜獲也，似獼猴而大，色蒼黑，能攫搏人，故云獲。」《左傳》:「宋城，華元為植，巡功，城者謳曰:『睅其目，皤其腹，棄甲而復，于思于思，棄甲復來。』」《注》:「于思，多鬚貌。」杜甫詩:「猱獲鬚髯古。」蘇軾詩:「想見掀髯正鶴孤。」**往在岐陽時**，坤。**曠野埶窺覘**。中柱。韓愈詩:「怔忪頻窺覘。」覘，詔平聲。**受辛相夜杵**，載震。《魏略》:「邯鄲淳作曹娥碑，蔡邕題其後，曰:『黃絹幼婦，外孫虀臼。』楊脩讀之即解得。曹操行三十里乃悟，曰:『黃絹，色絲，絕字也。幼婦，少女，妙字也。外孫，女子之子，好字也。虀臼，受辛之器，辭字也。言絕妙好辭。』」《禮》:「鄰有喪，舂不相。」《史記・商君列傳》:「舂者不相杵。」梅堯臣《石鼓文詩》:「近人偶見安碓床，云〔註32〕鼓作臼剜中央。」揭傒斯《石鼓》詩:「野老偷為臼，居人打賣錢。」唐之淳《石鼓詩》:「來牛礪其角，鑿臼加以杵。」**敲火磨霜鎌**。慎行。韓愈《石鼓歌》:「牧童敲火牛礪角，誰肯〔註33〕著手為摩挲。」《說文》:「鎌，鍥也。音廉。」**宣和忽移致**，嘉淑。《王褘集》:「岐陽石鼓，宋東都時嘗鑄金填其刻文，移置宣和殿。金人入汴，剔取其金而棄去之。自靖康土宇分裂之後，拓本絕不易得，好事者以銀一錠購其十紙，則其見寶於世可知。國朝既取中原，乃輦至京師，置國學廟門下。於是揚本日以廣，而字畫益漶漫，不可辨矣。」**皇慶乃覆苦**。彝尊。潘迪《石鼓文音訓》:「右石鼓文十，宋大觀中徙開封。靖康末，金人取之以歸於燕。聖朝皇慶癸丑，始置大成至聖文宣王廟門之左右。」韓愈詩:「不能汝覆苫。」注:「苫，蓋也。」苫，閃平聲。**切磋留太學**，坤。**愛惜蓋深簷**。中柱。**鉤金縱剡**烏丸切。**剔**，載震。**節角仍安恬**。慎行。韓愈《石鼓歌》:「聖恩若許留太學，諸生講解得切磋。觀經鴻都尚填咽，坐見舉國來奔波。剜苔剔蘚露節角，安置妥帖平不頗。大廈深簷與蓋覆，經歷久遠期無他。」又詩:「五藏難安恬。」**詛楚文久泐**，嘉淑。《集古錄》:「秦祀巫咸神文，今流俗謂之詛楚文。其言首述秦穆公與楚成王事，遂及楚王熊相之罪。」〔註34〕又有祀朝那湫

〔註32〕「云」，梅堯臣《雷逸老以仿石鼓文見遺因呈祭酒吳公》作「亡」。
〔註33〕「肯」，韓詩作「復」。
〔註34〕卷一。

文,其文同。《廣川書跋》:「秦自文,世有三石。初得大沈湫文於郊,又得巫咸文於渭,最後得亞馳文於洛。其詞盡同,惟所用以質於神者則隨其號以異。書盡奇古。歲久漸以刓缺,因據舊本得其完書。」《周禮》:「石有時以泐。」**亡秦碑或燖**。彝尊。 《史記·秦本紀》〔註35〕:「始皇二十八年,東行郡縣,上鄒嶧山。刻石頌秦德。」〔註36〕封演《聞見記》:「嶧山始皇刻石,其文李斯小篆。後魏太武登山,使人排倒之。然而歷代摹揭以為楷,則邑人疲於奔命,聚薪其下,因野火焚之,由是殘缺不堪摹寫。然求者不已。有縣宰取舊文勒於石碑之上,凡成數片,置之縣廨,須則揭取。今人間有嶧山碑,皆新刻之碑也。」杜甫詩:「嶧山之碑野火焚,棗木傳客肥失真。」 燖音尖。**藉茲典刑存**,坤。《詩》:「尚有典刑。」**一字直一縑**。中柱。《北史·流芳傳》:「芳嘗為諸僧傭寫經綸〔註37〕,筆跡稱善,卷直一縑。」《說文》:「縑,並絲繒也。」**述書誦古賦**,載震。竇泉《述書賦》:「篆則周史籀,當代稱之。遺芳刻石,永播清規。籀之狀也,若生動而神憑,通自然而無涯,遠則虹紳結絡,邇則瓊樹離披。」**改席褰疎簾**。慎行。杜甫詩:「改席臺能迥。」**車轄投亦得**,嘉淑。 見前《送十一叔》。**接羅倒奚嫌**。彝尊。 「倒接羅」,見前《夏日閒居》。**吏暇笑兼隱**,坤。《汝南先賢傳》:「鄭欽吏隱於蟻陂之陽。」杜甫詩:「肯信吾兼吏隱名。」**官冷慵趨炎**。中柱。杜甫詩:「廣文先生官獨冷。」鈕世楷注:「《宋史·李垂傳》:『焉能趨炎附熱,看人眉睫,以冀推輓乎?』」**有酒傾玉餅**,載震。岑參詩:「壚頭青絲白玉瓶,別時相顧酒如傾。」**無酒指青簾**。慎行。鄭谷詩:「青簾認酒家。」《廣韻》:「青簾,酒家望子。」**六街鼓鼕鼕**。嘉淑。《中華古今注》:「唐舊制:京城內金吾昏曉傳呼,以戒行者。馬周請置六街鼓,號之鼕鼕鼓。」薛逢詩:「六街塵起鼓鼕鼕。」**兩頭月纖纖**,彝尊。《古樂府》:「兩頭纖纖月初生。」**欲行復被肘**。坤。《正字通》:「為人捉其肘而留之,亦曰肘後。《漢·孔融傳》:『欲命駕,數數被肘。』」杜甫詩:「欲起時被肘。」按:《史記·魏世家》:「魏桓子肘韓康子」,亦此解。**燭至還提槧**。中柱。《玉篇》:「槧削版牘。」詳見後《九月八日》。**謂客毋庸歸**,載震。《漢書·儒林傳》:「王式除為博士,既至舍,會諸大夫共持酒肉勞王式。博士江公心嫉式,謂歌吹諸生曰:『歌《驪駒》。』式曰:『聞之於師:客歌《驪駒》,主人歌《客毋庸歸》。今日諸君為主人,日尚早,未可也。』」**險韻尚可拈**。慎行。蘇軾詩:「險韻清詩苦鬥新。」又:「前生子美只君是,信手拈得俱天成。」 嘉淑字冰修,海寧人。坤字禹平,號水

〔註35〕按:非出《秦本紀》,出《秦始皇本紀》。
〔註36〕卷六。
〔註37〕「綸」,《北史》卷四十二作「論」。

—218—

村。己卯孝廉。嘉善人。載震字悔人。石泉令。潛江人。慎行字夏重，號悔餘。癸未進士，官編修。海寧人。

秋涇行示吳秀才周瑾　吳字虎丈。

　　秋涇水，上有落帆短亭子。見《鴛鴦湖櫂歌》。渡頭橫跨百尺橋，蟹舍漁村合成市。見《鴛鴦湖櫂歌》。吳郎門對涇水流，花南有堂北有樓。吾來襆被過信宿，《晉書‧陸納傳》：「為吳興守，應召，臨發，止有襆被而已。」《玉篇》：「襆，裳削幅也。」《詩》：「千女信宿。」三日五日常淹留。泔魚倒臘甕，「泔魚」，見前《送田少參》。羅鄴詩：「一陣誰家臘甕香。」量酒傾新篘。段成式詩：「新篘石凍雜梅香。」君詩老蒼賦溫麗，《西京雜記》：「枚皋文章捷疾，長卿製作淹遲，皆一時之勝。長卿首尾溫麗，枚皋時有累句，故知疾行無善跡矣。」有才如此翻不第。蘆簾紙閣歷歲年，白居易詩：「來春更葺東廂屋，紙閣蘆簾著孟光。」穉子蓬頭婦椎髻。《後漢書‧列女傳》：「王霸不仕。霸妻亦美志行。初，霸與同郡令狐子伯為友，子伯為楚相，而其子為郡功曹。子伯乃令子奉書於霸，車馬服從，雍容如也。霸子時方耕於野，聞賓至，投耒而歸，見令狐子，沮怍不能仰視。霸目之，有愧容，客去而久臥不起。妻怪問其故，曰：『吾與子伯素不相若，向見其子容服甚光，舉措有適，而我兒曹蓬髮歷齒，未知禮則，見客而有慚色。父子恩深，不覺自失耳。』妻曰：『君少修清節，不顧榮祿。今子伯之貴孰與君之高？奈何忘宿志而慚兒女子乎！』霸屈起而笑曰：『有是哉！』遂共終身隱遁。」又，《梁鴻傳》：「鴻字伯鸞。同縣孟氏有女，肥醜而黑，力舉石臼，擇對不嫁。父母問其故。女曰：『欲得賢如梁伯鸞者。』鴻聞而娉之。始以裝飾入門。七日而鴻不答。妻跪床下請曰：「竊聞夫子高義，簡斥數婦，妾亦偃蹇數夫。今而見擇，敢不請罪。」鴻曰：『吾欲裘褐之人，可與俱隱深山者爾。今乃衣綺縞，傅粉墨，豈鴻所願哉？』妻曰：『以觀夫子之志耳。』乃更為椎髻，著布〔註38〕，操作而前。鴻大喜曰：『此真梁鴻妻也！』字之曰德曜，名孟光。」庾信《小園賦》：「蓬頭王霸之子，椎髻梁鴻之妻。」婦為吾妹子吾甥，薄田涇上庶可耕。埽除肯作一室計，《後漢書‧陳蕃傳》：「蕃嘗閉處一室，而庭宇蕪穢。父友薛勤謂曰：『孺子何不灑埽以待賓客？』蕃曰：『大丈夫處世，當埽除天下，安事一室乎！』」汗漫寧為千里行。《淮南子》：「盧遨遊於大海，至蒙谷之上。見若士，曰：『夫子可與遨為友矣。』若士曰：『吾與子汗漫遊於九垓之上。』」相憐童穉情親早，杜甫詩：「童稚情親四十年。」旅食京華吾潦倒。杜甫詩：「旅食京華春。」

〔註38〕此處《後漢書》卷一百十三《逸民列傳‧梁鴻》有「衣」。

嵇康《與山巨源書》:「足下舊知吾潦倒麄疏，不切事情。」**昨者有客來武陽，**《一統志》:「四川眉州，漢武陽、南安二縣地。」**傳說容顏君不老。人生六十猶未衰，樽前只合開懷抱。**杜甫詩:「一生懷抱向誰開。」**何況騷人屆初度，**見前《和程邃龍尾硯歌》。**燈火上元時最好。**見《鴛鴦湖櫂歌》。**歌長歌，書草書，知君發函伸紙還軒渠。**吳質《答東阿王書》:「信到，奉所惠貺。發函伸紙，是何文采之巨麗，而慰諭之綢繆乎！」《後漢書·薊子訓傳》:「軒渠笑悅。」**吾今妻子返里閭，**《古詩》:「思還故里閭。」**明年歸乘轂䡔車。**邱丹詩:「歸乘轂䡔車。」**君還秋涇定何日，相期近結比鄰居。**

送王贊善掞視浙江學政二十韻王字藻儒，號顓庵，太倉人。康熙庚戌進士。官至大學士。

京國沙隄舊，見前《送十一叔》。**婁江甲第臨。**《江南通志》:「太倉州，《禹貢》三江之婁江在其地。」《史記·武帝本紀》:「賜列侯甲第。」《注》:「有甲乙次第，故云第。」**世家唐宰相，**《新唐書》有《宰相世系表》。贊善為文肅公裔孫，故有「沙隄」及此句。**經術漢儒林。**《漢書》有《儒林傳》。杜甫詩:「相門韋氏在，經術漢臣須。」**早射匡時策，**《漢書注》:「射策者，為問難〔註39〕疑義，書之於策，量其大小，署為甲乙之科，不使彰顯，隨其所得而釋之，以知優劣。」**先鳴正始音。**《晉書·衛玠傳》:「大將軍王敦鎮豫章，長史謝鯤先雅重玠，相見欣然，言說彌日。敦謂鯤曰:『昔王輔嗣吐金聲於中朝，此子復玉振於江表，微言之緒，絕而復續。不意永嘉之末，復聞正始之音。』」《筆譚》:「正始體，嵇、阮諸公之詩。正始，魏年號。」**才華王轢謝，**《北史·溫子昇傳》:「濟陰王暉業嘗云:『江左聞〔註40〕人，宋有顏延之、謝靈運，梁有沈約、任昉，我子昇足以陵顏轢謝，含任吐沈。』」〔註41〕**詩筆沈兼任。**《南史·沈約傳》:「謝玄暉善為詩，任彥昇工於筆，約兼而有之。」詳見前《題侯開國鳳阿山房圖》。**偶出辭溫樹，**《漢書·孔光傳》:「沐日歸，兄弟妻子燕語，不及朝省政事。或問光:溫室省中樹皆何木。光嘿不應，更答以它語。其不泄如是。」《注》:「溫室，殿名。」劉禹錫詩:「詔下初辭溫室樹。」**重來翫薛禽。**《南部新書》:「秘省內落星石，薛稷畫鶴，賀知章草書，郎令餘畫鳳，相傳號曰四絕。」林寬詩:「黏塵賀草沒，剝粉薛禽迷。」**瑤山開四照，**《山海經》:「有瑤碧之山。」又:「招搖之山有木焉，其華四照。」**丹地拔千尋。**《漢官儀》:「省中皆以丹塗地，謂之丹

〔註39〕「問難」,《漢書》卷七十八《蕭望之列傳》顏師古《注》作「難問」。
〔註40〕「聞」,《魏書》、《北史》均作「文」。
〔註41〕卷八十三《文苑列傳》。按:早見《魏書》卷八十五《文苑列傳·溫子昇》。

埒。」張正見詩：「執戟趨丹地。」孫綽《遊天台山賦》：「建木滅景於千尋。」**朵殿新簽**同簪。管，《宋史・儀衛志》：「殿之東西曰朵殿。」梁簡文帝詩：「簽管白牙纏。」**儲端每獻箴**。《新唐書・百官志》：「右春坊舍人掌侍從獻納。」《晉書・溫嶠傳》：「太子與為布衣之交，數陳規諷，又獻《侍臣箴》，甚有弘〔註 42〕益。」**詢謀公望最**，《書》：「詢謀僉同。」《晉書・虞騑傳》：「王導謂騑曰：『孔愉有公才而無公望，丁潭有公望而無公才。兼之者，其在卿乎！』」《南史・謝舉傳》：「人倫儀表，久著公望。」**眷顧主恩深。持節巡江介**，《楚辭》：「哀江介之悲風。」**觀風采會吟**。《禮》：「命太師陳詩，以觀民風。」謝靈運《會吟行》：「列筵皆靜寂，咸共聆會吟。」**色絲能辨石**，見前《雨過劉學正兼隱齋》。**爨火定收琴**。《後漢書・蔡邕傳》：「吳人有燒桐以爨者，邕聞火烈之聲，知其良木，因請而裁為琴，果有美音，而其尾猶焦，故時人名曰焦尾琴。」**洞壑包三九**，自注：「道書洞天福地在浙江共二十有七。」**圖書足古今。湖光仙櫂疊**，蘇軾詩：「呼吸湖光飲山淥。」周必大詩：「有興何妨疊櫂來。」**嵐翠戟門侵**。陳造詩：「簾〔註 43〕外浮嵐暖翠堆。」《周禮》掌舍棘門《注》：「以戟為門。」**紫筍茶教瀹**，《玉篇》：「瀹，煮也。」**烏巾酒待斟**。《郡國志》：「烏程，古烏巾。程林居此，能釀酒，因以名縣。」陸游詩：「花壓烏巾酒滿卮。」**詞場輸藻鏡**，王勃《益州夫子廟碑》：「直轡高驅，踐詞場之閫閾。」江總《讓尚書僕射表》云：「藻鏡官方，品才人物。」**交誼重苔岑**。郭璞《贈溫嶠詩》：「及爾臭味，異苔同岑。」**十載逢青眼**，《晉書・阮籍傳》：「籍能作青白眼，見俗士，以白眼對之。嵇康齎酒挾琴造焉，乃見青眼。」**相於愜素心**。孔融《與韋甫休書》：「間僻疾動，不得與足下岸幘廣坐，舉杯相於，以為邑邑。」《正字通》：「相於，猶歡樂也。」《康熙字典》：「《廣韻》：『於，居也。』」韓愈詩：「冠昏之所於。」朱子《考異》：「『所』或作『依』。按：『所於』作『依於』，則是依之以居也。孔融書『舉杯相於』，曹植樂府『心相於』，杜甫詩『良友幸相於』，即相依以居之意。」**別筵愁袞袞**，杜甫詩：「相逢難袞袞，告別莫匆匆。」**嘶騎去駸駸**。杜甫詩：「逸足競駸駸。」**苑雪花猶積，官橋柳未陰。懷歸貪倚著**，杜甫詩：「吾生無倚著。」**投分忘升沉**。潘岳賦：「投分寄石友。」李白詩：「升沉應已定。」**送送情何極**，王勃詩：「送送多窮路。」**勞勞思不禁**。李白詩：「天下傷心處，勞勞送客亭。」**還期承蓋處**，庾信《趙國公集序》：「大雅扶輪，小山承蓋。」**鄉曲共題襟**。見前《送田少參》。

〔註 42〕 「弘」，底本作「宏」。
〔註 43〕 「簾」，《到房交代招飲四首》其二作「簷」。

社日二首《禮記》：「二月之節，擇元日命民社。」《注》：「謂祀社稷也。春事興，故祭之以祈農祥。元日謂近春分前後戊日。元，吉也。」《潛確類書》：「立春後第五戊日為春社。」

幾日社公雨，《禮記注》：「今人謂社神為社公。」《提要錄》：「社公社母不食舊水，故社日有雨，謂之社公雨。」陸龜蒙詩：「幾點社公雨，一番花信風。」芹泥香滿汀。杜甫詩：「芹泥隨燕嘴。」生憎飛燕至，駱賓王詩：「生憎燕子千般語。」《埤雅》：「燕往來迎社。」不放海東青。自注：「海東青畏燕子，見歐陽原功詞。」歐陽玄《漁家傲》詞：「鷹房奏獵催車駕。卻道海青逢燕怕。纔過社，柳林飛放相將罷。」按：玄字原功。《楊升庵集》：「海東青，鷹之鷙猛者也。燕子之弱能剪之。」

藥甲何曾碧，杜甫詩：「藥條藥甲潤青青。」花枝亦未紅。治聾有方法，只恨酒錢空。《石林詩話》：「世言社日飲酒治聾，不知何據。五代李濤有《春社從李昉求酒》詩云：『社公今日沒心情，為乞治聾酒一瓶。惱亂玉堂將欲遍，依稀巡到第三廳。』昉時為翰林學士，有日給內庫酒，故濤從乞之，則其傳亦已久矣。社公，濤小字也。」

柳巷杏花歌同嚴中允繩孫錢編修中諧作嚴字蓀友，無錫布衣，舉鴻博，授檢討。錢字宮聲，吳縣人。戊戌進士。舉鴻博，授編修。

頻年住帝里，一山一水何曾經。有若蝸負殼，范成大詩：「漂泊離巢燕，彎跧負殼蝸。」馬臻詩：「生事恰如蝸負殼，入頭容易轉身難。」又若鳥翦翎。韓愈詩：「翦翎送籠中。」疾風揚沙卷花去，眼看春事如流星。蘇軾詩：「歲月如流星。」邇來罷官居，肆意尋郊坰。何遜詩：「餞道出郊坰。」朝從潞河還，《正字通》：「東潞，今之張家灣潞河驛。」《一統志》：「順天府沽水，一名西潞水，一名洞潞水。」犯卯酒未醒。自注：「晨過宋使君犖，留飲漫堂。」馬翼詩：「不須愁犯卯，且乞醉過申。」雙橋東偏柳巷北，《潞沙筆綴》：「雙橋在柳巷之西，通州大興界也。」小寒食後微雨零。杜甫《小寒食舟中作》，注：「小寒食謂寒食前一日。」偕行者二子，各各駐輿丁。范成大詩：「輿丁扶〔註44〕我如騰狙。」杏梢含苞猶未白，柳條跰淵上聲。地今漸青。庾信詩：「河邊楊柳百尺〔註45〕枝，別有長條跰地垂。」晴絲冉冉香細細，杜甫詩：「燕外晴絲卷。」又：「地晴絲冉冉。」卑

〔註44〕「扶」，《小扶挵》作「挾」。
〔註45〕「尺」，庾信《楊柳歌》作「丈」。

枝嬝嬝高婷婷〔註46〕。嬝同嫋。婷同娗。《集韻》：「娗娗，容貌。」村童灌畦愛看客，杜甫詩：「薄暮還灌畦。」按：「愛看客，愛看花之客也，非慣看賓客兒童喜之謂。」轆轤井架雙銅缾。「轆轤」，見前《古意》。庾丹詩：「銅缾素絲緶。」杜甫詩：「陰井敲銅缾。」種花此地已難得，那不更縛香茅亭。《本草》：「香茅生湖南及江淮間，葉有三脊。」王維詩：「香茅結為宇。」杜甫詩：「接葉置茅亭。」江鄉爾時春愈好，西神山下泉泠泠。陸羽《遊慧山寺記》：「慧山，古華山也。山上有方池，池中生千葉蓮花，服之羽化。《老子枕中記》所謂『吳西神山』是也。」閶門遊人連臂出，《吳越春秋》：「立閶門者以象天門，通閶闔風也。」《江南通志》：「蘇州府八門，西北曰閶門。」 「連臂」，見《鴛鴦湖櫂歌》。筍車十里填支硎。《平江紀事》：「支硎山在吳縣西南二十五里，晉沙門支道林卓錫於此山。山名平石，平石為硎，又以支公處此，故名支硎。」只如南湖亦不惡，見前《樹萱篇》。桑鳩谷犬聲可聽。《爾雅》鶌鳩《疏》：「梁、宋之間謂布穀為鶌鳩，一名擊穀，一名桑鳩。」鈕世楷注：「梅堯臣詩：『水田鳴〔註47〕谷犬。』注：『蜀中名蝦蟇為谷犬。』紫荷花草雜坐臥，《嘉興府志》：「孩兒草，俗名荷花、紫草，田家蒔以壅田。暮春花開，彌望成錦色。」杜甫詩：「往來雜坐臥。」燕來竹筍生竛竮。見《鴛鴦湖櫂歌》。蘇軾詩：「走鞭瘦竛竮。」《集韻》：「竛竮，行不正。」人生還家貧亦足，何苦晨夕勞其形。《莊子》：「無勞我〔註48〕形。」吾儕田廬況不遠，峭帆柔櫓凌廻汀。李白詩：「狂風愁殺峭帆人。」陸游詩：「小孤山畔峭帆風。」杜甫詩：「柔櫓輕鷗外。」又：「沙苑交廻汀。」都籃兼攜茶酒具，見前《沈上舍南還》。悶拓小眼紅熜櫳。杜甫詩：「笑舞拓秋熜。」白居易詩：「小眼紅熜襯曲塵。」吳歈越吟相繼和，左思《吳都賦》：「荊豔楚舞，吳歈越吟。」五日十日恣留停。念此令人反惆悵，夕陽四顧愁冥冥。《詩》：「維塵冥冥。」

送陳舍人大章歸黃岡大章，戊辰成進士，入翰林。

君姿玉山並，《晉書·嵇康傳》：「康丰姿俊逸，醒若孤松獨立，醉若玉山將頹。」君詩白雪高。已見。豈意采風人，《詩注》：「風者，民俗歌謠之詩也。諸侯採之，以貢於天子。」力不及楚騷。策馬去京國，卻佩腰間刀。深雍虎文韡，見前《阿那環》。《漢官儀》：「虎賁中郎將衣紗縠單衣，虎文錦袴。」短後

〔註46〕 「婷婷」，四庫本《曝書亭集》作「亭亭」。
〔註47〕 「鳴」，《貽妄怒》作「名」。
〔註48〕 「我」，《莊子·在宥》作「女」。

茶色袍。《莊子》：「魏太子謂莊周曰：『吾王所見，惟劍士，短後之服，王乃說之。』」梅堯臣詩：「來衣茶色袍，歸變榪色服。」**但愁別須臾**，李陵詩：「離別在須臾。」**何用心鬱陶。素業在黃岡**，任昉《為范尚書讓吏部封侯第一表》：「臣本自諸生，家承素業。」**潮田滿江皋**。皮日休詩：「潮田五萬步。」《楚辭》：「朝馳余馬兮江皋。」**烏犍三百尾**，見前《東浦學耕圖》。**種秫**音術。**持作醪**。《世說新語》〔註49〕：「陶淵明為彭澤令。公田三百畝，悉令吏種秫稻，妻子固請種秔，乃使二頃五十畝種秫，五十畝種秔。」《本草》：「秫，北人呼為黃糯，亦曰黃米，釀酒劣於糯也。」魏武帝詩：「斧冰持作麋。」**暇搜耆舊文**，見前《別杜濬》。**筆禿猩猩毛**。杜牧詩：「攻書筆禿三千管。」謝在杭《文海披沙記》：「筆有豐狐、蛔蛉、龍筋、虎僕及猩猩毛。狼毫雖奇品而純正得宜，不及中山兔毫。」**少年能著書，此事亦足豪。**《列仙傳》：「里諺曰：『得綏山一桃，雖不得仙，亦足以豪。』」**何時涉夏澳**，《一統志》：「夏澳在黃州城西南二里」**共爾浮金舠**。《禮記》：「毋憮，毋敖，毋偝立，毋踖言，若是者浮。」《小爾雅》：「浮，罰也，謂罰爵也。」李德裕詩：「誰復勸金舠。」按：金舠，酒杯也。

送姚先生巡撫全蜀〔註50〕

清時文軌萬方同，《禮記》：「書同文，車同軌。」**將作經營五柞宮**。《漢書·百官表》：「將作少府，秦官，掌治宮室。景帝更名將作大匠。」《唐書·百官志》：「將作大監一人、少監二人，掌土木工匠之政。」《三輔黃圖》：「五柞宮，漢離宮也。中有五柞樹，因以為名。」**雅雨黎風吟木客**，《方輿勝覽》：「《梁益記》：『大小漏天，在雅州西北，沈晦多雨，故謂黎風雅雨。』」胡三省《通鑑注》：「黎州，漢沉黎縣。雅州，漢嚴道縣。境相接也。」《一統志》：「黎州，魏改利州。」《漫叟詩話》：「東坡作《虔州八境詩》，曰：『山中木客解吟詩。』《十道四蕃志》記虔州上洛山有木客鬼，與人交甚信，未嘗言能作詩也。後得《續法帖》，記木客詩云：『酒盡君莫沽，壺傾我當發。城市多囂塵，還山弄明月。』方知得句之因。徐鉉謂鄱陽山中有木客，自言秦時造宮採木者，豈鉉未嘗見《十道四蕃志》也？」**竿田芸鼓輟巴童**。王維詩：「漢女輸橦布，巴人訟芋田。」鮑照《舞鶴賦》：「燕姬色沮，巴童心恥。」《注》：「巴童，巴渝之童。」燕姬、巴童，並善歌舞者。**亟須元老經綸及**，《詩》：「方叔元老。」**不使遐陬杼軸空**。謝靈運《撰征賦序》：「內匡寰宇，外清遐陬。」《詩》：「杼軸其空。」**天**

〔註49〕按：非出《世說新語》，出（明）何良俊《何氏語林·任誕第二十五》。
〔註50〕《曝書亭集》另有「二首」。

眷自來西顧切，《詩》：「乃眷西顧。」昌言早為達宸聰。《書》：「禹拜昌言。」
鄭愚詩：「宸聰聽覽未終曲。」

高處士兆方處士中德陳上舍治將歸過集古藤書屋同陸處士嘉淑魏上舍坤分韻賦長歌送別得要字

《東舍詩評》：「曲阜孔東塘尚任《燕臺雜興詩》：
『太傅吟詩舊草堂，新開蔣逕自鋤荒。藤花不是梧桐樹，卻得年年棲鳳凰。』自箋：
『宜興蔣京少寓古藤書屋，予與阮亭先生數過譚。其地為金太傅舊第。龔芝麓、朱竹
垞、黃俞邰、周青士諸公先後寓此，皆名流也。』」　兆字□□，松江人。中德字田伯，
號依岩，桐城人。檢討以智長子。治字□□，□□人。陸、魏並見前。〔註51〕

　　我攜家具海波寺，孟郊詩：「借車載家具，家具少於車。」海波寺，在京城
宣武門外。九月未槁青藤苗。夕陽倒景射檉柳，此時孤坐不自聊。故人
遠別齊過我，謂言分手當來朝。或還東江陸瑁宅，《一統志》：「松江府治西
南隅養魚池，一名瑁湖。或云吳陸瑁所居。有宅址尚存。」或渡南浦江淹橋。江
淹《別賦》「送君南浦，傷如之何！」《一統志》：「夢筆橋在山陰縣東北，梁江淹所
居。」龍眠一艘幡然回，《江南通志》：「龍眠山在安慶府桐城縣西北五里。」斧
柯無恙中山樵。《述異記》：「晉樵者王質伐木，入信都郡石室山，見二童子。夾棋
與質，一物如棗核。食之而觀。童子謂質曰：『汝斧柯爛矣。』質歸鄉里，無復時人。」
金臺酒伴難悉數，見前《沈上舍南還》。隨意牽拂相招要。林衣滿地席帽
脫，陸賈文：「木樹葉曰林衣。」宋之問文：「林衣掃地輕。」「席帽」，見前《沈上
舍南還》。畫不絕筆書能超。吳船恰到麴車響，杜甫詩：「道逢麴車口流涎。」
甕頭乍坼輕塵搖。岑參詩：「甕頭春酒黃花脂。」匏樽屢空鴟壺覆，鄭玉詩：
「供廚惟有舊匏樽。」杜甫詩：「感此勸一觴，願君覆鴟壺。」豈必柴汝官哥窰。
謝在杭《文海披沙記》：「陶器柴窰最古，今人得其碎片，亦與金璧同價。蓋色既鮮
碧，而質復瑩薄，可以粧飾玩具，而成器者不可復見矣。世傳柴世宗時燒造，所司
請其色，御批云：『雨過青天雲破處，這般顏色做將來。』惜今人無見之耳。柴窰之
外，又有定、汝、官、哥四種，今惟哥窰有傳者。」王世貞《宛委餘編》：「舜為陶
器，迄於秦、漢。今河南土中有羽觴無色澤者，即此器也。陸龜蒙詩所謂『九秋風
露越窰開，奪得千峰翠色來』，最為諸窰之冠。至吳越有國，日愈精，臣庶不得用，
謂之秘色，即所謂柴窰也。或云製器者姓，或云柴世宗時始進御云。宋以定州白磁
器有芒不堪，遂命汝州造青窰器，唐、鄧、耀州悉有之，而汝為冠。處州之龍泉、

〔註51〕按：楊謙《曝書亭集詩注》：「高字雲客，號同齋，侯官人。方字田伯，號依岩，
　　　　桐城人。檢討以智長子。有《遂上居集》。陳字山農，華亭人。」

建安烏泥品最下。政和間，京師自寘窯燒造，曰官窯。文色亞於汝、鈞州，稍具諸色，光彩太露，器極大。中興渡江，有邵成章提舉號邵局，於修內司造青器，名內窯，模範極精，油色瑩徹，為世所珍。又宋時處州張〔註52〕生兄弟皆作窯，而兄所作者視弟色稍白而斷紋多，號白坆碎，故曰哥窯。」**南中風物試細論，歸值稻米蒸長腰。**《風土記》：「海南有『長腰粳稻，縮項鯿魚』之諺。」范致能《詠吳米》詩：「長腰瓠犀瘦，齊頭珠顆圓。」〔註53〕**披綿黃雀切玉鱠，**蘇軾詩：「披綿黃雀謾多脂。」注：「脂厚為披綿。」詳見《鴛鴦湖櫂歌》。杜甫詩：「白魚如切玉。」詳見前《食鐵腳》。**差勝北地肥羊燒。**黃庭堅詩：「北饌厭羊酪。」**我今已解腰下組，**包何詩：「今日莫論腰下組，請君看取鬢邊絲。」**羸馬且免晨趨朝。夜如何其判促膝，**《詩》：「夜如何其？夜未央。」杜甫詩：「夜如何其初促膝。」**秋愈須盡燭一條。人生合併苦不易，**王粲詩：「何懼不合併。」**後會久速誰能料。明年吾亦掉頭去，**杜甫詩：「巢父掉頭不肯住。」**石田茅屋姿逍遙。**杜甫詩：「先生早賦歸去來，石田茅屋荒蒼苔。」**倘能訪我長水曲，**已見。**相留浮白還炊彫。**《漢書·敘傳》：「皆引滿舉白。」《注》：「謂引取滿觴而飲，飲訖，舉觴告白盡不也。一說，白者，罰爵之名也。飲有不盡者，則以此爵罰之。魏文侯與大夫飲酒，令曰：『不釂者浮以大白。』於是公乘不仁舉白浮君是也。」詳見前《送陳舍人》。《西京雜記》：「菰之有米者，長安謂之彫胡。」宋玉《諷賦》：「主人之女為臣炊彫胡之飯。」梁簡文帝詩：「炊彫留上客。」

重九後一日雨中集長椿寺劉侗《帝京景物略》：「萬曆中，歸空和尚自伏牛入京，孝定皇太后創寺居焉，賜額曰明祚長椿寺。」按：寺在宣武門外西偏，左臨土地廟。月每三日，廟市甚盛。右有全浙會館。國初，給事中趙諱吉士所建。康熙戊午、己未間，浙中諸名士雲集於此。

九日倏已過，姜宸英。**濕雲漫四郊。**崔櫓詩：「濕雲如夢雨如塵。」**森森長**去聲。**雨垂，**彝尊。謝朓詩：「森森散雨足。」杜甫詩：「闌風長雨秋紛紛。」注：「長，剩也。秋深風雨，作止不恒，是雲闌殘之風、餘剩之雨也。」**颯颯虛簷捎。**王融詩：「虛簷對長嶼。」杜甫詩：「急雨捎溪足。」張耒詩：「風捎簷滴難開幌。」**病葉戀冷枝，**梁　某。〔註54〕杜甫詩：「病葉先秋墮。」又：「蕭蕭桂冷枝。」**驚鳥盤空巢。**庾信《奉和趙王喜雨詩》：「驚鳥灑翼度，濕雁斷行來。」**晨興踐夙約，**陸嘉淑。**攬**

〔註52〕「張」，王世貞《弇州四部稿》卷一百七十《說部·宛委餘編十五》作「章」。
〔註53〕按：范成大詩題作《勞畬耕》。
〔註54〕按：楊謙《曝書亭集詩注》作「梁佩蘭」。

袂皆貧交。勝引雙樹林，魏坤。殷仲文詩：「逸爵紆勝引。」《涅槃經》：「世尊在雙樹間演法。」宛若深山坳。藤縮三秋蛇，張雲章。曹鄴詩：「入竹藤似蛇。」槐舞千歲蛟。楊維楨詩：「知是洞庭千歲蛟。」赭柿迸露實，朱載震。金英坼霜苞。孫楚《菊花賦》：「飛金英以浮甘酒。」紅的的吳萸，陳曾蕘。《淮南子》：「的的者獲，提提者射。」《注》：「的的，明也。」梁簡文帝詩：「素華偏可憙，的的半臨池。」《本草拾遺》：「茱萸，南北總有，以吳地者為好，所以有吳之名。」詳見前《沈上舍南還》。碧叢叢秦芃。李賀詩：「碧叢叢，高插天。」《圖經本草》：「秦芃枝幹高五六寸，葉婆娑，連莖梗，俱青色。」《本草綱目》：「秦芃出秦中，故曰秦芃。」瓦溝竄鼯鼪，湯右曾。《爾雅·釋鳥》「鼯鼠，夷由」《註》：「狀如小狐，似蝙。」《釋獸注》：「江東呼鼬鼠為鼪，能啖鼠，俗呼鼠狼。」杜甫詩：「蒼鼠竄古瓦。」戶網除蠨蛸。《詩》：「蠨蛸在戶。」《楚辭》：「網戶朱綴。」注：「網戶，刻為連文，遞相綴屬，其形如網。後世遂有直織絲網，張之簷牖以護鳥雀者。」元稹詩：「蠨蛸低戶網。」蘇深晶平秘切。鼪虛器切。伏，查慎行。篆古蒲牢哮。李東陽《懷麓堂集》：「龍生九子不成龍，各有所好。囚牛平生好音樂，今胡琴上刻獸是其遺像。睚眥平生好殺，今刀柄上龍吞口是其遺像。嘲風平生好險，今殿角走獸是其遺像。蒲牢平生好鳴，今鐘上獸紐是其遺像。狻猊平生好坐，今佛座獅子是其遺像。霸下平生好負重，今碑座獸是其遺像。狴犴平生好訟，今獄門上獅子頭是其遺像。贔屓平生好文，今碑兩旁文龍是其遺像。螭吻平生好吞，今殿脊獸頭是其遺像。」粥魚晝浩浩，俞兆曾。范成大詩：「粥魚吼罷鼓逢逢。」牆雞午嘍嘍。元稹詩：「犬驚狂浩浩，雞亂響嘍嘍。」光景欻明晦，宸英。眺覽窮橧橾。《禮記》：「昔者先王未有宮室，冬則居營窟，夏則居橧橾。」《注》：「橧橾者，橧聚薪柴以為巢居也。」《說文》：「橾，澤中守望草樓也。」按：寺後有毘盧閣，眺望甚達。新酎音宙。綠滿罃，彝尊。《左傳》：「見於嘗酎。」《注》：「酒之新熟，重者為酎。」晚菘黃充庖。《南史·周顒傳》：「顒獨處山舍，文惠太子問顒：『菜食何味最勝？』顒曰：『春初早韭，秋末晚菘。』」〔註55〕詳見前《簡宋觀察》。陳師道詩：「人言充庖須此輩。」豈意青豆房，梁某。 見前《秋杪》。俄頃羅嘉肴。鳴薑膾紫蟹，嘉淑。韋琳《菹賦》：「方當鳴薑動桂，紆蘇佩檓。」無名氏《直沽櫂歌》：「白魚紫蟹四時肥。」題餻餘彩貓。邵氏《聞見後錄》：「劉夢得作九日詩，欲用餻字，以《五經》中無之，輒不復為。宋子京以為不然，故子京《食餻有詠》云：『飆館輕霜拂曙袍，糗餈花飲鬥分曹。劉郎不敢題餻字，虛負詩中一世豪。』糗餌粉餈，餻類也，出《周禮》。」陸游詩：「彩貓餻上菊花黃。」

子鵞新韭配，坤。《南史·庾悅傳》：「劉毅至東堂，悅廚饌甚盛，不以及毅。毅相問曰：『今年未得子鵝，豈能以殘炙見惠？』鮮鯽枯荷包。杜甫詩：「鮮鯽銀絲鱠〔註56〕。」李頎詩：「青荷包紫鱗。」已見雉膏登，雲章。《易》：「雉膏不食。」況有兔首焅。《詩》：「有兔斯首，炮之燔之。」分曹玉鉤射，載震。李商隱詩：「隔座送鉤春酒暖，分曹射覆蠟〔註57〕燈紅。」詳見前《贈歌者陳憐》。角力骰盤拋。鄭樵《通志》：「雜戲：《角力記》一卷。」白居易詩：「碧籌攢采盎，紅袖拂骰盤。」李群玉詩：「骰子巡拋裏手拈。」急觴易沈頓，曾薿。謝靈運詩：「急觴蕩幽默。」吳質《與魏太子牋》：「小器易盈，先取沉頓。」《注》：「沉頓，酒困也。」緩帶便爬罷平聲。抓。爪平聲。曹植詩：「樂飲過三爵，緩帶傾庶羞。」《博雅》：「抓，搔也。」一飲動一石，右曾。《史記·滑稽列傳》：「能飲一石。」載號或載呶。《詩》：「賓既醉止，載號載呶。」同聲倡〔註58〕者和，慎行。《易》：「同聲相應。」《詩》：「倡予和汝。」含意漆在膠。《後漢書·雷義傳》：「義舉茂才，讓於陳重，刺史不聽，義遂佯狂被髮走，不應命。鄉里為之語曰：『膠漆自謂堅，不如雷與陳。』」五言乍妥帖，兆曾。陸機《文賦》：「或妥帖而易施。」韓愈詩：「妥帖力排奡。」十手爭傳鈔。鈕世楷注：「陸游詩：『個中詩思來無盡，十手傳鈔畏不供。』」雖乏韶濩音，宸英。元結《欸乃曲》：「停橈靜聽曲中意，好似雲山韶濩音。」肯使下里殽。宋玉《對楚王問》：「客有歌於郢中者，其始曰《下里》、《巴人》，國中屬而和者數千人。」合併洵匪易，彝尊。顧我中心怓。歸帆艤音蟻。舫舠，梁某。《韻會》：「艤同檥，整舟向岸。」見前《河豚歌》。別騎籠秋韒。韓偓詩：「小鐙狹鞦韒。」邐音裏。迆音夷。陟荒岡，嘉淑。《集韻》：「邐迤，旁行連延也。」邪許音虎。搴長笯。音爻。《詩》：「伐木許許。」《注》：「《淮南子》曰：『舉大木者呼邪許，蓋舉重勸力之歌也。』」《漢書·溝洫志》：「文帝歌曰：『搴長茭兮湛美玉。』」《注》：「竹葦絙謂之笯。搴，拔也。」兔泣卞和璞，坤。《韓詩外傳》：「楚人卞和得玉璞於荊山，獻之武王。使人相之，曰：『石也。』王怒，刖其左足。及文王即位，又獻之。玉〔註59〕人又曰：『石也。』刖其右足。至成王時，和抱其璞，哭於荊山下。王乃使玉人理之，得寶焉，名和氏璧。」〔註60〕且誅宋玉茅。庾信《哀江南賦》：「誅茅宋玉之宅。」羅隱詩：

〔註56〕「鱠」，《陪鄭廣文遊何將軍山林十首》其二作「膾」。
〔註57〕「蠟」，李商隱《無題》作「燭」。
〔註58〕「倡」，四庫本《曝書亭集》、查慎行《敬業堂詩集》卷六作「唱」。
〔註59〕「玉」，底本誤作「王」。
〔註60〕按：《韓詩外傳》未見此事。原出《韓非子·和氏第十三》：
　　　　楚人和氏得玉璞楚山中，奉而獻之厲王，厲王使玉人相之，玉人曰：「石也。」

「荒誄宋玉茅。」**草縛不借履**，雲章。《洪駒父詩話》：「荆公詩：『窗明兩不借。』
按：史游《急就章》云：『裳韋不借為牧人。』顏師古注：『不借，小履也，以麻為之。
其賤易得，人人各自有，不須假借，因而為名。』又出楊雄《方言》，亦曰：『麻履謂
之不借。』惟崔豹《古今注》云：『不借，草履也。』」**泉酌呺然匏**。《莊子》：「魏王
貽我大瓠之種，我樹之成而實五石。剖之以為瓢，則瓠落無所容。非不呺然大也，吾
為其無用而掊之。」**檳榔蕉椰荔**，載震。《嶺南雜記》：「檳榔出海南，而徧於兩粵。
一苞數十子，無花而實，棘針重累其下，皆黎女採摘，入市賣之，謂之山子。食時，
一枚切為四片，以蔞葉石灰並嚼之。人客相見，以此先茶。」又：「蕉子最多蕉心，抽
一莖，叢生一二十，英如肥皂而三稜，剖之，肉如爛瓜，名為棒槌蕉。自夏徂冬，賣
此最久。有玫瑰蕉，作玫瑰花香。又有狗才蕉二種，小而甘，品貴於棒槌。其不實者
有紅蕉，中柚一花如蓮蕊葉，葉遞開，紅赤奪目，久而不謝，名百日紅。」又：「椰子
形如芋頭，如人首，外包棕皮，內有堅殼，解之得漿，味如葶藶之汁。附殼白肉如截
肪，甘脆可啖。」《南方草木狀》：「荔枝樹高五六丈餘，如桂樹，綠葉蓬蓬，冬夏榮茂。
青華朱實，實大如雞子，核黃黑似熟蓮，實白如肪，甘而多汁，似安石榴。有甜酢者，
至日將中，翕然俱赤，則可食也。」**都蔗菱菰荻**。《通雅》：「甘蔗亦曰都蔗。」蘇軾
詩：「篙竿繫舸菰荻隔。」**雞頭祖竹萌**，曾葇。皮日休詩：「雞頭竹上開危徑。」吳
融詩：「祖竹定欺簷雪折。」《爾雅》：「筍，竹萌。」**翠羽官梅梢**。《龍城錄》：「隋趙
師雄遷羅浮。日暮，憩車松林間酒肆旁舍。見一女人，淡妝素服出迓。時已昏黑，殘
雪對月，色微明。師雄喜之，與之語，但覺芳香襲人，因扣酒家門，相與飲。有一綠
衣童來，笑歌戲舞，亦自可觀。醉寢。久之，東方已白，起視，乃在大梅花樹下，上
有翠羽啾唶。」杜甫詩：「東閣官梅動詩興。」**熟知江鄉樂**，右曾。杜甫詩：「熟知
茅齋絕低小。」**莫厭潮田磽**。韋應物詩：「薑蔗傍湖田。」又：「山澗依磽埆。」**招
隱丘中琴**，慎行。左思《招隱詩》：「岩穴無結構，丘中有鳴琴。」**勵志賁上爻**。
張華有《勵志詩》。《易·賁》：「六五：賁於丘園，束帛戔戔，吝，終吉。上九：白賁，
无咎。」**豈必馬足塵**，兆曾。費泉詩：「飄飄馬足塵。」**逐逐營斗筲**。宸英。姜
字西溟，慈谿人。供奉史館。丁丑及第。張字漢瞻，號樸村。嘉定貢生，屢薦未赴。

王以和為誑，而刖其左足。及屬王薨，武王即位，和又奉其璞而獻之武王，武
王使玉人相之，又曰：「石也。」王又以和為誑，而刖其右足。武王薨，文王
即位，和乃抱其璞而哭於楚山之下，三日三夜，泣盡而繼之以血。王聞之，使
人問其故，曰：「天下之刖者多矣，子奚哭之悲也？」和曰：「吾非悲刖也，悲
夫寶玉而題之以石，貞士而名之以誑，此吾所以悲也。」王乃使玉人理其璞而
得寶焉，遂命曰「和氏之璧」。

曝書亭詩錄卷之九

嘉興江浩然孟亭箋注

男壎聲先校

送梁孝廉 某〔註1〕還南海

合昏花開暑雨微，《本草》：「合歡至暮即合，故云合昏。」王世貞《藝苑卮言》：「夜合似梧桐，枝弱葉繁，互相交結。一曰合昏，一曰青棠，即合歡也。」故人留君解驂騑。自注：「謂納臘侍衛性德也。」蔡邕《協和婚賦》：「車服照路，驂騑如舞。」合昏花謝故人死，燕市酒徒看漸稀。秋林卷簜百卉腓，《詩》：「秋日淒淒，百卉具腓。」籬根細菊圓如璣。于鵠詩：「花落擁籬根。」北風蕭蕭南鴈飛，蟄蟲窮鳥相因依。《禮記》：「季秋之月，蟄蟲咸俯在內，皆墐其戶。」《後漢書·趙壹傳》：「壹恃才倨傲，不為鄉里所容，作《窮鳥賦》以自遣。」此時欲別不忍別，馬行蹢躅循郊圻。《楚辭》：「僕夫悲余馬懷兮，蜷跼顧而不行。」把杯勸君君莫揮，《禮記》：「執玉爵者勿揮。」執手語君君莫違。男兒貧賤亦常事，故鄉得歸姑且歸。吾今捐佩也當去，《楚辭》：「捐余玦兮江干，遺餘珮兮澧浦。」顏延之《祭屈原文》：「訪懷沙之淵，得捐佩之浦。」免使同學翻攢譏。遠遊汗漫計亦得，見前《秋涇行》。他年訪爾白板扉。王維詩：「雞鳴白板扉。」舊交陳恭尹屈大均〔註2〕況無恙，相與散策探林霏，杜甫詩：「羸老思散策。」歐陽修《醉翁亭記》：「日出而林霏開。」盡脫苛禮消塵機。孟浩然詩：「從此濯塵機。」龍瀧下上濯我足，許渾詩：「海門征棹越龍瀧。」詳見《送杜少宰》。石樓小大振我衣。《一統志》：「惠州府羅浮山有大小二石樓，登之可望滄海。」左思詩：「振衣千仞崗，濯足萬里流。」乳蕉子黃荔子緋，《南方草木狀》：「甘蕉一種子大如雞卵，有類牛

〔註1〕「某」，《曝書亭集》作「佩蘭」。

〔註2〕「恭尹」、「大均」，底本作空格，據康熙本《曝書亭集》補。

乳，名牛乳蕉。」韓愈《柳州羅池廟碑》：「荔子丹兮蕉黃。」皮日休詩：「乳蕉花發訟庭前。」**馬甲柱脆紅螺肥。**韓愈詩：「章舉馬甲柱。」注：「章舉八腳，身上有肉如臼，曰章魚，即江珧柱也。」《一統志》：「廣州府產紅螺、白蜆、龜腳、馬甲、蠔、鱟等，名品甚多。」**榕陰一畝竹十圍**，見前《送張遠》。**南園可以恣酬和**，「南園」，見前。**詩卷無人論是非。**

古藤書屋再餞梁孝廉

　　露撑倦未飄，雲鴻遠相引。彝尊。江淹詩：「雲鴻盡來翔。」**星埃感蓬勃**，見前《捉人行》。**物候變淒緊。**湯右曾。殷仲文詩：「風物自淒緊。」**慅慅**音蕭。**八達衢，**《爾雅》：「慅慅，勞也。」又：「一達謂之道路，二達謂之岐旁，三達謂之劇旁，〔註3〕五達謂之康，六達謂之莊，七達謂之劇驂，八達謂之崇期，九達謂之逵。」**有客駕修軫。**查慎行。**僕夫在郊坰**，見前《贈鄭簠》。何遜詩：「餞道出郊坰。」**稜黍被隰畛。**梁　某。〔註4〕《詩》：「豐年多黍多稜。」又：「千耦其耘，徂隰徂畛。」**柅車浮淪瀾**，《易》：「繫於金柅。」《注》：「柅所以止車。」**舍榷度嶙**音隱。**嶙。**彝尊。潘岳《西征賦》：「裁陂陀以嶾嶙。」《正韻》：「嶾〔註5〕嶙，山峻貌。」**雷殷風息颶**，《詩》：「殷其雷。」　「颶風」，見前《送少詹》。**海大魚見鱀。**右曾。《集韻》：「鱀，海魚名。」**峽猨有時歸**，見前《峽山飛來寺》。**南雪終不霣。**慎行。《玉篇》：「霣，雷起出雨也。」**九十月之交**，《詩》：「十月之交。」**六千里而近。**梁某。《禮記》：「千里而近。」**懷居興雖洽**，王勃詩：「興洽林塘晚。」**判袂情詎忍。**彝尊。謝靈運詩：「中流袂就判，欲去情不忍。」**置酒青藤陰，入門走蛇蚓。**右曾。蘇軾詩：「蛇蚓稍盤結。」**颼颼涼颸動，灩灩纖月隱。**慎行。**山杯深窪匏**，庾信詩：「山杯捧竹根。」**野蔌脆嚼菌。**梁某。歐陽修《醉翁亭記》：「山肴野蔌。」殷仲文詩：「何以標貞脆，薄言寄松菌。」《注》：「松貞，菌脆也。松菌殊質，故貞脆異性也。」**迎寒笳卷葉**，顧宸《杜詩注》：「胡人卷蘆葉而吹之，謂笳簫，似觱篥而無孔。」高啟詩：「卷葉誰將番曲奏。」**戒夜鼓鳴簨。**彝尊。　《釋名》：「懸鼓者，橫曰簨，從曰虡。」**譚鋒摧趫**音喬。**雄，**蘇軾詩：「賓主譚鋒敵兩都。」《六帖》：「苑君璋以趫雄自奮。」**詩械破詰窘**右曾。東方朔《栢梁詩》：「迫窘詰屈幾窮哉！」蘇軾詩：「先生不譏訶，又復寄詩械。」**毫毛秋兔脫**，《武王筆銘》：「毫毛茂

〔註3〕按：《爾雅》原有「四達謂之衢」。
〔註4〕按：實為「梁佩蘭」。
〔註5〕按：「嶾」疑當作「嶾」。

茂，陷水可脫，陷文不活。」黃公度詩：「贈君以宣城秋兔之穎。」**墨光古香吮**。慎行。鮮于樞詩：「吮墨含毫且暫〔註6〕娛。」陸游詩：「圖書發古香。」**臨當黯然別**，江淹《別賦》：「黯然銷魂者，惟別而已矣。」**且復莞爾哂**。梁某。**炎瘴舊所便**，《番禺雜編》：「嶺外二三月為青草瘴，四五月為黃梅瘴，六七月為新木瘴，八九月為黃茅瘴。」杜甫詩：「地闊昏炎瘴。」**眠食勗惟謹**。彝尊。王獻之《歲終帖》：「不審尊體復何如，眠食轉進否。」**行逢早梅墊**，杜甫《丁香詩》：「亂結枝猶墊。」注：《說文》：「墊，下也。凡物之下墮，皆可云墊。」**到及蟄蟲蠢**。右曾。《禮記》：「孟春之月，蟄蟲始振。」**前期久莫忘，鄉夢今始準**。慎行。蘇武詩：「故鄉夢中近。」**穆如清風篇**，《詩》：「吉甫作誦，穆如清風」。**袖以示恭尹**。梁某。

喜周簣至

耆舊西吳大雅材，汪珂玉《西吳韻苑序》：「吾禾為三吳之一，曰西吳。」「大雅材」，見前《送少詹王先生》。**白頭纔一到金臺**。見前《沈上舍南還》。**最愁馬上乘船似**，杜甫詩：「知章騎馬似乘船。」**不道天邊犯雪來**。蘇軾詩：「海上天邊犯雪來。」**酒盞四年方得共，燭花昨夜記曾開**。《月令廣義》：「燈火有花，主喜事。」**郊扉晚計何時遂**，杜甫詩：「郊扉存晚計。」**十里茭山日往回**。見《鴛鴦湖櫂歌》。

曹先生溶輓詩六十四韻

狗祿經時別，謝靈運詩：「狗祿反窮海。」**加餐萬里教**。《古詩》：「長跪讀素書，書中竟何如。上言加餐食，下言長相思。」**報書人未返，凶問客來諜**。音抄。《晉書·陸雲傳》：「凶問卒至，痛心摧剝。」《集韻》：「諜，代人說也。」**竟輟椅桐瑟**，《詩》：「椅桐梓漆，爰伐琴瑟。」《禮記》：「有疾病者齊撤琴瑟。」**虛藏稷黍苞**。**腸回真似結**，《史記·太史公報任安書》：「腸一日而九回。」魚玄機詩：「離腸百結解無由。」**語咽不禁侑**。音肴。李白詩：「欲語再三咽。」《說文》：「侑，痛聲。」**投分懷衿契**，潘岳詩：「投分寄石友。」《世說新語》：「顧孟著常〔註7〕以酒勸周伯仁，伯仁不受。顧因移勸柱而語柱曰：『詎可便作梗〔註8〕梁自遇？』周得之欣然，遂為衿契。」**忘年比漆膠**。《文士傳》：「禰衡與孔融作爾汝交時，衡未滿二十，而融

〔註6〕「且暫」，鮮于樞《題董北苑山水》作「時自」。
〔註7〕「常」，《世說新語·方正》作「嘗」。
〔註8〕「梗」，《世說新語·方正》作「棟」。

已五十，敬衡才秀，忘年殷勤。」膠漆，見前《重九後一日》。**縱橫才不世**，李商隱詩：「可憐才調最縱橫。」杜甫詩：「直詞才不世。」**經緯學能包**。《左傳》：「經緯天地曰文。」**壯日膺乾顧**，沈約碑文：「高皇赫矣，仰膺乾顧。」**亨衢協泰交**。《易》：「何天之衢，亨。」杜甫詩：「亨衢照紫泥。」《易》：「天地交泰。」**皇華在原隰**，《詩》：「皇皇者華，于彼原隰。」**驄馬避鞭鞘**。《後漢書·桓典傳》：「典拜侍御史，執法無所避，常乘驄馬。京師畏之，為之語曰：『行行止止，避驄馬御史。』」韓偓詩：「鞭鞘風冷柳煙輕。」**卿月青霄上**，《書》：「卿士惟月。」**臺星紫極梢**。《周禮疏》：「《武陵太守星傳》云：『三臺一名天柱，上臺司命為太尉，中臺司中為司徒，下臺司祿為司空。』」《天皇會通》：「三臺，國之高位，皆大臣之象也。解者不一。要之，主臣位，上公侯，中卿伯，下子大夫歟？」《晉書·天文志》：「北極五星在紫宮中。」陸機詩：「奕世臺衡，扶帝紫極。」**主恩中外重**，《後漢書·宦者傳·論》：「中外服從，上下屏氣。」**物議愛憎殽**。上官儀《為劉弘基請致仕表》：「內省愆尤，外愧物議。」**嶺外資分轄**，裴淵《廣州記》：「大庾、始安、臨賀、桂陽、揭陽為五嶺。」高適詩：「嶺外資雄鎮。」**雲中借建鐃**。見前《送侍郎備兵大同》。《說文》：「鐃，小鉦也。軍法：卒長執鐃。」**軍興還轉餉**，《周禮》：「旅師平頒其興積。」《注》：「興積，所興之積。縣官徵聚物曰興。今云軍興是也。」《漢書·雋不疑傳》：「以軍興誅不從命者。」又，《高帝紀》：「老弱罷轉餉。」**戰勝屢登轈**。《左傳》：「楚子登巢車以望晉師。」王彝詩：「有力超乘捷登轈。」**未覘勳書策**，《後漢書·光武帝紀》：「班勞勳策。」《注》：「其有功者，以策書紀其勳也。」**翻令祝代庖**。《莊子》：「庖人雖不治庖，尸祝不越樽俎而代之矣。」**清時臥安石**，見前《偕謝晉登衣雲閣》。**奇計老居鄛**。《漢書·項籍傳》：「居鄛人范增，年七十，素居好奇計。」《注》：「居鄛，縣名也。」**種樹鄰初地**，《華嚴經》：「菩薩在於初地。」王維詩：「竹徑從初地。」**為園傍樂郊**。杜甫詩：「為園須似邵平瓜。」《詩》：「適彼樂郊。」**金陀坊最曲**，見卷四《夜過曹侍郎》。先生《倦圃圖記》：「倦圃距嘉興府治西南一里，宋管內勸農使岳珂倦翁嘗留此著書，所謂金陀坊是已。地故有廢園，戶部侍郎曹先生潔躬治之，以為別業。」**錦帶水難淆**。見《鴛鴦湖櫂歌》。**曲解偷聲譜**，《樂府》：「調有偷聲木蘭花。」吳叔原詞：「月夜與花朝，減字偷聲按玉簫。」**扉從問字敲**。《漢書·楊雄傳·贊》：「劉芬〔註9〕嘗從雄學作奇字。」韓愈詩：「端來問奇字。」**說詩窮五際**，《西京雜記》：「匡衡能說《詩》，時人為之語曰：『無說《詩》，匡鼎來。匡說《詩》，解人頤。』」

〔註9〕「芬」，卷八十七下《揚雄傳下》作「棻」。

《漢書·翼奉傳》:「《易》有陰陽,《詩》有五際,《春秋》有災異,皆列終始,推得失,考天心,以言王道之安危。」《注》:「《詩內傳》曰:『五際,卯、酉、午、戌、亥也。陰陽、終始、際會之歲,於此則有變改之政也。』」《詩緯汎歷樞》:「午亥之際為革命,卯酉之際為改正。辰在天門,出入候聽。卯,《天保》也。酉,《祈父》也。午,《采芑》也。亥,《大明》也。然則亥為革命,一際也;亥又為天門出入候聽,二際也;卯為陰陽交際,三際也;午為陽謝陰興,四際也;酉為陰盛陽微,五際也。」**布易得三爻。**《吳志·虞翻傳》注》:「《翻別傳》『翻初立《易注》,奏上曰:臣郡吏陳桃夢臣與道士相遇,放髮披鹿裘,布《易》六爻,燒其三以飲臣,臣乞盡吞之。道士言易道在天,三爻足矣。豈臣受命,應當知經?』」**東馬文無敵**,見前《題任贊善圖》。**南狐史共鈔。**《左傳》:「南史氏聞太史盡死,執簡以往。」又:「孔子曰:『董狐,古之良史也,書法不隱。』」**近遊師束晳**,束晳有《近遊賦》。**高論折尸佼。**《漢書·藝文志》:「《尸子》二十篇。」注:「名佼,魯人。」**昔歲投荒徼**,《史記·司馬相如列傳》:「南至牂柯為徼。」《注》:「徼,塞也。」杜甫詩:「荒徼尚彎弓。」**芳筵恣叫呶。**杜正倫詩:「藉野列芳筵。」**晴牕蟲蠟曻**,《正字通》:「水蠟樹葉微似榆及甜櫧樹,皆可放蟲產蠟。人以和油澆燭,較勝柏油也。」李商隱詩:「何當共剪西牕燭。」**晚飯鷗鴠炰。**杜甫詩:「晚飯越中行。」吳震方《嶺南雜記》:「鷗鴠形似雌雞而小,雌雄相對啼,飛不甚高,嶺南之佳味也。」**飲罷題連軸,譚深坐轉胞。**嵇康《與山巨源絕交書》:「每常小便忍而不起,令胞中畧轉乃起耳。」元稹詩:「頻眠欲轉胞。」**硯憐鸜鵒潤**,見前《和程邃龍尾硯歌》。**筆肯蚵蛉拋。小市船撐蜑**,蚵蛉、蜑船並見前。**輕衣杼織鮫。**任昉《述異記》:「鮫人即泉仙也,又名泉客。南海出鮫綃紗,泉仙潛織,一名龍紗,其價百餘金。以為服,入水不濡。」杜甫詩:「鮫人織杼悲。」**荔支團火轍**,見前《重九後一日》。楊萬里《荔支歌》:「三危露珠凍寒泚,火轍燒林下〔註10〕成水。」**蘭茁掛風髾。**音梢。韓愈《殿中少監馬君墓誌》:「蘭茁其芽。」**蝶翅仙裙曳**,見前《喜〔註11〕羅浮屈五過訪》。**柑香佛手抓。**爪平聲。《群芳譜》:「佛手柑,其實如人手有指,有長尺餘者。清香襲人,置衣笥中,雖形乾而香不歇。」**潮來雞喔喔**,見前《題汪檢討圖》。劉禹錫詩:「州中喔喔晨雞鳴。」**日出鳥咬咬。**禰衡《鸚鵡賦》:「咬咬好音。」**震瓦長鳴颮,奔雷易激飈。**同颮。《玉篇》:「颮,暴風也。」班固《答賓戲》:「七雄虓闞,分裂諸夏。游說之徒,風颮雷激,並起而救

〔註10〕 「下」,楊萬里詩作「不」。
〔註11〕 「喜」,底本殘,據補。

之。」**離愁珠海闊**，《嶺表錄異記》：「廉州海水之中有洲島，島上有大池，謂之珠海。」**歸計石田磽**。杜甫詩：「先生早賦歸去來，石田茅屋荒蒼苔。」《正韻》：「磽，石地。」《玉篇》：「堅硬也。」**魚最憐鸞脰**，《蘇州府志》：「鸞脰湖南去吳江四十五里平望南。舊以湖形似鸞脰，故名。」按：鸞脰湖產銀魚最佳。**泉常激虎跑**。《臨安新志》：「性空禪師居大慈山，苦無水，忽有神人告曰：『明日當有水。』是夜二虎跑地作穴，泉水湧出，因號虎跑泉。」**避兵居共井**，《襄陽耆舊傳》：「王粲與繁欽並鄰同井。」**獲稻澤分楳**。《說文》：「楳，澤中守望草樓也。」**舫為蓴絲泊**，《綱目集覽》：「蓴生水中，葉似鳬葵。採莖可噉。三月至八月，莖細如釵股，名曰絲蓴。」杜甫詩：「豉化絲蓴熟。」**廚看芡實鉋**。音庖。《周禮》：「加籩之食，菱芡栗脯。」《爾雅翼》：「芡若雞鴈之頭。實內有米，圓白如珠。」《廣韻》：「鉋，鉋刷。」**閒尋百法寺**，《西湖遊覽志》：「百法寺，宋建炎初，僧寶寧建。有大佛半身，依山鑿石為之。」《一統志》：「百法寺在杭州府吳山下。」**悶解五湖笅**。音爻。見前《重九後一日》。**楓岸拈紅葉**，杜甫詩：「楓岸疊青岑。」又：「舍西柔桑葉可拈。」杜牧詩：「霜葉紅於二月花。」**茶槍試綠筍**。《茶錄》：「茶芽如鷹爪、雀舌為上，一旗一槍次之。」蘇軾詩：「茶槍燒後有。」陸龜蒙詩：「黃精滿綠筍。」**探梅熨斗柄**，《蘇州府志》：「鄧尉山西行歷烏山、觀山、朝山、塢外窯、裏窯、熨斗柄、西磧山、彈山，過長旂嶺、竺山，至玄墓，出入湖山間，山人以圃為業，尤多梅花，時一望如雪。」**射鴨竹弓弰**。孟郊詩：「不如竹枝弓，射鴨無是非。」庾信詩：「明月動弓弰。」**纜繫蘇堤遠**，謝靈運詩：「繫纜臨江樓。」《宋史·蘇軾傳》：「知杭州，取葑田積湖中，南北徑三十里，為長堤以通行者。植芙蓉、楊柳其上，望之如畫圖，杭人名為蘇公堤。」**壚逢卓女姣**。《西京雜記》：「卓文君姣好，眉色如望遠山，臉際常若芙蓉，肌膚柔滑如脂。」詳見前《當壚曲》。**過頭齊杖栗**，先生曾祖國祚詩：「我思斸壽藤，削作過頭杖。」曹松《答匡山僧贈榔栗杖詩》：「栗杖出匡山，百中無一枝。」**婪尾數浮匏**。音袍。白居易詩：「歲盞後推婪〔註12〕尾酒。」《仇池筆記》：「蘇鶚云：『以酒巡

〔註12〕「婪」，《歲日家宴戲示弟侄等兼呈張侍御二十八丈殷判官二十三兄》作「藍」。
按：洪邁《容齋四筆》卷九《藍尾酒》：
白樂天《元日對酒》詩云：「三杯藍尾酒，一楪膠牙餳。」又云：「老過占他藍尾酒，病餘收得到頭身」、「歲盞後推藍尾酒，春盤先勸膠牙餳。」《荊楚歲時記》云：「膠牙者，取其堅固如膠也。」而藍尾之義，殊不可曉。《河東記》載申屠澄與路傍茅舍中老父、嫗及處女環火而坐，嫗自外挈酒壺至曰：「以君冒寒，且進一杯。」澄因揖，遜曰：「始自主人翁，即巡澄，當婪尾。」蓋以「藍」為「婪」。「當婪尾」者，謂最在後飲也。葉少蘊《石林燕語》云：「唐人言藍

匜為棽尾。」侯白《酒律》謂酒巡匜，末坐者連飲三杯，為藍尾酒。」陸龜蒙詩：「終浮一大甌。」《廣韻》：「甌，瓠，可為飲器。」**山後津仍逮**，《水經注》：「懸巖之中多石室焉，室中都有積卷矣，而世人罕有津逮者。」**樽前意更忞**。音爻。《玉篇》：「忞，快也。」**池清移塞柳**，庾信《哀江南賦》：「釣臺移柳，非玉關之可望。」杜甫詩：「塞柳行疏翠。」**花翠繞秦芃**。見前《重九後一日》。**擁被陶為穴**，《詩》：「陶復陶穴。」呂種玉《言鯖》：「田地有橫土，有立土。西北橫土，可以穴居。山西多窯房，即所謂『陶復陶穴』也。立土不可穴居。」**炊粱釜拆鬵**。音箭。《史記·楚元王世家》：「高祖微時，與賓客過巨嫂食。嫂佯為羹盡，拆釜。」《注》：「櫟音歷。謂以物〔註13〕歷釜旁使為聲。」《說文》：「陳留謂飯帚曰鬵。」**白榆貪食耳**，見前《題王叔楚墨竹》。**黃鼠厭充肴**。先生《黃鼠詞》自注：「黃鼠產雲中。劉績《霏雪錄》：『黃鼠穴處，惟畏地猴。地猴形極小，縱入其穴，則噭曳而出之。』味極肥美，元朝曾為玉食之獻，置官守其處，人不得擅取也。』**糖躁三沽蟹**，《南史·何胤傳》：「初，胤侈於味，食必方丈，後稍欲去其甚者，猶食白魚、鮧脯、糖蟹，以為非見生物。疑食蚶蠣，使門人議之。學生鍾岏曰：『鮧之就脯，驟於屈伸。蟹之將糖，躁擾彌甚。仁人用意，深懷如怛。至於車螯蚶蠣，眉目內闕，慚渾沌之奇，獷殼外緘，非金人之慎。不悴不榮，曾草木之不若；無馨無臭，與瓦礫其何算。故宜長充庖廚，永為口實。』陸游《老學庵筆記》：「唐以前書傳，凡言及糖者，皆糝耳。如糖蟹、糖薑皆是。」按：陶穀《清異錄》云：「煬帝幸江都，吳中貢糟蟹、糖蟹，每進則旋潔拭殼面，以鏤金龍鳳花貼上。」是糖與糝又有別焉，並附於此。〔註14〕《長安客話》：「三沽：

尾多不同，藍字多作琳，出於侯白《酒律》，謂酒巡匜，末坐者連飲三杯，為藍尾，蓋末坐遠，酒行到常遲，故連飲以慰之，以琳為貪婪之意。或謂琳為燖，如鐵入火，貴其出色，此尤無稽。則唐人自不能曉此義。」葉之說如此。予謂不然，白公「三杯」之句，只為酒之巡數耳，安有連飲者哉？侯白滑稽之語，見於《啟顏錄》。《唐·藝文志》：白有《啟顏錄》十卷、《雜語》五卷。不聞有《酒律》之書也。蘇鶚《演義》亦引其說。

〔註13〕「物」，《史記索隱》作「杓」。
〔註14〕按：吳景旭《歷代詩話》卷六十一《辛集下之下·宋詩·糖蟹》先有類似考證，曰：
陸放翁詩：「磊落金盤薦糖蟹。」
吳旦生曰：放翁筆記謂「唐以前無沙糖，凡言糖者，皆糝耳，如糖蟹、糖薑皆是」。余按：《清異錄》：「煬帝幸江都，吳中貢糖蟹，則潔拭殼面，以鏤金龍鳳花貼上。」《夢溪筆談》：「大業中，吳郡貢蜜蟹二千頭。又何胤嗜糖蟹。大抵南人嗜鹹，北人嗜甘。蟹加糖蜜，蓋便於北俗也。」據此則隋時大業已然，安得云唐以前無沙糖耶？及觀《學齋佔畢》云：「宋玉《大招》已有柘漿，是取

丁字沽、西沽、直沽，並禹跡疏導之處。」詳見前《雨過劉學正》。**餳黏九日貓**。見前《重九後一日》。**渾河流苦急**，《畿輔通志》：「盧溝河在順天府西南二十五里，本桑乾水，又名漯水，俗曰渾河，黃河別源也。」**磧石面多顀**。司馬相如《上林賦》：「下磧歷之坁。」《注》：「磧歷，淺水中沙石也。」皮日休詩：「檜身渾個矮，石面得能顀。」**獵騎掀茸帽**，庾信《崔說神道碑》：「連營函谷，獵騎黎陽。」姜夔詞：「拂雪金鞭，欺寒茸帽，還記章臺走馬。」**箏人疊舞裮**。音筲。李賀詩：「箏人勸我金屈巵。」《集韻》：「裮，衣袥也。」**停軒聽賽鼓**，見前《嘉禾篇》。**並彎指飛髇**。音哮。《玉篇》：「髇，箭也。」李白詩：「弓彎滿月不虛發，雙鶬迸落連飛髇。」**畫壁重重拭，苔碑處處摣**〔註15〕。音抓。劉長卿詩：「苔碑幾字滅。」《說文》：「摣，拘繫也。」**迎寒吹觱**〔註16〕**篥**，《篇海》：「觱篥以竹為管，以蘆為首，狀類胡笳而九竅，所法者角音而已。其聲悲栗。一名悲篥，一名笳管。」**欲雪卷旓**同旌。旓。音梢。《漢書·楊雄傳》：「建光耀之長旓。」《注》：「旓，旗之旒也。」**我去重遊薊**，見前《顯皇帝大閱圖》。**公歸亦渡洨**。音爻。《漢書·地理志》：沛郡有洨縣。《注》：「洨水所出，南入淮。」**往來頻聚散，契濶少讙譊**。音鐃。《詩》：「死生契濶。」《注》：「契濶，勤苦也。」《後漢書·范升傳》：「行路倉卒，非陳契濶之所。」《晉書·鍾雅傳·贊》：「契濶艱虞。」孫逖詩：「多暇屏讙譊。」**小草無端出**，《世說新語》：「謝公始有東山之志，後嚴命屢臻，勢不獲已，始就桓公司馬。於時人有餉桓公藥草，中有遠志。公取以問謝：『此藥又名小草，何一物而有兩稱？』謝未即答。時郝隆在坐，應聲答曰：『此甚易解。處則為遠志，出則為小草。』謝甚有愧色。」**冥鴻忽見罦**。側交切。《揚子》：「鴻飛冥冥，弋人何篡焉。」《爾雅》：「罦謂之汕。」《注》：「今之撩罟。」**盡嫌中散癖**，《晉書·嵇康傳》：「康拜中散大夫。」李咸用詩：「懶癖必無嵇。」劉曙詩：「嵇癖平生甚。」**難免北山嘲**。孔稚圭《北山移文》：「南嶽獻嘲，北隴騰笑。列壑爭譏，攢峰竦誚。慨遊子之我欺，悲無人以赴弔。」朱鶴齡《杜詩注》：「《文選》五臣注：『周顒先隱都北鍾山，後出為海鹽令，欲過北山，孔稚圭乃假山靈意作文

蔗汁始於先秦也。前漢《郊杞歌》：『柘漿析朝酲。』注謂取甘蔗汁以為飴也。又孫亮取交州，所獻甘蔗餳。則是煎蔗為糖，已見於漢時，而《說文》、《集韻》並以糖為蔗飴。曰飴曰餳，皆是堅凝可含之物，非糟之謂。」何可言煎蔗始於太宗時而前止是糟耶？

《酉陽雜俎》云：「平原郡貢糖蟹。每年生貢，斲冰火照，懸老犬肉，蟹即浮，因取之，一枚直百金，馳至京。」

〔註15〕「摣」，《曝書亭集》作「蔴」。
〔註16〕「觱」，《曝書亭集》作「篳」。

移之。」按《齊書》：元徽中，顯出為剡令；建元中，為山陰令。未嘗令海鹽也。《選》注誤。」**反教猱升木**，《詩》：「毋教猱升木。」**那容鵲定巢**。《詩》：「維鵲有巢，維鳩居之。」**身猶依鳳闕**，班固《西都賦》：「設璧門之鳳闕。」**官久罷螭坳**。《會典》：「唐左右二史分立殿下，直第二螭首，和墨濡筆，至螭首坳處，號螭頭。」**閴寂門羅雀**，《易》：「闚其無人。」《疏》：「闚視其屋而閴寂無人也。」《史記‧汲鄭列傳‧贊》：「始翟公為廷尉，賓客闐門；及廢，門外可設雀羅。」**淹留跡繫匏。正思耕作偶，何意影同泡**。《金剛經》：「一切有為法，如夢幻泡影。」《注》：「如泡者，水聚成泡，泡散復為水。如影者，形生影見，形消即影滅。」**磨滅頻年劄**，《書序》：「其餘錯亂磨滅。」鈕世楷注：「杜甫《哭李常侍》詩：『次第尋書札，呼兒檢贈詩。』」**淒涼一束菱**。《後漢書‧徐穉傳》：「郭林宗有母憂，穉往弔之，置生芻一束於廬前而去。眾怪，不知其故。林宗曰：『此必南州高士徐孺子也。《詩》不云乎，生芻一束，其人如玉。』」《書》：「峙乃芻茭。」**賦成棲舍鵩**，《漢書‧賈誼傳》：「賈為長沙傅，有鵩飛入誼舍。鵩似鴞，不祥鳥也。誼自傷悼，以為壽不得長，乃為賦以自廣。」**夢斷入懷蛟**。《西京雜記》：「董仲舒夢蛟龍入懷，乃作《春秋繁露》。」**遺草知盈篋**，《漢書‧司馬相如傳》：「天子曰：『司馬相如病甚，可往從悉取其書。』使所忠往，而相如已死，家無遺書。問其妻，對曰：『長卿未死時，為一卷書，曰有使來求書，奏之。』其遺札書言封禪事，所忠奏焉，天子異之。」蘇頲《故刑部尚書中山李公詩法記》：「雖子期不聽，存者可以絕弦；而相如有作，沒者竟傳遺草。」釋護國詩：「篋中遺草時瑯玕。」**懸車定覆匏**。音包。《漢書‧薛廣德傳》：「懸其安車，以傳子孫。」《注》：「縣其所賜安車，以示榮幸也。」《說文》：「匏，覆車也。」**空牀吟蟋蟀**，《詩》：「十月蟋蟀入我床下。」**暗牖網蟏蛸**。《詩》：「蟏蛸在戶。」薛道衡詩：「暗牖懸蛛網。」盧弼詩：「疏簷看織蟏蛸網，暗室愁聽蟋蟀聲。」〔註17〕**簽帙無由借**，《六帖》：「兩都聚書四部，以甲乙丙丁為次，列經史子集四庫。其本有正有副，軸帶簽帙皆異色以別之。」**人琴自此掊**。音庖。《晉書‧王徽之傳》：「獻之卒，徽之奔喪不哭，直上靈床坐，取獻之琴彈之，久而不調，歎曰：『嗚呼子敬，人琴俱亡。』」《唐韻》：「掊，引取也。」**茫茫千古恨，惄惄寸心恔**。《詩》：「憂心惄惄。」**愧後兼金賵**，《公羊傳》：「車馬曰賵，貨財曰賻。」《注》：「賵猶覆也，賻猶助也，皆助生送死之禮。」《穀梁傳》：「歸死者曰賵，歸生者曰賻。」**惟將漬酒殽**。音爻。謝承《後漢書》：「徐穉前後為諸公所辟，雖不就，及其死，萬里赴弔。嘗預炙雞一隻，以綿漬酒

〔註17〕按：非盧弼詩，出盧汝弼《秋夕寓居精舍書事》。另，「室」原作「隙」。

中,暴乾以裹鷄,徑到所赴冢隧外,以水漬綿,斗米飯,白茅為藉,以鷄置前,酹酒畢,留謁即去,不見喪主。」《廣韻》:「酻,沽也。」**平生知己淚**,《後漢書‧朱暉傳》:「初,暉同縣張堪素有名稱,嘗於太學見暉,甚重之,接以友道,乃把暉臂曰:『欲以妻子託朱生。』暉以堪先達,舉手未敢對,自後不復相見。堪卒,暉聞其妻子貧困,乃自往候視,厚賑贍之。暉少子頡怪而問之。暉曰:『堪嘗有知己之言,吾以信於心也。』」**亟欲反衡茅**。陶潛詩:「養真橫茅下。」

徐公元文小像 〔註18〕徐公字公肅,號立齋,崑山人。順治己亥狀元。康熙中官至大學士。

一編青竹萬蟫音淫。**魚**,杜甫詩:「青竹幾人登。」《爾雅》:「蟫,白魚。」《注》:「衣魚也。亦謂之蠹魚,以能蠹衣裳書帙。一名蛃魚,一名蟫魚。」**東馬南狐總不如**。見上篇。**官燭兩條人半臂**,謝承《後漢書》:「巴祇為揚州刺史,與客坐閣下,不燃官燭。」《事原實錄》曰:「隋大業中,內官多服半除,即今之長袖也。唐高祖減其袖,謂之半臂。」**笑他紅杏宋尚書**。《東軒筆錄》:「宋子京晚年知成都府,帶《唐書》於本任刊修,每宴罷,盥漱畢,開寢門,垂簾,燃二椽燭,勝婢夾侍,和墨伸紙,遠近觀者皆知尚書修《唐書》,望之如神仙。」《北夢瑣言》:「宋子京多內寵,常謌曲江,偶微寒,命取半臂,十餘寵各送一枚。子京恐有厚薄之嫌,竟不敢服,忍冷而歸。」〔註19〕《邀菴閒覽》:「宋子京往見張子野,曰:『欲見雲破月來花弄影郎中。』子野屏後呼曰:『得非紅杏枝頭春意鬧尚書耶?』」

贈魏世俶王士禛 〔註20〕《居易錄》:「寧都魏冰叔禧、和公禮皆以文章名。禮之子世俶,字昭士,文章有諸父風。」

每憶金精天外峰,《一統志》:「金精山在贛州府寧都縣西北十五里。道家以為三十五福地。」**易堂書卷閱春冬**。魏禧《翠微峰記》:「翠微峰距寧都城西十里,金精十二峰之一也。於山之中幹,闢平地作屋。其後諸子講《易》,蓋所謂易堂者也。」**竹林舊侶嗟零落**,《晉書‧嵇康傳》:「所與神交者,惟陳留阮籍、河內山濤。豫其

〔註18〕《曝書亭集》原題有「二首」。

〔註19〕按:非出《北夢瑣言》,沿《韻府羣玉》卷十三、《御定佩文韻府》卷五之三、卷六十之二之誤。比較孫光憲(901～968)、宋祁(998～1061)的生卒年,《北夢瑣言》不可能記載宋祁之事。

前引《東軒筆錄》出卷十五,後云:「多內寵。嘗宴於錦江,微寒,命取半臂,諸婢各送一枚。子京恐有厚薄之嫌,竟不服,忍冷而歸。」當即出此書。

〔註20〕「禛」,底本作「正」。

流者,河內向秀、沛國劉伶、籍兄子咸、琅邪王戎。遂為竹林之遊,世所謂『竹林七賢』也。」魏文帝《與吳質書》:「何圖數年之間,零落略盡。」先生《看竹圖記》:「寧都魏叔子與予定交江都時,歲在辛亥。明年,予將返秀水,錢塘戴蒼為畫《煙雨歸耕圖》。叔子適至,題其卷於是。叔子亦返金精之山,蒼為傳寫作《看竹圖》,俾予作記。予性癖好竹,甲申后,避兵田舍,凡十餘徙,必擇有竹之地以居。其後客遊大同,邊障苦寒,乃藝葦以代竹。既而留山東,見冶源修竹數百萬,狂喜不忍去。歸,買宅長水上,曰竹垞。叔子過予,言金精之峰十有二,其一曰翠微,易堂在其上,梧桐、桃、李、橘、柚皆植,獨竹不生,種之自叔子始。近乃連岡,下上無非竹者,蓋予兩人嗜好適同也。」喜見青雲阮仲容。袁宏《竹林居士傳》:「阮咸,字仲容,籍之兄子也。」顏延之《五君詠》:「仲容青雲器,實稟生民秀。」注:「青雲,言高遠也。」

紫藤花下聯句〔註21〕

首夏花信終,《東皋雜錄》:「江南自初春至初夏有二十四番風,始於梅花,終於楝花,謂之花信風。」徐師川詩:「一百五日寒食雨,二十四番花信風。」月閏又開朔。彝尊。濕雲來遠岑,崔櫓詩:「濕雲如夢雨如塵。」密雨溜斜桷。周篔。《正字通》:「屋角斜柱曰桷。」《說文》:「桷,榱也。椽方曰榱。」雖違登覽興,且喜氛垢濯。彝尊。軸簾納餘清,段成式《崑崙奴傳》:「軸簾召生入室。」叩戶尠蘇典切。篔。《廣韻》:「尠,俗尟字。《說文》:『尟,少也。從是少。』注:是亦正也。正者少則尟也。今人借用鮮字。經傳並從鮮。」《詩》:「寬兮綽兮,猗重較兮。」《疏》:「較謂車兩旁,今謂之平較。」甌香碾新團,《方言》:「自關而西,盎之小者謂之甌。」《茶經》:「碾以橘木為之,次以梨桑桐柘為之。內圓而外方。內圓,備於運行也。外方,制其傾危也。」《建州郡志》:「咸平中,丁晉公為福建漕,監造御茶,進龍鳳團。慶曆間,蔡公端明為漕,始改造小龍團茶,仁廟尤所珍惜。」滴古濡散卓。彝尊。「滴古」,見後《寶晉齋研山》。「散卓」,見前《題汪檢討乘風破浪圖》。虛齋憺無事,晚霽意蕭邈。篔。《雲笈七籤》:「有蕭邈之才,有絕眾之望。養其浩然,不營榮貴。」高蘿何年植,老榦惜崩剝。彝尊。杪春發新條,《楚辭》:「覩杪秋之搖夜。」《注》:「杪,末也。」青翠才一搦。篔。郝經詩:「腰肢一搦不勝衣。」有如荔含苞,又若鳥破殼。彝尊。見後《畢上舍止酒》。籠陰忽蓋瓦,楊侃《皇畿賦》:「柳籠陰於四岸。」杜甫詩:「對

〔註21〕「聯句」,《曝書亭集》作「作」。

門藤蓋瓦。」**落格漸成幄**。箕。陸游詩：「梅市花成幄」**五髻瓔珞垂**，《杜陽雜編》：「宣宗大中初，蠻國人入貢危髻金冠，瓔珞被體，謂之菩薩蠻。」王逢詩：「瓔珞檜高藏白獸。」**群玉玲瓏琢**。彝尊。**榮悴迭後先，土膏異豐確**。箕。《國語》：「陽氣俱蒸，土膏其動。」《正韻》：「磽确，石地。」左思《吳都賦》：「庸可共世而論鉅細，同年而議豐埆乎？」　「確」音學。**幽賞人未齊，暖遊蜂已覺**。彝尊。杜甫詩：「蜂聲亦暖遊。」**將尋條鈴護**，鄭畋詩：「條鈴〔註22〕無響閉珠宮。」《月令廣義》：「玄宗花萼樓下花樹間皆絙金鈴以驚鳥，風動鈴聲，犬輒吠，貴家咸傚之，名護花鈴。」**毋使雀豹啄**。箕。韓愈《聯句》：「相殘雀豹趟。」注：「雀之鷙者，以其勇健，故曰雀豹。」**寫生畫史為**，《東齊記事》：「黃荃父子畫畫，不見墨蹟，謂之寫生。」《莊子》：「宋元君將畫圖，眾史皆至。」**配饌食經學**。彝尊。鄭樵《通志》：「馬琬《食經》三卷。」**故鄉南湖南**，見《鴛鴦湖櫂歌》。**風景別燕涿**。箕。《漢書．地理志》：「邯鄲北通燕涿。」**濃陰壓兩岸，虺蔓埽船角**。彝尊。杜牧詩：「岸藤梢虺尾。」劉子翬詩：「雨餘船角亂堆簑。」**鷗梟雜坐臥**，杜甫詩：「往來雜坐臥。」**鰕蜆恣撈捉**。箕。皮日休詩：「但聞鰕蜆氣。」王維詩：「草屩撈鰕富春渚。」**何為久滯淫**，王粲詩：「何為久滯淫。」**來往昧鳩鸴**。彝尊。《莊子》：「蜩與學鳩笑之曰：『我決起而飛，搶榆枋而止，時則不至，而控於地而已矣，奚以之九萬里而南為？』」**酒罷花亦殘，擁衾歸夢數**。箕。

遲湯上舍右曾不至徐蝶園《湯公墓誌》：「公諱右曾，字西厓。先世海鹽，遷仁和。少異敏。既冠，遊京師，聲華壓儕輩，名貴人皆延頸願交。丁卯舉京兆鄉試，弁國子生。戊辰成進士，入翰林。庚辰改刑科給事。累遷通政使，特授翰林院掌院學士兼禮部侍郎，尋遷吏部右侍郎兼掌院事。以文學見知於上，目為詩公，聞者驚羨。」〔註23〕按：湯公與先生為紀群之交，有《題令嗣西畯月波吹笛圖》〔註24〕二絕句，云：「不知何處最高寒，萬頃光中白玉盤。倚出秋風一聲笛，青天碧海總漫漫。」「可惜征衫依舊青，仍攜鐵篴過江亭。潯陽西上方空闊，定有蛟龍夜出聽。」亦傑作也。

檉葉綠如繖，《說文》：「繖，蓋也。」**藤花紫滿簷**。河柳、紫藤皆室前所有，見《聯句》詩。**望君君不至，惆悵下廳簾**。

〔註22〕「條鈴」，鄭畋《夜景又作》作「鈴條」。按：鈴條即鈴索。

〔註23〕按：實出方苞《望溪先生文集》卷二十九《翰林院掌院學士兼禮部侍郎湯公墓誌銘》。

〔註24〕按：出湯右曾《懷清堂集》卷九，原題《題朱文盎月波吹笛圖》。

題王給事又旦過嶺詩集〔註25〕先生《郃陽王君墓誌》：「君諱又旦，字幼華，別字黃湄。順治十四年舉於鄉。明年會試，中式。又明年殿試，賜進士出身。歷官戶科給事中，典廣東鄉試。嶺南物產繁富，珠香象犀滿城市，遊者踵接於道。君以奉使闈事畢，偕番禺處士□□□入羅浮山。既出嶺，復登匡廬。比還朝，詩卷外無長物也。詩集十卷傳於時，其詩兼綜唐宋人之長，獨不取黃庭堅。」〔註26〕

　　郃陽王郎婥群雅，見前《沈上舍南遊》。**掖垣退食吟最工。**「掖垣」，見前《興化李青壽詩》。《詩》：「退食自公。」**關西作者僂指數**，《荀子》：「雖有聖人之知，未能僂指也。」**比於二李誰趫**音喬。**雄。**自注：「檢討因篤、明府念慈。」李因篤，字天生，富平人，舉博學鴻詞。李念慈，字屺瞻，涇陽人。順治戊戌進士。《六帖》：「苑君璋以趫雄自奮。」**昨年使車踰嶺表，笙歌鹿鳴聽乍終。**《〈儀禮・鄉飲酒禮〉注》：「《笙歌》三篇，堂下吹笙以播詩，所謂笙入三終也。」《燕義》：「工歌《鹿鳴》、《四牡》、《皇皇者華》。」《詩序》：「《鹿鳴》，宴群臣嘉賓也。」韓愈《送楊少尹序》：「舉於其鄉，歌《鹿鳴》而來也。」溫庭筠詩：「鹿鳴皆綴士。」**滿城象犀總不顧，迎潮直渡東官東。**《一統志》：「潮州府，晉咸和中屬東官郡。」**循州洞天福地兩，羅浮近與泉源通。**《一統志》：「惠州府，隋置循州。」杜光庭《洞天福地記》：「洞天，羅浮，洞名朱明耀真之天，在惠州博羅縣。福地，泉水，源在龍川界。」**晴峰四百三十二，**鄒師正《羅浮指掌圖記》：「羅浮山高三千六百丈，地袤五百里，峰巒四百三十二，溪澗川源不可勝數。」**一一捧出青蓮蓬。砂床泥融坐啞虎，**王士禎〔註27〕《皇華紀聞》：「砂床，問之粵人，無知者。閱《河上楮談》，乃知出辰州麻陽萬山中，其坑深不可測。砂有床，取砂人攜燭入，且行且鑿，有行數日不獲一床者。床在石中，色如白玉，砂如箭，出床上。床有寬尺許者。」杜甫詩：「泥融飛燕子。」《一統志》：「啞虎洞在朱明洞側。有黃野人者，舊為葛洪之隸，得洪遺丹，服之成仙，而啞虎為之守門。」**竹葉篆古書秋蟲。**□□□□：「雙髻峰下百十步劉仙壇側有符竹，竹不甚高大，止數尺。葉上有文，如蝸涎，如古篆籀，若今巫覡所書符者。山人謂之竹葉符，每以餉客。」〔註28〕蘇軾詩：「柳老半書蟲。」劉禹錫詩：「秋蟲鏤古樹。」**千年鹿跑草淺淺，**溫庭筠詩：「草淺淺，春如剪。」**五色雀舞花濛濛。**《番禺雜編》：「五色雀，一名音聲鳥。每樂作，有聲如鼓者、塤者、笛者、

〔註25〕按：此詩提及屈大均，四庫本《曝書亭集》未錄。
〔註26〕康熙本《曝書亭集》卷七十五《儒林郎戶科給事中合陽王君墓誌銘》：「偕番禺處士屈大均」。四庫本《曝書亭集》刪此八字。
〔註27〕「禎」，底本作「正」。
〔註28〕按：出屈大均《廣東新語》卷二十七《草語・竹》。

板者，滿山嘈囋，久而自罷。」詳見前《送杜少宰》。常建詩：「翳泉花濛濛。」**盤遊飯罷石樓去**，《仇池筆記》：「江南人好作盤遊飯，鮓脯膾炙無不有，然皆埋之飯中。故里諺曰：『掘得窖子。』羅浮穎老取諸飲食雜烹之，名谷董羹。時陸道士遂出一聯云：『投醪谷董羹鍋裏，掘窖盤遊飯碗中。』東坡大喜，錄之，為異時一笑。」《一統志》：「惠州府土人以魚肉諸物埋飯中，謂之盤遊飯，雜羹中謂之骨董羹。」　「石樓」，見前《送梁孝廉》。**群仙或請銘新宮**。《容齋隨筆》：「東坡羅浮作詩示叔黨，其末云：『負書從我盡歸去，羣仙正草新宮銘。汝應奴隸蔡少霞，我亦季孟山玄卿。』自注曰：『唐有夢書新宮銘者，云紫陽真人山玄卿撰。其略曰：良常西麓，原澤在〔註29〕泄。新宮宏宏，崇軒轤轤。又有蔡少霞者，夢人遺〔註30〕書碑銘曰：昔乘魚車，今履瑞雲。躅空伯〔註31〕塗，綺轇輪困。其末題云：五雲閣吏蔡少霞書。』予按：唐小說薛用弱《集異記》載蔡少霞夢人召去，令書碑，題云：蒼龍溪新宮銘，紫陽真人山玄卿撰。其詞三十八句，不聞有五雲閣吏之說。魚車瑞雲之語，乃逸史所載陳幼霞事，蒼龍溪主歐陽某撰。蓋坡公誤以幼霞為少霞耳。」**偕行況有屈道士**，大均。〔註32〕**留題肯使莓牆空**。陸游詩：「壁間閒看舊留題。」徐淮詩：「莓牆墨尚新。」**此鄉寶玉人所羨，珠圓貝紫珊瑚紅**。見前《越王臺懷古》。**王郎歸裝乏長**去聲。**物**，《世說新語》：「王恭從會稽還，王大看之。見其坐六尺簟，因語恭：『可以一領及我。』恭即舉所坐者送之。既無餘席，便坐薦上。後大聞之，甚驚，曰：『吾本謂卿多，故求耳。』對曰：『丈人不悉恭，恭作人無長物。』」**僅束詩卷藏鬃筒**。《漢書注》：「漆漆物謂之鬃。」蘇軾詩：「鬃筒淨無染。」**解船下瀧指湖口**，「下瀧」，見前《送杜少宰》。《一統志》：「湖口縣在九江府城東里。」**餘興復入匡山中**。見前《送越孝廉》。**僧房五百恣登歷**，黃庭堅詩：「五百僧房綴蜜脾。」**短笻輕屐隨樵童。三條石樑貫員闕**，《一統志》：「廬山上三石樑長數丈，廣不盈尺，杳然無底。」**一匹瀑布拖長虹**。王禕《開先寺觀瀑布記》：「廬山南北瀑布以十數，獨開先寺最勝。」庾信詩：「長虹雙瀑布，圓闕兩芙蓉。」**王郎得句轉清越**，《禮記》：「叩之，其聲清越以長。」韓愈詩：「出其囊中文，滿聽實清越。」**墨花漬壁磨鉛銅**。梅堯臣詩：「尚漬墨花碧。」**攜來都亭曾幾日**，《漢書·司馬相如傳》：「往舍都亭。」〔註33〕**傳抄奚啻十數公**。陸游詩：「十手傳抄畏不供。」**要知能事久服習，矢人之矢**

〔註29〕「在」，《容齋隨筆》卷十三《東坡羅浮詩》作「東」。
〔註30〕「遺」，《容齋隨筆》卷十三《東坡羅浮詩》作「遺」。
〔註31〕「伯」，《容齋隨筆》卷十三《東坡羅浮詩》作「仰」。
〔註32〕「大均」係自注，底本無，據康熙本《曝書亭集》補。
〔註33〕按：早見《史記》卷一百十七《司馬相如列傳》。

弓人弓。《周禮·考工記》:「矢人為矢,弓人為弓。」邇來詩格乖正始,見前《送王贊善》。學宋體制嘲唐風。江西宗派各流別,劉後村《江西詩派序》:「呂紫微作江西宗派,自山谷而下,凡二十六人。」《晉書·摯虞傳》:「撰古文章,類聚區分為三十卷,名曰《流別集》。」吾先無取黃涪翁。《宋史·黃庭堅傳》:「庭堅,字魯直。謫黔戎時,假涪州別駕,自號涪翁。」先生《書〈劍南集〉後》:「邇者詩人多捨唐學宋,予嘗嫌務觀太熟,魯直太生。」比聞王郎意亦爾,助我張目振凡聾。曹植《與吳質書》:「想足下助我張目也。」孟郊詩:「藏書掛〔註34〕屋脊,不惜與凡聾。」覽茲過嶺集百過,元好問詩:「莫厭明牕百過看。」豈有瘢垢堪芟礱。唐元澹文:「採眾說之精,而刊正芟礱。」往時屈道士遊越,山行水汎酬和同。自從判袂廣武北,見前《將之永嘉》。十載夢寐懸江楓。《楚辭》:「湛湛江水兮上有楓。」沖虛觀前斗壇在,《一統志》:「沖虛觀在羅浮山朱明洞前,宋建有朝斗壇。」可有鄧嶽留葛洪。《晉書·葛洪傳》:「洪以年老,欲鍊丹以祈遐壽,聞交阯出丹砂,求為句漏令。帝從之。遂將子姪俱行。至廣州,刺史鄧嶽留不聽去,洪乃止羅浮山鍊丹。在山積年,優游閒養,著述不輟。」投詩王郎並寄屈,惜無萬里南飛鴻。

題賈院判鉉**畫荷二首**賈字玉萬,號可齋,臨汾人。

亭亭紅豔立清波,殺粉調鉛不在多。馮硯祥詩:「調鉛殺粉繼前人。」卻笑崔徐思憔悴,鷺鷥汀畔寫枯荷。《宣和畫譜》:崔白有《秋荷雙鷺圖》。又:徐熙有《敗荷秋鷺圖》。

黃塵六月倦鳴鞭,苦憶中吳鴨觜船。夢入篷牕聽夜雨,半江風葉枕函邊。蘇軾詩:「篷牕高枕雨如繩。」韓偓詩:「玉釵敲著枕函聲。」

竹爐聯句並序

錫山聽松庵僧人性海製竹火爐,王舍人過而愛之,為作山水橫幅,並題以詩。歲久爐壞,盛太常名顯。因而更製,流傳都下,群公多為吟詠。圖既失,詩猶散見於西涯、李東陽。篁墩程敏政。諸老集中。梁汾典籍仿其遺式製爐,恒歎息舊圖不可復得。及來京師,忽見之容若侍衛所,容若遂以贈焉。未幾,容若逝矣。丙寅之秋,梁汾攜爐及卷過予海波寺在宣武門外。寓,適西溟、姜宸英。青士、周篔。愷似孫致彌。三子亦至。坐

〔註34〕「掛」,孟郊《勸善吟》作「拄」。

青藤下，燒爐試武夷茶，相與聯句，成四十韻。明年，梁汾將歸，用書
於冊，以示好事之君子。顧貞觀，字華封，號梁汾，無錫人。康熙丙午順天舉人。
官國史院典籍。孫致彌，字愷似，號松坪，嘉定人。以太學使朝鮮采詩。戊辰成進士，
官編修。納蘭性德，原名成德，字容若，長白人。癸丑進士，改侍衛。納蘭《題竹爐
新詠卷詩序》：「惠山聽松菴竹茶爐歲久損壞，甲子秋，梁汾倣舊制復為之，置積書岩
中，諸名士作詩以記其事。是冬，余適得一卷，題曰《竹爐新詠》，則明時王舍人孟端、
李相國西涯所為，竹爐詩畫並在，實聽松故物也。喜以歸梁汾，即名其岩居曰新詠堂。」
王士禛〔註35〕《居易錄》：「門人潛江朱載震悔人為顧舍人貞觀梁汾以竹爐卷索詩，王
舍人孟端物也。爐在惠山聽松菴，吳文定及見之，與盛侍郎冰壑賦詩相倡和，程篁墩、
謝文正、倪文毅皆和，錢鶴灘跋，共為一卷。文正、篁墩書甚佳，但詩限於韻，亦成、
弘前風氣然也。《匏菴紀事》云：『己亥之春，予過無錫，遊惠山，入聽松菴，觀竹爐，
酌第二泉煮茶，嘗賦詩紀其事。今刑部侍郎盛公，無錫人也，謂爐出於故王舍人孟端，
制古而雅，乃倣而為之，且自銘其上。其姪虞，字舜臣，性尤好古，來省其伯父，不
遠數千里，攜以與俱。予獲觀焉，因取前詩次韻賞之。』詩不具錄。前有孟端畫山水，
題云『九龍山人王紱為真性海上人製』。上人者，聽松菴主僧也。卷首有李西涯篆書
『竹爐新詠』四大字。」

　　西神峰連延，見前《柳巷》。何晏《景福殿賦》：「階除連延。」**龍角氿泉歊。**
孫致彌。　《詩》：「有洌氿泉。」　歊，善問切。**桑苧次水經**，《唐書‧陸羽傳》：
「羽字鴻漸，自稱桑苧翁。」**第較中泠遜。**姜宸英。按：唐張又新《中朝故事》：
「李德裕居廟廊日，有親知奉使於京口。李曰：『還日，金山下楊子江中泠水取一壺
來。』」《煎茶水記》：「故刑部侍郎劉公稱較水之與茶宜者凡七等，揚子江南零水第一，
無錫惠山寺石泉水第二云云。」又曰：「《煮茶記》云：『代宗朝，李季卿問陸羽所歷經
處之水優劣，陸曰：楚水第一，晉水最下。李因命筆口授而次第之。廬山康王穀水簾
水第一，無錫縣惠山寺石泉水第二』云云。」歐陽修《大明水記》：「世傳陸羽《茶經》
其論水云：『山水上，江水次，井水下。』又云：『山水乳泉石池漫流者上，瀑湧湍漱
勿食，食久令人有頸疾。江水取去人遠者，井水取汲多者。』其說止於此，而未嘗品
第天下之水味也。至張又新為《煎茶水記》，始云『劉伯芻謂水之宜茶者有七等』，又
載羽為李秀卿論水次第，有二十種。今考二說，與羽《茶經》皆不合」云云。是中泠居
第一、慧泉居第二並非陸羽所品。西溟猶襲俗說訛傳，故備錄於此。**山僧寡營役，**
谷飲遂夙願。彝尊。《宋書‧雷次宗傳》：「次宗與子姪書曰：『山居谷飲，人理久絕。』」

跏趺長松根，《婆娑論》：「結跏趺坐，是相圓滿。」《廣韻》：「跏趺，大坐也。」風來耳垂鬖。周贇。《說文》：「鬖，髮長也。音萬。」都籃選茶具，見前《沈上舍南還》。一一細莎頓。顧貞觀。原注：「張祜《惠山》詩：『重街夾細莎。』」舍彼陶冶工，截竹等辮鞶。致彌。《爾雅》：「革中絕謂之辮，革中辮謂之鞶。」《注》：「皮去毛曰革，中斷之曰辮，復中分其辮曰鞶。」○辨音片，鞶音眷。附以紅泥團，其修僅扶寸。宸英。《公羊傳》：「扶寸而合。」《注》：「側手曰扶，按指曰寸。」坎上離於中，下乃利用巽。彝尊。《茶經》：「風爐以銅鐵鑄之，如古鼎形，凡三足，古文書二十一字，一足云『坎上巽下離於中』，一足云『體均五行去百疾』，一足云『聖唐滅〔註36〕明年鑄。』置墆㙦於其內，設三格，其一格畫一卦曰離，其一格畫一卦曰巽，其一格畫一卦曰坎。巽主風，離主火，坎主水。風能興火，火能熟水，故備其三卦焉。」微飄颼颼入，活火焰焰焌。贇。陸龜蒙《零陵總記》：「李約李約天性惟嗜茶，能自煎，謂人曰：『茶須緩火炙，活火煎。』」《說文》：「焌，然火也，音俊。」初聆檜雨喧，漸見魚眼暄。貞觀。《茶經》：「凡候湯有三沸。如魚眼微有聲，為一沸。四向如湧泉連珠，為二沸。騰波鼓浪，為三沸，則湯老。」蘇軾詩：「蟹眼已過魚眼生，颼颼欲作松風鳴。」紫筍舒萌尖，見《鴛鴦湖櫂歌》。乍點湯色嫩。致彌。蔡襄《茶錄》：「點茶，茶少湯多則云腳散，湯少茶多則粥面聚。」《鶴林玉露》：「瀹茶之法，湯欲嫩而不欲老，蓋湯嫩則茶味甘，老則過苦矣。」王郎穿竹過，《世說新語》：「王子猷嘗行至吳中，見一士夫家有好竹，肩輿徑造竹下。」愛接支許論。宸英。《世說新語》：「支道林、許掾諸人共在會稽王齋頭，支為法師，許為都講。支通一義，四坐莫不厭心。許送一難，眾人莫不忭舞。」解帶磐石間，素瓷迭相勸。彝尊。王修詩：「素瓷傳靜夜。」欣然愜所遇，伸紙隨染渲。贇。吳質《答東阿王書》：「發函伸紙，是何文采之巨麗。」郭熙《林泉高致》：「擦以水墨，再三而淋之，謂之渲。」江砢玉《珊瑚網》：「繪事名目有染渲界描臨摹傳寫。」濛濛岩亭瀑，歷歷水田畈。貞觀。《韻會》：「畈，平疇也。」音販。短短茅覆屋，茸茸荻抽藋。致彌。《爾雅》：「其萌藋。」《注》：「藋，蘆筍也。」音勸。橋攲乃有路，門闃或無楗。宸英。《說文》：「楗，限門也。」林壑雖未深，埃壒頗已遠。彝尊。班固《西都賦》：「軼埃壒之渾濁。」流傳盛新詠，群雅足彝憲。贇。《書》：「欽哉！永弼乃後於彝憲。」或為篆籀隸，見前《贈許容》。若盉鬲敦甒。貞觀。《博古圖》：「商有阜父丁盉、執戈父癸盉，周有單從盉、加仲盉、龍首盉、雲雷盉、三螭盉、蛟

〔註36〕 「滅」，《欽定古今圖書集成》下有「虜」。按：原出《茶經》卷中《風爐》，作「滅胡」。四庫本《茶經》改此句為「聖唐年號某年鑄」。

螭盉、麟盉、螭虯盉、粟紋盉、細紋熊足盉，漢有鳳盉、螭首虯紋盉，凡一十四器。其款識或謂之彝，或謂之尊，或謂之卣，取調和五味之義則一也。」《說文》：「鬲，鼎屬，實五穀。」《爾雅》：「鼎款足謂之鬲。」《注》：「鼎曲腳也。」《疏》：「款，闊也，謂鼎足相去疏闊者名鬲。」《漢書‧郊祀志》：「其空足曰鬲。」《注》：「足中空不實者名曰鬲也。」《禮記》：「黍稷四敦皆蓋。」又：「有虞氏之兩敦。」《注》：「敦，黍稷器。」《周禮》：「若合諸侯，則共珠槃玉敦。」《說文》：「鬳，鬲屬。」盉音禾。鬲音歷。敦音對。鬳音券。**或為真行草**，見前《贈鄭簠》。**若繇靖羲獻**。致彌。鍾繇、索靖、王羲之、獻之。**穆如清風作**，《詩》：「吉甫作誦，穆如清風。」**舉一可當萬**。宸英。《晉書‧杜預傳》：「以計代戰一當萬。」**嗚呼百年來，精廬窟貙貚**。彝尊。《爾雅》：「貙獌似狸。」《注》：「今貙虎也。大如狗，文如狸。」《釋文》：「獌亦作貙。」李白《大獵賦》：「窮奇貙貚。」　貚音萬。**曩時所珍物，零落委荊蔓**。賞。**吾家繡塘側**，陸羽《遊慧山記》：「山寺中有方池，一名千葉蓮花池，一名繡塘，一名浣沼。」**想茲恒繾綣**。貞觀。**形模授巧匠，高下仿遺楥**。致彌。《說文》：「楥，履法也。」《注》：「織履中模範，故曰法。俗作楦。」**所惜七尺圖，慮為塵土坋**。宸英。《儀禮》：「宰夫內拂幾。」《注》：「內拂幾，不敢塵坋尊者。」　坋，蒲悶切。**開篋逢故人，輒贈得右券**。彝尊。李白詩：「胡公能輒贈。」《商子》：「以左右〔註37〕券與吏之問法令者，主法令之吏謹藏其右券。」《史記‧平原君列傳》：「公孫龍曰：『且虞卿操其兩權，事成，操右券以責；事不成，以虛名德君。君必勿聽也。』」**羊脂鏤躞玉**，王逸《玉部論》：「白如脂肪。」米芾《畫史》：「隋唐藏書皆金題玉躞。金題，押頭也。玉躞，軸心也。」**獸錦束腰縴**。賞。杜甫詩：「獸錦奪袍新。」《說文》：「縴，攘臂繩也。」音券。**譬諸延平津，劍合始無恨**。貞觀。　見前《孫少宰蟄室觀劍》。**俄驚鄰笛悲**，見前《山陰雨霽》。**永歎壑舟遁**。致彌。《莊子》：「夫藏舟於壑，藏山於澤，謂之固矣。然而夜半有力者負之而走，昧者不知也。藏小大有宜，猶有所遯。若夫藏天下於天下，而不得所遯，是恒物之大情也。」張九齡《徐州刺史蘇公挽詩》：「藏壑今如此，為山遂不成。」**蕭條黃公壚**，《世說新語》：「王濬沖為尚書令，著公服，乘軺車，經黃公酒壚下過，顧謂後車客：『吾昔與嵇叔夜、阮嗣宗共酣飲於此壚，竹林之遊，亦預其末。自嵇生夭、阮公亡以來，便為時所羈紲。今日視此雖近，邈若山河。』」**歌哭與俗溷**。宸英。**是物覩者希，五都絕市販**。彝尊。《漢書》：「王莽於五都立五均，更名洛陽、邯鄲、臨淄、宛、成都，五都市長皆為五均司市。」**今年吳船來，載自潞沙堰**。賞。**徙置青藤陰，旅話破幽悶**。

〔註37〕《商子‧定分第二十六》無「右」。

貞觀。夏侯湛《魯仲連贊》：「在幽能泰，處悶唯悅。」**質比蓮芍**音杓。**輕，形嗤石鼎鈍**。致彌。《集古錄》：「蓮芍宮銅博山爐一榘，銘漢五鳳中造。」軒轅彌明《石鼎聯句詩》：「形模婦女笑，度量兒童輕。」《抱朴子》：「銳鋒產乎鈍石。」**小勺分宮時，頭綱試甌建**。宸英。《宣和北苑貢茶錄》：「歲分十餘綱，惟白茶與勝雪自驚蟄前興役，浹日乃成，飛騎疾馳，不出仲春，已至京師，號為頭綱。」蘇軾詩：「待賜頭綱八餅茶。」注：「尚書學士得賜頭綱龍茶一斤八餅。」楊萬里詩：「頭綱別樣建溪春。」**忽憶秋水生**，謝靈運詩：「逝將候秋水，息景偃舊崖。」**乘此風力健**。彝尊。徐夤《詠帆詩》：「風健還能泝急流。」**逝將掛席歸**，木華《海賦》：「揚微綃，掛帆席。」謝靈運詩：「掛席拾海月。」**耦耕師下潠**。質。陶潛有《丙辰歲八月中於下潠田舍穫》詩。**毋令石牀空，兼使夜鶴怨**。貞觀。孔稚圭《北山移文》：「蕙帳空兮夜鶴怨，山人去兮曉猿驚。」

送毛檢討奇齡還越毛原名姓，字大可，又字於一，號西河，蕭山人。舉博學鴻詞，授檢討。

一舸全家去，杜牧詩：「西子下姑蘇，一舸逐鴟夷。」**層闉別袂分**。劉子翬詩：「裂蔓登層闉。」**孤生倚知己，衰老感離群**。《禮記》：「吾離群而索居，亦已久矣。」**曉雨千門散，新泉五牖聞**。見前《沈上舍南還》。**花光晴澹沲**，見前《上巳》。**峰翠遠氤氳**。**祖席愁帆影**，見前《送益都馮先生》。**回塘蹙水紋**。**語多兼往事，觴罷判斜曛**。**少日偕簦笠**，《急就篇注》：「簦、笠皆所以禦雨。大而有把手執以行謂之簦，小而無把手戴以行謂之笠。」**遺書索典墳**。《左傳》：「是能讀三墳、五典、八索、九丘。」**扇邀王內史**，《晉書·王羲之傳》：「為會稽內史，在蕺山見一老姥持六角竹扇賣之，羲之書其扇，姥有慍色。羲之謂曰：『但云是王右軍書。』姥如其言，人競買之。他日，姥又持扇來，羲之笑而不答。」**舞起謝將軍**。《晉書·謝尚傳》：「王導辟為掾。以其有勝會，謂曰：『聞君能作鴝鵒舞，一坐傾想，寧有此理否？』尚曰：『佳。』便著衣幘而舞，令坐者撫掌擊節，尚俯仰在中，傍若無人。大司馬桓溫欲有事中原，使尚率眾向壽春，進號安西將軍。尋進號鎮西將軍，鎮壽陽。」**夢筆橋頭月**，《浙江通志》：「江文通宅在蕭山縣東北一百三十步，後捨為覺苑寺，今人猶謂之江寺，南有夢筆橋。」**捫蘿磴口雲**。《浙江通志》：「紹興府城西南鏡湖中侯山上有探幽徑、擷芳徑、捫蘿磴、百花頂。」**徵歌依趙瑟**，李白詩：「徵歌出洞房。」韋應物詩：「趙瑟正高張。」**漬墨灑羊裙**。韓愈詩：「青墨窺舊史。」《世說新語》：「羊不疑為烏程令，子欣年十二。王獻之為吳興守，甚知愛之。嘗夏日

入縣，欣著新練裙晝寢，獻之書數幅而去。欣本能書，因之彌善。」〔註38〕**午爨柯亭竹**，見前《山陰道歌》。**秋眠蕙帳蚊**。孔稚圭〔註39〕《北山移文》：「蕙帳空兮夜鶴怨。」**俄驚鄰笛弄**，見前《山陰雨霽》。**頓使酒船焚**。見前《和曹使君》。**失路棲淮浦**，《詩》：「截彼淮浦。」**逃名適汝墳**。《水經注》：「汝水又東南逕奇雒城西北，墳水出焉。」**易穿東郭履**，《史記·滑稽列傳》：「東郭先生久待詔公車，衣敝，履不完。行雪中，履有上無下，足盡踐地。」**慚勒北山文**。《北山移文》：「鍾山之英，草堂之靈，馳煙驛路，勒移山庭。」詳見前《曹先生輓詩》。**燒尾同華讌**，《邵氏聞見錄》：「士人初登第，必展歡宴，謂之燒尾。說者云虎化為人，惟尾不化，須得燒去乃化。」又云：「新羊入群，必牴觸，須燒其尾乃定。」又：「魚躍龍門化為龍，必雷燒其尾乃化。」**傳甘並紫帉**。音芬。蘇軾詩：「歸來一盞殘燈在，猶有傳柑遺細君。」注：「侍飲樓上，則貴戚爭以黃柑遺近臣，謂之傳柑，聽攜以歸。蓋故事也。」《玉篇》：「帉，拭物巾也。」**四聲研沈陸**，《南史·沈約傳》：「約撰《四聲譜》，以為在昔詞人累千載而不悟，而獨得胸襟，窮其妙旨，自謂入神之作。」又，《陸厥傳》：「沈約等文皆用宮商將平上去入四聲，以此制韻，有平頭、上尾、蜂腰、鶴膝，五字之中，音韻悉異，兩句之內，角徵不同，不可增減，世呼為永明體。」沈約《宋書·謝靈運傳》後又論其事，厥與約書辨之。**六義續河汾**。《詩大序》：「詩有六義。一曰風，二曰賦，三曰比，四曰興，五曰雅，六曰頌。」杜淹《文中子世家》：「文中子王氏諱通，字仲淹。隋文帝時，奏《太平策》十有二，公卿不悅。文中子知謀之不用也，乃續詩書、正禮樂、修元經、贊易道。九年而六經大通，門人自遠而至，蓋千餘人。隋季，文中子之教興於河汾，雍雍如也。」**闌藥園官送**，元稹詩：「闌藥紫霞英。」杜甫《園官送菜》詩注：「園官，管園之吏。」**朝衫小婦薰**。韓愈詩：「從事久此穿朝衫。」《〈漢書·元后傳〉注》：「小婦，妾也。」**香匲詞悵悵**，見前《戲效香匲體》。**錦瑟淚紛紛**。李商隱《錦瑟》詩：「滄海月明珠有淚。」吳震亨《唐音》戊籤《錦瑟》詩：「元釋圓至注云：『前輩謂商隱情有所屬，託之錦瑟。』近胡元瑞亦云：『大槩無題中語，首句略用錦瑟引起耳。』宋人如《緗素雜記》謂其直詠錦瑟，以適怨清和為解，固非。即《紀事》以為詠令狐楚青衣名錦瑟者，又有謂商隱莊事楚，必楚子綯之青衣者，皆未得肯綮，而妄為之說者也。」**為折章臺柳**，《全唐詩話》：

〔註38〕按：《世說新語》無此語。《宋書》卷六十二《羊欣傳》：「不疑初為烏程令，欣時年十二。時王獻之為吳興太守，甚知愛之。獻之嘗夏月入縣，欣著新絹幕晝寢，獻之書幕數幅而去。欣本工書，因此彌善。」

〔註39〕「圭」當作「珪」。

「韓翃有寵姬柳氏，從辟淄青，置之都下，數歲而寄詩曰：『章臺柳，章臺柳，往日青青今在否？縱使長條似舊垂，亦應攀折他人手。』柳答曰：『楊柳枝，芳菲節，可恨年年贈離別。一葉隨風忽報秋，縱使君來豈堪折？』」按：先生《葉兒樂府》有為毛大可輓姬人曼殊，豐臺花匠女也。梁清標《題毛大可姬人曼殊小照》詩：「百朵雲光綰髻斜，焚香小坐澹鉛華。畫圖展向春風裏，好護豐臺第一花。」**翻辭秘省芸**。《文獻通考》：「漢延熙時，始置秘書監，掌典古今圖籍。梁稱省。唐改蘭臺、麟閣。後復舊。宋初為寄祿官。元豐後，以崇文院為秘書省。」魚豢《魏略》：「芸香闢紙魚，故藏書臺曰芸臺。」**空林憶猿鶴**，見上篇。**舊社返榆枌**。見前《彭城道中》。劉太真《杜元微碑》：「棲逸翩於榆枌。」**到及湘蒓同尊。**美，陸游詩：「短艇湘湖自采蒓。」注：「湘湖在蕭山縣，產蒓菜絕美。」**閒看越鳥耘**。見前《謁禹陵》。**朋箋存笥滿，**呂潛詩：「賦就朋箋錦不如。」**麴米注牀醺**。杜甫詩：「聞道雲安麴米春，纔傾一盞即醺人。」又：「豫知稌黍收，已覺糟床注。」**宰相陶弘景，**《世說新語》：「陶弘景隱茅山，武帝每有征討大事，輒先諮訪。月中常有數信，時謂『山中宰相』。」**神仙鄭巨君**。《後漢書·鄭弘傳》：「弘字巨君，會稽山陰人也。」詳見前《山陰道歌》。**行藏應自料，不用問靈氛**。《楚辭》：「命靈氛為余占之。」《注》：「靈氛，古明占吉凶者。」

程侍郎江山臥遊圖程名正揆，字端伯，號鞠陵，又號青溪道人。孝感人。崇禎〔註40〕辛未進士。入國朝官至工部侍郎。

啟禎之際南北派，書有董米畫崔陳。《明史·董其昌傳》：「同時以善書名者，臨邑邢侗、順天米萬鍾、晉江張瑞圖，時人謂刑張米董，又曰南董北米。然三人者，不逮其昌遠甚。」先生《崔子忠陳洪綬合傳》：「子忠，字開予，一名丹，字道母，別字青蚓。先世萊陽人，居京師。善畫，華亭董尚書其昌異之，謂非近代所有，子忠益自重。有以金帛請者，概不應也。洪綬，字章侯，諸暨人。客有求畫者，雖磬折至恭，勿與。至酒間召妓，輒自索筆墨，小夫稚子無勿應也。遭亂，混跡浮屠，自稱老遲。予少時得洪綬畫輒驚喜，及觀子忠所作，其人物怪偉略同。崇禎〔註41〕之季，京師號『南陳北崔』。」青溪先生起奪席，《後漢書·戴憑傳》：「帝令羣臣能說經者更相難詰，義有不通，輒奪其席，以益通者。憑遂重坐五十餘席。」二者並妙稱絕倫。一水一石弗漫與，杜甫詩：「十日畫一水，五日畫一石。」尺幅價值雙烏銀。

〔註40〕「禎」，底本作「正」。
〔註41〕「禎」，底本作「正」。

孟郊詩：「贈炭價重雙烏銀。」**今觀此圖著色老，筆與黃鶴山樵親**。先生《王蒙傳》：「王蒙，字叔明，湖州人。趙孟頫之甥也。工畫山水，兼善人物。元末官理問，遇亂隱居黃鶴山，自稱黃鶴山樵。」杜甫詩：「惜哉李蔡不復得，吾甥潮也下筆親。」**蒼茫又類井西作**，見前《題元張子正林亭秋曉圖》。**林霏晻靄泉洄淪**。歐陽修《醉翁亭記》：「日出而林霏開。」《楚辭》：「揚雲霓之晻靄。」《注》：「晻，盛貌。靄，繁也。」**近來仿古求貌似，疊石細碎添苔芍**〔註42〕。沈灝《畫麈》：「山石點苔，水泉索線，常法也。叔明之渴苔、仲圭之攢苔，是二氏之一種。今之學二氏以苔，取肖鈍漢也。古多有不用苔者，恐覆山脈之巧，障皴法之妙。今人畫不成觀，必須叢點，不免媸女添癡之誚。」**先生畫意不畫像**，歐陽修詩：「古畫畫意不畫形。」**驅使二子窮其神。雲霞石淙開四面，一一鼠尾丁頭皴**。江砢玉《珊瑚網》：「古今描法一十八等，有武洞清釘頭鼠尾。」又：「皴石法有夏圭師李唐泥裏拔釘皴。」郭熙《林泉高致》：「淡以銳筆橫臥惹惹〔註43〕而取之，謂之皴。」**山根木閣看最好，安得買斷居河滸**。王建詩：「買斷竹溪無別主。」《詩》：「在河之滸。」**四門博士重手澤**，見前《雨過劉學正兼隱齋》。《禮記》：「父沒而不能讀父之書，手澤存焉耳。」**請我跋尾歲在寅**。《爾雅》：「太歲在寅曰攝提格。」**其冬偷兒鑿我壁，室無泉布牀無茵**。《周禮》：「外府掌布之出入。」《注》：「布，泉也。其藏曰泉，其行曰布。」**惟存文史五千卷**，盧仝詩：「我有文字五千卷。」**手摩插架撤**同挪。**揄**〔註44〕**頻**。《禮記》：「澀手以摩之。」韓愈詩：「鄴侯家多書，插架三萬軸。」《後漢書·王霸傳》：「舉手挪揄之。」《注》：「挪揄，手相笑也。」**此圖幾失幸不失，留置愛玩縣冬春。朝來灑墨賦長句，書報博士遲無嗔**。

寶晉齋研山《江南通志》：「米芾宅在鎮江府千秋橋西，軒曰致爽，齋曰寶晉。」陸游《避暑漫鈔》：「李氏後主常〔註45〕買一研山，徑長纔餘尺，前聳三十六峰，大有手指，左右則引兩陂陀，而中鑿為硯。及國破，研山流轉數十人家，為米老元章所得。後米之歸丹陽也，念將卜宅。而蘇仲恭號稱好事，甘露寺下一古基多群木，蓋晉唐人所居。時米得宅而蘇得研。米號為海嶽菴是也。」〔註46〕陶宗儀《輟耕錄》：「米芾書研山圖後云：『右此石是南唐寶石，久為吾齋研山，今被道祖易去。仲美舊有詩云：研山不易見，移得小翠峰。潤色裹書幾，隱約煙朦朧。巉岩自有古，獨立高崧巃。安知

〔註42〕「芍」，《曝書亭集》作「勻」。
〔註43〕「惹惹」，郭熙《林泉高致集·畫訣》作「重重」。
〔註44〕「揄」，《曝書亭集》作「撤」。
〔註45〕「常」，《鐵圍山叢談》作「嘗」。
〔註46〕按：實出（宋）蔡絛《鐵圍山叢談》卷六。

無雲霞，造化與天通。立壁照春野，當有千丈松。崎嶇浮波瀾，偃仰蟠蛟龍。蕭蕭生風雨，儼若山林中。塵夢忽不到，觸目萬慮空。公家富奇石，不許常人同。研山出層碧，崢嶸實天工。淋漓山上泉，滴瀝助毫端。揮成驚世文，立意皆逢原。江南秋色起，風遠洞庭寬。往往入佳趣，揮灑出妙言。願公珍此石，美與眾物肩。何必嵩少隱，可藏為地仙。今每誦此詩，必懷此石。余亦有作云：研山不復見，哦詩徒歎息。唯有玉蟾蜍，向余頻淚滴。此石一入渠手，不得再見。每同交友往觀，亦不出示。紹彭公真忍人也。余今筆想成圖，彷彿在目，從此吾齋秀氣當不復泯矣。崇寧八月望米芾書。」余二十年前紹〔註47〕興吳仲圭為畫圖，錢唐吳孟思書文，後攜至吳興，燬於兵，偶因清暇，默懷往事，漫記於此。」山有華蓋峰、月岩、翠巒、方壇、玉筍、上洞、下洞、龍池。遇天欲雨，則津潤。王士禎〔註48〕《居易錄》：「《癸辛雜識》云：『米氏研山後歸宣和御府，流落台州戴氏家。』此石今在朱竹垞太史所。所謂華蓋峰、月岩、翠巒、方壇、玉筍、上洞、下洞、龍池諸勝，宛然皆具。上有寶晉齋三篆字及襄陽米氏世珍印。」又，《香祖筆記》：「南唐李主研山，後歸米元章。米與蘇仲恭學士家，易北園〔註49〕甘露寺海嶽菴地。宣和入御府。後又四百餘年，不知更易幾姓，而至新安許文穆國家。已而歸嘉禾朱文恪國祚。予戊辰春從文恪曾孫檢討彝尊京邸見之，真奇物也。後二年，復入京師，則研山又為崑山徐司寇購去矣。今又十五年，不知尚藏徐氏否。」

有石產京峴，近在龍目灣。周篔。《江南通志》：「京峴山在鎮江府治東五里。龍目湖在京峴山下。相傳梁武帝望京峴盤紆似龍，於山前開此湖，以龍目名之。」**外史火正後，**《國語》：「史伯曰：『夫荊，重黎之後也。黎為高辛氏火正，以淳燿惇大，天明地德，光照四海，故命之曰祝融。其後八姓，於周末有侯伯。融之興者，其在羋〔註50〕姓乎』」黃溍筆記：「元章自署姓名，米或為芊，芾或為黻。又稱海嶽外史，又稱襄陽漫士。」《蘇米小品》：「米老自號鹿門居士，其印文云火正後人芾印。」**愛好怡情顏。**彝尊。鈕世楷注：「《晉書·卞壼傳》：『實無情顏，昧冒榮進。』」**稜分岩穴岨，垢洗黃朱斑。**篔。韓愈詩：「星璣黃朱斑。」**俄看千仞峰，勢拔方寸間。**彝尊。**亭亭華蓋倚，隱隱卻月彎。**篔。**岡巒各殊狀，一一相迴環。**彝尊。**其下陷深窪，髣髴龍所寰。**篔。**有時風雨至，大小青來還。**彝尊。見前《王舍人西山遊記》。**玩物不在多，對此形神嫻。**篔。**以之易園廬，勝絕臨江關。**彝尊。**觀其賦詩意，猶自心偏慳。**篔。韓愈詩：「獨於數子心偏慳。」**年深異顯**

〔註47〕「紹」，《輟耕錄》卷六作「嘉」。
〔註48〕「禎」，底本作「正」。
〔註49〕「園」，《香祖筆記》卷七作「固」。
〔註50〕「芊」，《國語》作「芈」。

晦，幸未委榛菅。彝尊。韓愈詩：「豈念幽桂遺榛菅。」君家藏四葉，《詩》：「昔在中葉。」冷光古益黯。賨。《玉篇》：「黯，黑也。烏閒切。」且以娛寂寞，豈復論銖鍰。彝尊。舉世重黃白，《古樂府》：「黃者金，白者玉。」孰營几上山。賨。好語玉蟾蜍，《西京雜記》：「廣川王去疾好聚無賴少年，遊獵畢弋無度。國內冢藏，一皆發掘。晉靈公冢有玉蟾蜍一枚，大如拳，腹空，容五合水，光潤如新。王取以為書滴。」勿用清淚潛。彝尊。

懷汪進士煜　汪字寓昭，杭州人。官吏科給事中。

人日梅花落，高適《人日寄杜二拾遺》詩：「人日題詩寄草堂，遙憐故人思故鄉。柳條弄色不忍見，梅花滿枝空斷腸。」元好問詩：「明月高樓燕市酒，梅花人日草堂詩。」《宋樂府》：「鮑照梅花落。」懷君過嶺時。見前《度大庾嶺》。安牀紅豆底，見前《送王少詹》。日日坐相思。按：此亦風人詩。見前《讀曲歌》。

喬侍讀萊一峰草堂看花歌同陸嘉淑周賨姜宸英錢金甫孫致彌查慎行湯右曾陳曾葹賦　金甫字越江，上海人。康熙己未進士。舉博學鴻詞，授編修，累官侍讀學士。餘見前。

疾風經旬不出戶，獨客懶過三眠蠶。蘇軾詩：「此身將老蠶三眠。」今朝風定塵壒〔註51〕音藹。減，《正韻》：「壒，塵合也。」女牆翠湧西山嵐。見《鴛鴦湖櫂歌》及《題王舍人西山遊記》。修門池館綴金碧，陸游《出都》詩：「重入修門甫歲餘，又攜琴劍返江湖。」蘇軾詩：「雙闕眩金碧。」鑠柵未許停羸驂。李賀詩：「草梢竹柵鎖池滑。」楊巨源詩：「羸驂苦遲遲。」主人新拓百弓地，王粲詩：「拓地三千里。」陳造詩：「城西百弓地。」中園卉木吾舊諳。江淹詩：「蓬蒿滿中園。」夭桃濃杏雖已落，海棠乍坼丁香含。初疑徑闢過者少，杜甫詩：「幽棲地僻經過少。」早有勝侶齊幽探。江總《棲霞寺碑頌》：「名僧宴息，勝侶薰修。」張籍詩：「幽探道侶兼。」新松四尺掛席帽，見前《沈上舍南還》。炙具一束攜荊籃。晁補之詩：「瓦釜荊籃止道邊。」絲頭毯他感切。展午陰直，《唐書·地理志》：「宣州土貢銀、銅器、綺、白紵、絲頭毯。」白居易詩：「平展絲頭毯。」《正韻》：「毯，毛席也。」婪尾杯泛冬醪甘。白居易詩：「歲盞後推婪尾酒。」《仇池筆記》：「蘇鶚云：『以酒巡匝為婪尾。』一作藍尾。侯白酒律謂酒巡匝，末坐者連飲三杯為婪尾酒。」今年春較去年晚，花信十猶餘二三。

〔註51〕「壒」，《曝書亭集》作「壒」。

見前《紫藤花下》。**長紅小白枝尚亞**，李賀詩：「花枝草蔓眼中開，小白長紅越女腮。」《詩談二編》：「杜審言『枝亞果新肥』，孟東野『南浦紅花亞水莊』，包佶『多年亞石松』，方干『應候先開亞木枝』，亞義如壓，言低披也。」**雄蜂雌蝶飛相參。**李商隱詩：「花房與蜜脾，蜂雄蛺蝶雌。」**酒闌回憶壯年事，於此晨夕朋盍簪。**《易》：「朋盍簪。」**燒瓷甕頭臥畢卓**，杜甫詩：「大邑燒瓷輕且堅。」「畢卓」，見前《春暮》。**蠟板曲子歌何戡。**李賀詩：「歌回蠟板鳴。」劉禹錫《與歌者何戡》詩：「舊人惟有何戡在，更與殷勤唱渭城。」《盧氏雜說》：「何戡，樂工也。」**滿墀明月露濯濯**，韓愈詩：「濯濯晨露香。」**繞屋垂柳絲毿毿。**孟浩然詩：「綠岸毿毿楊柳垂。」**十餘年來五易主，魚牀潦盡成枯潭。**王勃詩：「魚床侵岸水。」**茅亭崩剝泥暗裂**，韋應物詩：「牆宇咸崩剝。」**有若燕子留空龕。**王維詩：「山中燕子龕。」**仙源重過豈易得，惜花老去心逾貪。韶光三月忽已盡**，唐太宗詩：「韶光開令序。」**牡丹將吐房山南。**《淥水亭雜識》：「牡丹近數曹亳，北地則大房山僧多種之，其色有夭紅、淺綠，江南所無也。」**綠囊紅襆水精域**，楊慎《謝華啟秀》：「紅襆，紫囊，牡丹也。」江總《大莊嚴寺碑》：「遙拖宛虹，光遍水精之域。」**鹿女微笑貍奴酣。**《法苑珠林》：「上古有二金仙，修道東西山石。其間母鹿生鹿女，形極美，金仙養之。後佛母生於鹿女，因名鹿苑，乃佛成道初轉法輪處也。」王維詩：「鹿女踏花行。」梅堯臣詩：「銜花鹿女香。」黃庭堅《乞貓》詩：「聞道貍奴將數子。」《宣和畫譜》，黃荃、徐熙、崔白皆有《牡丹戲貓圖》。**相期雙屐著謝客**，劉長卿詩：「遂使康樂侯，披榛著雙屐。」詳見前《山陰道歌》及《永嘉除日》。**更借一鶴騎盧躭。**鄧德明《南康記》：「盧躭任州為治中，有神術，能飛。每夕輒凌虛歸家，曉則還州。曾元會，曉不及朝，則化為白鶴，至閣前迴翔欲下。威儀以帚擲之，得履一隻。」**諸君偕遊恐不遂，試與二老評花擔。**自注：「謂周、陸二子。」

檉聯句《爾雅》：「檉，河柳。」《注》：「今河旁赤莖小楊。」《爾雅翼》：「天將雨，檉先知之，起氣以應。又負霜不凋，乃木之聖者也，故字從聖。又名雨師。」

　　有木生庭隅，入夏翠陰發。周篔。**卑枝易妨帽**，庾信《小園賦》：「簷直倚而妨帽。」**密蔭恰承韈。**孫致彌。陸游詩：「黃雲承韈到羊家。」**重露一以晞，**《詩》：「白露未晞。」**微風久不歇。**彝尊。**皮乾骹殷烏開切。**赭，《韻會》：「骹，皴也。又木皮甲錯也。」**花瑣補禿缺。**篔。《正字通》：「《本草衍義》云：『檉，人謂三春柳，以一年三秀也。花肉紅色，成細穗。』」韓愈《徐偃王廟碑》：「藩拔棘夷，庭

木禿缺。」**色籠澹沱**〔註52〕天，見前《上巳》。**影漏惺忪月**。致彌。　見前《嘉禾篇》。**遮門肖水松**，陸璣《詩疏》：「檉生水傍，皮赤如絳，枝葉似松。」《南方草木狀》：「水松菜如檜而細長。」**驗雨促耕垡**。彝尊。韓愈詩：「謝病老耕垡。」《韻會》：「垡耕，起土也。」　垡同坺。**莖小舞蝶翻，脂香行**戶郎切。**蟻窟**。質。張衡《南都賦》，《注》：「檉似栢而香。」今檉中有脂，號檉乳。杜甫詩：「行蟻上枯梨。」**其身異樅**七恭切。栢，《爾雅》：「樅，松葉栢身。」**其產偏揚越**。致彌。《戰國策》：「蔡澤曰：『吳起南攻揚越。』」**豈惟敵雪霜，兼可癰宛暍**。彝尊。《荀子》：「使民夏不宛暍。」《注》：「宛當作奧。」《說文》：「暍，傷暑也。」《正字通》：「閩福州府閩清縣檉樹山上有檉樹，根分枝合，大數十圍，盛夏蔭者忘暑。」　暍，於歇切。**疢疾崽**音宰。**子除**，揚子《方言》：「崽，子也。江湘間凡言是子謂之崽。」《水經注》：「變童丱女〔註53〕，弱年崽子。」按：檉一名河西柳，俗誤稱西湖柳者是也。可治小兒痧疹。**栖槃匠人剈**。質。《楚辭》：「握剞剈而不用。」《注》：「剞剈，刻鏤刀也。」《正字通》：「檉，材可卷為盤合。」**是物錫嘉名**，《楚辭》：「肇錫余以嘉名。」**肇詩皇矣曰**。致彌。《詩·大雅·皇矣之篇》：「啟之辟之，其檉其椐。」**爾雅配蟲魚**，韓愈詩：「爾雅注蟲魚。」**圖經繪苗發**。彝尊。《易林》：「無聊虛作，苗發不生。」**過從每淹留，愛護勿翦伐**。質。《詩》：「勿翦勿伐。」**森森埽庭萼**〔註54〕，**淺淺露鴛骨**。致彌。徐積詩：「埋卻千鴛萬鴛骨。」**清談自亭午**，見前《庾嶺》。**離坐到日沒**。彝尊。《禮記》：「離坐離立，毋往參焉。」**雖非郊野居，且免土蓬勃**。質。　見前《捉人行》。**況有易釀沽，把琖忘百罰**。致彌。杜甫詩：「百罰深杯亦不辭。」**箕踞獨樹根**，《漢書·張耳陳餘傳》：「高祖箕踞罵詈。」《注》：「箕踞者，謂屈〔註55〕兩腳，其形如箕。」王維詩：「科頭箕踞長松下。」**狂哉酒檮杌**。彝尊。袁宏詩：「陸賈厭解紛，時與酒檮杌。」

畢上舍大生止酒經年冬夜枉過勸之復飲賦三十韻 畢字雨稼，清浦人。

畢生本酒徒，系沿鮦紂紅反。**陽卓**。《一統志》：「鮦陽故城在河南汝寧府新蔡縣界。」《晉書·畢卓傳》：「卓字茂世，新蔡鮦陽人也。」**長筵慣分曹**，李嶠詩：「長筵鵷鷺集。」李商隱詩：「分曹射覆蠟燈紅。」**專與大戶較**。《正字通》：「人飲酒多寡稱大小戶。《吳志》：『孫皓每饗宴，以七升為限，小戶雖不入口，並澆灌取盡。』」

〔註52〕「沱」，《曝書亭集》作「淳」。
〔註53〕《水經注》卷十一作「變婉丱童」。
〔註54〕「萼」，康熙本《曝書亭集》作「蕚」，四庫本《曝書亭集》作「草」。
〔註55〕「屈」，《漢書》卷三十二顏師古注作「申」。

白居易詩：「戶大嫌甜酒。」又：「小戶長先醉。」**傾壺滿舴船**，杜牧詩：「舴船一棹百分空。」**鬮力出卷握**。《後漢書・張堪傳》：「珍寶山積，捲握之物足富十世。」《注》：「捲握，猶掌握也。」**選格拋牙骰**，《唐書・藝文志》：「李郃《骰子選格》二〔註56〕卷。」李群玉詩：「骰子巡拋裏手帖。」**射覆探雀鷇**。音卻。同觳。《漢書・東方朔傳》：「上嘗使諸數家射覆。」《注》：「放覆器之下而置諸物，令闇射之，故云射覆。」《爾雅》：「生哺鷇。」《疏》：「鳥生須母哺而食，名鷇，謂燕雀之屬也。」《史記・趙世家》：「主父探雀鷇而食之。」**勇哉氣如虎，可奪力士矟**。《唐書・尉遲敬德傳》：「敬德善矟，每單騎入賊，群刺之不能傷，又能奪賊矟還刺之。帝令與齊王戲，少選，王三失矟。」**初愁鼓鼕鼕**，元稹詩：「夢聽鼓鼕鼕。」**俄至雞喔喔**。劉禹錫詩：「州中喔喔晨雞鳴。」**一朝忽不飲，客勸輒驚遻**。敕角切。《廣韻》：「遻，遠也。一曰驚走。」**人或強之坐，竦身等山嶽。甘令涴同污。衫袖，不復顧謠諑**。《楚辭》：「謠諑謂余以善淫。」《注》：「謠，毀也。諑，譖也。」**自從斷酒來，月改十晦朔。問之何以然，其志在困學。僧僚止容膝**，陸游詩：「屋窄似僧僚。」陶潛《歸去來辭》：「審容膝之易安。」**居若蝸負殼**。見前《柳巷》。**一盂黃齏酸**，徐楨卿詩：「團圞燈影飯黃齏。」梅堯臣詩：「寒齏酸流胸。」**一燈青豆爆**。《傳燈錄》：「佛日和尚參夾山，曰：『冷灰裏有一粒豆子爆。』」庾肩吾詩：「豆火欲燃薪。」**當其夜分倦**，鍾嶸《詩品》：「終朝點綴，分夜呻吟。」杜甫詩：「聽詩靜夜分。」**欲睡乃翻覺。漆鬢添初星**，杜甫詩：「汝伯何由髮如漆。」左思《白髮賦》：「星星白髮，生於鬢垂。」**丹顏損舊渥**，《詩》：「顏如渥丹。」**入秋試不利，泣抱楚和璞**。《韓非子》：「楚人和氏得玉璞楚山中，奉而獻之厲王。王使玉人相之。玉人曰：『石也。』王以和為誑，刖其左足。厲王薨，武王即位。和又獻之。王使玉人相之，又曰：『石也。』又以和為誑，刖其右足。武王薨，文王即位。和抱其璞哭於楚山之下，泣盡而繼之以血。王聞之，使人問其故。和曰：『悲夫！寶玉而題之以石，貞石而名之以誑也。』王乃使玉人理其璞而得寶焉，遂命曰和氏之璧。」**群飲徒揶揄**，見前《程侍郎江山臥遊圖》。**背面肆評駁**。杜甫詩：「當面輸心背面笑。」吳萊詩：「評駁遷固枝葉繁。」**獨醒亦何苦**，《楚辭》：「舉世皆濁我獨清，眾人皆醉我獨醒。」**羌不如醉濁**。《楚辭注》：「羌，楚人發語端之詞。」張伯淳詩：「枯槁醉濁間。」**北地釀法多，滄易通薊涿**。謂五州。**茲非禁酒國**，盧仝詩：「何時出得禁酒國。」**況弛官務榷**。音覺。《文獻通考》：「晉、漢以來，諸道州府皆榷計麴額，置都務以沽酒。宋朝之制，三京官造麴，聽民納直，諸州城內皆置務釀之。」《漢書・西域傳・

〔註56〕「二」，《新唐書》卷五十九作「三」。

贊》：「至於用度不足，乃榷酒酤。」《注》：「禁民酤，獨官開置，如道路設木為榷，獨取利也。」〔註57〕**胡然守枯槁，血脈久淫濯。**枚乘《七發》：「血脈淫濯，手足惰窳。」《注》：「淫濯，不通也。」**生來恒鬱鬱，我見尤懰懰。**《爾雅》：「懰懰、邌邌，悶也。」**是夕風最寒，冰簪掛斜桷。**朱有燉詩：「笑把冰簪當玉釵。」《說文》：「桷，榱也。椽方曰桷。」《正字通》：「屋角斜柱曰桷。」**西市買山蔌，**殷堯藩詩：「且共山蔌同飲澗。」**東市買海鰒。**見前《李檢討惠鮮鰒魚》。**此時浮一琖，亦足忘蹇剝。**《定命錄》：「魏元忠有善相者，謂曰：『公當位極人臣，然命多蹇剝。』」李瀚《蒙求》：「趙壹坎壈，顏馴蹇剝。」**生也聞我言，相視忽而噱。**音劇。《莊子》：「噱然放杖而笑。」**有如魚含鉤，**韓愈詩：「歸舍不能食，有如魚掛〔註58〕鉤。」**又如鶴受鋈。**音浥。《廣韻》：「鋈音鎖。」韓愈孟郊《聯句》：「青雲路難近，黃鶴足仍鋈。」**紅文螺麴房，**元稹詩：「牙臭記令紅螺盌。」《拾遺記》：「漢武侍者進洪梁之酒，酌以文螺之巵。」**黃支犀斜角。**見前《鴛鴦湖櫂歌》及《送喬舍人》。**沛然決江河，豈能塞一墣。**音撲。《說文》：「擊謂之墣。」《淮南子》：「土勝水者，非以一墣塞江也。」**詰朝客來尋，**《左傳》：「詰朝相見。」**仍向甕邊捉。**見前《春暮》。

畢子飲二十杯而腹痛復欲止酒再以詩示之

我歌勸生飲，生醉我亦眠。**繩牀一牆隔，**見前《春日》。**聞若呻吟然。**《列子》：「眠中啼囈呻呼。」《注》：「呼音吟。」《莊子》：「呻吟裘氏之地。」**殘燈撥餘燄，**元稹詩：「殘燈無燄影幢幢。」紀少瑜《燈》詩：「惟餘一兩燄，纔得解羅衣。」**夜半衣重褰。問之臥骹側，欲語哽在咽。**李白詩：「欲語再三咽。」**手摩腹與肚，抱痛青兩顴。**顏延之《赭白馬賦》：「兩顴協力。」**歷鹿車轂轉，**王延壽《王孫賦》：「聲歷鹿而喔咿。」《古詩》：「腸中車輪轉。」**往來梭腸穿。**《內典》：「梭腸有意錦絲穿。」**良久始起坐，絮被遮寒肩。答云我祿薄，福過災則延。**庾亮《讓中書令表》：「小人祿薄，福過災生。」**緘之苦不易，**張蠙詩：「甘貧祇擬長緘酒。」**一夕敗終年。飲啄各分定，造物信有權。譬諸再嫁婦，羞澀塗脂鉛。**梁武帝《書評》：「羊欣書似婢作夫人，舉止羞澀。」**譬諸黃面僧，**《世說》：「黃面瞿曇，亦須斂衽。」**破齋烹肥鮮。旁人笑且侮，瑟縮難自前。**韓愈詩：「瑟

〔註57〕按：所引《漢書·西域傳》見卷九十六下。所引《注》見《漢書·武帝紀第六》「初榷酒酤」，係顏師古注引「韋昭曰」。

〔註58〕「掛」，韓愈《赴江陵途中寄贈王二十補闕李十一拾遺李二十六員外翰林三學士》作「中」。

—258—

縮久不安。」**麴糵伐性斧**，《書》：「若作酒醴，爾惟麴糵。」《郭璞別傳》：「璞時有醉飽之失，友人干令升戒之曰：『此伐性之斧也。』」**自此仍棄捐。主人忽大噱**，音醵。《漢書·敘傳》：「談笑大噱。」《注》：「大噱，笑聲也。」**物理生未研。八尺士皮肉**，《靈樞經》：「八尺之士，皮肉在此，外可度量切循而得之，其死可解剖而視之。」**以腰分地天。**《靈樞經》：「凡此五藏、六府、十二經水者，外有源泉而內有所稟，此皆內外相貫，如環無端。人經亦然。故天為陽，地為陰，腰以上為天，腰以下為地。故海以北者為陰，湖以北者為陰中之陰，漳以南者為陽，河以北至漳者為陽中之陰，漯以南至江者為陽中之太陽。此一隅之陰陽也，所以人與天地相參也。」**藏府應音律**，《史記正義》：「五藏謂心、肺、脾、肝、腎。六府謂大腸、胃、膽、膀胱、三焦也。」《靈樞經》：「內有五藏，以應五音。外有六府，以應六律。」**經絡貫源泉。**《靈樞經》：「經脈為裏支，而橫者為絡。」**江河漳漯流，夫豈可涸焉。古聖作醪醴，服之斯萬全。後來止酒徒**，陶潛《止酒》詩：「徒知止不樂，未知止利己。始覺止為善，今朝真止矣。」**託辭匪真詮。**盧藏用《衡嶽高僧序》：「真詮緬微，後生何述。」**奈何屏杯杓，委腹為枯田。**方岳：「戽斗救枯田。」**數升下喉嚨，反若湯沸煎。陷河湧越嶲**，音髓。李膺《益州記》：「邛都縣一老姥家有小蛇在床間，老姥憐而飴之。後長丈餘。令有駿馬，蛇吸殺之。令大忿恨，責姥出蛇。姥云：『在床下。』令掘地，無所見，遷怒殺姥。蛇乃感人以靈，言瞋令『何殺我母？當為母報仇』。此後每夜輒聞若雷若風。四十許日，百姓相見，咸驚語：『汝頭那忽戴魚？』是夜城陷為河，土人謂之陷河。惟姥宅無恙。」《後漢書·西南夷傳》：「邛都夷者，武帝所開，以為邛都縣。無幾而地陷為污澤，因名為邛池，南人以為邛河。後復反叛。元鼎六年，漢兵自越嶲水伐之，以為越嶲郡。」**穀水淪由拳。**《水經注》：「《吳記》曰：『穀水出吳小湖，逕由拳縣故城下。』《神異傳》曰：『由拳縣，秦時長水縣也。始皇時，縣有童謠：城門當有血，城陷沒為湖。有老嫗聞之憂懼，旦往窺城門，門侍欲縛之，嫗言其故。嫗去後，門侍殺犬，以血塗門。嫗又往，見血走去，不敢顧。忽有大水，長欲沒縣。主簿令幹入白令，令見幹曰：何忽作魚？幹又曰：明府亦作魚。遂乃淪陷為谷矣。因目長水城，水曰穀水也。』《吳記》曰：『谷中有城，故由拳縣治也，即吳之柴闢亭，故就李鄉檇李之地。秦始皇惡其勢王，令囚徒十餘萬人污其土表。以污惡名，改曰囚卷，亦曰由卷也。』」**此如囊裏漿，暴下乃得痊。**韓愈《病中贈張十八》：「中虛得暴下。」**及其潤既燥，百骸自安便。金平水靜順**，《黃帝素問》：「木曰敷和，火曰昇明，土曰備化，金曰審平，水曰靜順。」注：「言五運之平氣，各有紀名也。東方生風，風生木，木得其平，則敷布陽和之氣，以生萬物。火性炎上，

其德顯明。土主化物，而周備於四方。金主肅殺，得其和平，不妄刑也。水體清靜，性柔而順。」**豈復重崩騫。來朝生且住，剩有叉頭錢。**蘇軾《答秦太虛書》：「初到黃，廩入既絕，人口不少，私甚憂之。但痛自節儉，日用不過百五十錢。每月朔，便取四千五百錢，斷為三十塊，掛屋樑。平旦用畫叉挑取一塊，即藏去叉，仍以大竹筒別貯用不盡者，以待賓客。」李繩甫〔註59〕詩：「叉頭高掛老坡錢。」**再為生解醒，清聖濁亦賢。**《魏略·徐邈傳》：「醉客謂酒清者為聖人，濁者為賢人。」**不聞朔風號，雪虐層冰堅。**韓愈《祭河南張員外文》：「歲弊寒凶，雪虐風饕。」**地爐擁終日，**蘇軾詩：「地爐〔註60〕旋撥通紅火，臥聽蕭蕭雪打窗。」**與我常周旋。**

表弟查二嗣瑮至都過古藤書屋留宿〔註61〕查字德尹，海寧人。康熙庚辰進士，官侍講。

鹽官人到逼殘年，贈我吳興十兩縣。《輿志》：「湖州府，三國時吳曰吳興，隋唐曰湖州。」白居易詩：「吳縣軟於雲。」**肌粟頓消生暖後，**蘇軾詩：「凍合玉樓寒起粟。」**鬢絲相視入愁邊。醉拚把琖循環飲，**羅隱詩：「所思誰把琖。」**倦便安牀曲尺眠。**白居易詩：「把酒循環飲，移床曲尺眠。」**玉桂國中來底事，**《戰國策》：「蘇秦曰：『楚國之食貴於玉，薪貴於桂。』」李賀詩：「長安玉桂國。」**開春同縛送窮船。**韓愈《送窮文》：「正月乙丑晦，主人使奴星結柳作車，縛草為船，載糗輿糧，牛繫軛下，引帆上檣。三揖窮鬼而告之。」

曝書亭詩錄卷之九終

〔註59〕按：出李純甫《偶得》，見《中州集》卷四。

〔註60〕「地爐」，蘇軾《書雙竹湛師房》作「白灰」。按：陸游《晚步湖堤歸偶作》：「還家寂寞西窗晚，旋燎枯枝擁地爐。」（宋）韓淲《雪窗兀坐》：「旋撥地爐看宿火。」

〔註61〕《曝書亭集》原題後有「作詩二首依韻奉酬」。

曝書亭詩錄卷之十

嘉興江浩然孟亭箋注

男塤聲先校

冬日陪徐副相元文姜著作宸英遊大房山出郊雨雪馬上作

蓬勃東華塵，見前《捉人行》及《送徐中允》。窈窕西山容。曹攄詩：「窈窕山道深。」　「西山」，見前《題王舍人西山遊記》。二者各有宜，強之心不從。徐公脫朝簿，張籍詩：「夜後看朝簿。」姜子淹旅蹤。期我大房遊，捫葛攀長松。謝靈運詩：「葛弱豈可捫。」茲山我舊曆，不憚寒飈衝。車中三升榼，白居易詩：「白角三升榼。」馬後九節筇。杜甫詩：「安得仙人九節杖。」虞集詩：「添予九節筇。」誰能先花時，蠟屐乘清冬。《晉書‧阮孚傳》：「或有詣阮，正見自蠟屐，因歎曰：『未知一生當著幾量屐！』」〔註1〕皮日休詩：「寓居無事入清冬。」雨霰雖載塗，《詩》：「如彼雨雪，先集維霰。」《書》：「雨雪載塗。」相顧多歡悰。何遜詩：「歡悰苦未並。」雪色妙渲染，見前《竹爐》。一峰殊一峰。明當踏霽日，遍覽金芙蓉。李白詩：「青山削出金芙蓉。」

止孤山普濟寺劉芳喆《國門近遊錄》：「由韓姑砦而西，從小徑入孤山口普濟寺。」《一統志》：「普濟寺在順天府西南。」

曉辭盧溝河，《畿輔通志》：「盧溝河在順天府西南二十五里木桑乾水，俗名曰渾河。」暮逾韓姑砦。荒榛取線路，孫綽《遊天台山賦》：「披荒榛之蒙籠。」蘇軾詩：「線路不容足。」亂塔湧香界。《國門近遊錄》：「普濟寺道傍僧塔甚多。」　「香界」，見前《送周參軍》。峰回削峘胡官切。岊，忌立切。《爾雅》：「小山岊，大山峘。」《注》：「岊謂高過。」《疏》：「言小山與大山相併，而小山高過於大山者名峘。」

〔註1〕按：早見《世說新語‧雅量第六》。

按：峘炭二字連用似未妥。炭原作岋。《集韻》：「岋，動貌。」楊雄《校獵賦》：「天動地岋。」二字亦有別，今正之。**水涸失涔派。啞啞饑烏集，簌簌病葉敗。**元積詩：「風動落花紅簌簌。」杜甫詩：「病葉先秋墮。」**返景寒易收，陰厓暝逾怪。**杜甫詩：「陰厓結茅屋。」**俄而樵歌歇，近寺響僧唄。**《法苑珠林》：「西方之有唄，猶東國之有讚。讚者，從文以結章。唄者，短偈以流頌。」**言投水晶域，**杜甫詩：「心在水經域晶通。」**棲止得所屆。山餅溫凍釀，**杜甫詩：「山餅乳酒下青雲。」**冬窖出秋菜。**《禮記》：「仲秋，穿竇窖，修囷倉。乃命有司，趣民收斂，務畜菜，多積聚。」《南史・王元謨傳》：「飽醬調秋菜。」**坐久霜月高，起行猶未憊。逍遙青松陰，於心豈不快。**

一斗泉劉侗《帝景景物略》：「上方寺左一峰高百丈，峰下泉曰一斗泉。」

　　昔尋一斗泉，俯睨千花塔。白居易詩：「忽見千花塔，因停一葉舟。」**壯歲不知疲，三日行兩帀。重來筋力倦，十五換僧臘。**皇甫曾詩：「僧臘老煙霄。」楊奐詩：「僧臘知餘幾。」按：僧家不序齒而序臘，故曰僧臘也。**已拚百骸困，猶幸半踵納。**《莊子》：「納屨〔註2〕而踵決。」**崖傾旋曲蝸，石扁鏤文蛤。**《本草》：「小紫斑者曰文蛤。兩頭尖者曰齊蛤。」**雨暘迭晦明，龍虎互乖合。忽焉松門在，**王勃詩：「松門聽梵音。」**茅屋向斜搭。**韓偓詩：「夜深斜搭秋韆索。」**短綆汲澄泓，**《荀子》：「短綆不可以汲深井之泉。」**微風吹颯沓。**杜甫詩：「雨聲先已風颯沓。」**精廬憺忘歸，**謝靈運詩：「遊子憺忘歸。」**惜未攜酒榼。向下招遊朋，仰視笑不答。**

兜率音律。**院**《釋迦成道記注》：「梵云兜率院，此云知足，即欲界第四天也。」阮旻錫《上方山記》：「度盧溝，循房山而西到接待亭，一望皆丹崖翠壁，稍平處為懽喜臺。前登兜率門，兩峰壁立，中砌石級，鐵鎖高垂，凡三轉至昆盧頂。山中為剎七十有二，寺之古者曰兜率。創自隋唐，多華嚴師遺跡。」

　　幽燕古奧室，《一統志》：「大房山雄俊而秀古，碑云乃幽燕奧室，故曰大房。」**兜率居中岩。花宮七十二，**白帖：「佛寺曰花宮。」**下上東西嵌。六時響魚鼓，**《西域記》：「六時合成一日。」王維詩：「六時自搥磬。」晁沖之詩：「寺靜魚鼓肅。」**四面圍筠杉。**孟郊《聯句》：「弱操愧筠杉。」**沙泉細流續，石壁遺經劖。**音巉。劉芳喆《國門近遊錄》：「孤山兜率院，萬曆初太監馮保修築。殿後刻《四十二

〔註2〕「屨」，《莊子・讓王》作「屨」。

章經》置於壁，筆法遒整，不知倩何人書也。」欲探乳穴勝，《水經注》：「易水又東逕孔山北，山下有鍾乳穴，穴出佳乳。」改著短後衫。見前《送陳舍人》。其中路窈糾，《詩》：「舒窈糾兮。」其外雲封緘。唐彥謙詩：「封緘託雙鯉。」百千羊須珠，見前《讀葉司城嵩遊草》。往往乖龍銜。《北夢瑣言》：「乖龍苦行雨，多竄匿古木及簷楹內，雷神捕之。」所嗟腳力弱，畏此高嶄嶄。山僧飯我腹，村[註3]野言多傪。《禮》：「毋傪言。」嗣歲期重過，同把黃獨鑱。杜甫詩：「長鑱長鑱白木柄，我生託子以為命。黃獨無苗山雪盛，短衣數挽不掩脛。」《冷齋夜話》：「黃獨者，芋魁小者耳，江南名曰土卵。」

望摘星陀 蔣一葵《長安客話》：「毘盧頂之左有大小摘星陀，極高。」阮旻錫《上方山記》：「峰最尊者為齊星陀，華嚴於此齊星曰摘星，訛耳。」

梯頭歷上方，《五代史·葭從簡傳》：「莊宗用兵攻城，從簡多為梯頭。」崖內平侹侹。韓愈詩：「石欄平侹侹。」其西叢木杪，樵路乃荒迴。李商隱詩：「常恐值荒迴。」蜿蜒眾山伏，剸實側切。另音力。一峰挺。王延壽《魯靈光殿賦》：「剸另嵸巀。」《注》：「高大參差不齊貌。」誰燒陰陽炭，賈誼《鵩鳥賦》：「天地為鑪兮，造化為工；陰陽為炭兮，萬物為銅。」鑄出火風鼎。《易卦歌》：「火風鼎。」既絕鸛鵲棲，兼少麋鹿黐。音挺。《集韻》：「黐，鹿走貌。」何年運鬼工，李賀詩：「千歲石床啼鬼工。」於此置屋並。遙想層雲巔，六月亦清冷。況當密雪零，夙宵斷杯酩。天逼寒棱棱，杜甫詩：「天闕象緯逼。」白居易詩：「水風霜氣夜棱棱。」星壓光炯炯。自非鐵頭陀，安敢居絕頂。自注：「鐵頭陀，金時高僧居此山。」

中院 魏必復《天開中院碑陰記》：「天開，古名剎，在房山之麓。規制始於漢，歷晉、隋、唐迄五季，盛於遼，廢於金季之兵。至元十年，應公禪師始來住持，建中院於寺南沙河，按據上游，創水碾三，以給眾僧日饌費。」

天開寺中院，舊在沙河南。應公昔來棲，曾立水磑五對切。三。《正字通》：「磑，碎物之器。古公輸班作磑。晉王戎有水磑。今俗謂之磨。」河流今已徙，亂石堆枯潭。孤碨當麥壟，王僧達詩：「麥壟多秀色。」頹基迷蘿龕。釋無可詩：「躑蘚別蘿龕。」同遊各下馬，考古性所耽。劃苔讀遺文，其體國俗參。紀年稱虎兒，劉芳喆《國門近遊錄》：「自普濟寺西有村，名別院。田中一碑，勒元

薛禪曲律〔註4〕皇帝旨二道，碑末書虎兒年月日，碑陰為《護持天開中院記》，集賢侍講學士中奉大夫魏必復撰文並書。」草昧典未諳。《易》：「天造草昧。」採之入舊聞，先生《日下舊聞》：「康熙癸丑，予登上方山，見兜率寺南十方院東有金大安中懺悔上人墳塔。後十四年，復遊上方，於孤山口西麥田中見有元延祐間所樹碑，則集賢學士魏必復所撰，稱此地為六聘山天開寺下中院。又於甘池村北數里訪天開寺，尚存。蓋當日寺僧管業，其地甚廣，天開乃其下院，孤山則下中院，兜率為上方，而總名之曰六聘山天開寺。」亦足資客談。攢筆抄午終，日隱西峰嵐。添我蒙茸裘，《詩》：「狐裘蒙茸。」《左傳》：「狐裘尨茸。」寒色齊回驂。

東峪寺曹學佺《石倉文集》：「從孤山口支迤之小西天。小西天者，即石經寺也。寺在絕頂，天然成洞，洞藏石經。其東西兩峪皆有寺，若張翼然。」

孤山指㟆〔註5〕題，《日下舊聞》：「按《漢書·地理志》，清河郡有㟆題縣。顏師古《注》：『㟆，古莎字。』」劉侗《帝京景物略》：「房山縣西南四十里有山，曰白帶山。生㟆題草，又曰㟆題山。藏石經者千年矣。」馬力苦顛跋。何景明《進舟賦序》：「重山複嶺，以輿以馬，顛頓馳跋，而不任其勞。」堯夫云一舍，《周禮》：「三十里有宿。」《注》：「三十里為一舍。」五十里始達。不知深山中，地志誰所括。《唐書·藝文志》：「《括地志》五百五十卷，魏王泰命蕭德言等撰。」亭午入東峪，梁元帝《纂要》：「日在午曰亭午。」僕饑主亦渴。寺門依白楊，袁宗道《瀟碧堂集》：「東峪寺門白楊成林，風氣慘裂。」風葉滿頭脫。李白詩：「稍稍風葉聲。」牆西五墩古，見下《西峪寺》。階下一水活。陳繼儒《太平清話》：「唐子西云：『水無美惡，以活為上。』」竹爐拾墜巢，茗盌收棄盍。同缽。韓愈詩：「茗盌纖纖棒。」梁照明太子《謝敕賚水犀如意啟》：「歡喜羅漢，懷棄缽之嗟。」蕭然此時意，百累皆可割。修塗驗短景，揮手謝禪闍。回聽星星鐘，岑參詩：「星星聞此鐘。」流響在林末。王臺卿詩：「林末度橫柯。」

西峪寺

層層金仙塔，周忱《雙崖集》：「白帶山頂有五石臺，臺上皆有白石小浮圖。其南二，乃唐金仙公主所建，無題識，不可考。」宛宛白帶山。見上篇。西峪在其下，梵刻局重關。經始齊隋代，斷手金元間。曹學佺《石倉文集》：「七洞皆

〔註4〕「薛禪曲律」，《欽定日下舊聞考》卷一百三十作「色辰庫魯克」。
〔註5〕按：王利民等整理《曝書亭全集》作「芯」，誤。

藏石經。石經板約方三、四尺，層累相承。自北齊至隋，有沙門靜琬發願刻十二部經藏之此山。後其徒續成之，歷唐、宋、遼、金，功始成其半焉。」《淳化帖》：「唐高宗勅使至，知玄堂已成，既得早了，深以為慰。不知諸作早晚總得斷手，日月猶除，必須牢固。」杜甫詩：「經營上元始，斷手寶應年。」注：「經營造了謂斷手。」**千春閟不發，為計誠陰奸**。韓愈詩：「本以除〔註6〕陰奸。」**九經勒咸陽**，顧炎武《日知錄》：「九經者，《易》、《詩》、《書》、《三禮》、《春秋》三傳，又有《孝經》、《論語》、《爾雅》、其實乃十二經。又有張參《五經文字》，唐玄度《九經字樣》，皆刻之於石，今在西安府學。」先生《九經字樣跋》：「張司業《五經文字》始塗於土，繼雕於版。歲久，傳寫點畫參差。於是開成中，沔王友、朝議郎翰林待詔唐玄度依司業舊本，參詳改正，撰《新加九經字樣》一卷，請附五經文字之末，兼請於國學刱立石經。今長安所存石經雖鄭覃輩成之，其議實發於玄度也。」《三輔黃圖》：「咸陽在九嵕山、渭水北，山水俱在南，故名咸陽。」**響搨流人寰**。《洞天清錄》：「以紙加碑上，貼於窗戶間，以游絲筆就明處圈卻字畫，填以濃墨，謂之響搨。」鮑昭《舞鶴賦》：「歸人寰之喧卑。」**乃知慈氏隘**，《法苑珠林》：「西云彌勒，此云慈氏。」**未若儒者嫻。土花填石闕**，李商隱詩：「土花漠漠雲茫茫。」梅堯臣詩：「古鑑得荒冢，土花金未磨。」《古樂府》：「石闕生口中，銜碑不得語。」**鉛汁灌戶楗**。刷平聲。《雙崖集》：「石經堂左石洞二，右石洞三，復有二洞在堂之下。石經版分貯其中，凡七百餘條。每洞以石為𤲬，楗用鐵固之。」《韻會》：「楗，關門機也。」**有時野火燎，豈得恃堅頑**。按：姚廣孝《石經》詩云：「功成一代就，用藉萬人力。流傳鄙簡編，堅固陋板刻。深由地穴藏，高從岩洞積。初疑神鬼工，乃著造化跡。延洪勝汲冢，防禦猶孔壁。不畏野火燎，詎愁苔蘚蝕。」先生蓋借其言而反之。楊奐詩：「五丁鑿石極堅頑。」**我瞻雲居寺**，蔣葵《長安客話》：「石經山峰巒秀拔，儼若天竺，因謂之小西天。寺在雲表，僅通鳥道，曰雲居寺。」**磴險不可攀。翠微未及上**，《爾雅》：「山未及上曰翠微。」楊慎《丹鉛錄》：「凡山遠望則翠漸微，故曰翠微。」杜牧詩：「與客提壺上翠微。」**已足舒心顏**。白居易詩：「暫得靜心顏。」

甘池劉芳喆《國門近遊錄》：「孤山口東八里有東、南、西、北甘池四村，亦謂之長溝谷。西村之北，水從石壁出，凡七竇，羅注為池。上有河北將軍廟，既無碑記，不知為何神也。土人言池中生魚，止一目，而涿州相近有水生魚重脣，其味皆絕美，然不多得。水從石橋過，橋下荇帶冬月，青翠可玩。」

〔註6〕「除」，韓愈《題炭谷湫祠堂》作「儲」。

涿水魚重唇，《一統志》：「涿水源自上谷涿鹿山，流至涿州北，入挾河。」甘
池魚一目。涓涓六七竇，羅注滿陂谷。淺漾苔衣斑，張協詩：「堂上生水衣。」
《注》：「水衣，水苔也。」深含荇帶綠。清泠下浴鳥，遠近來飲犢。河北將
軍祠，膢音樓。臘走巫祝。《漢書·武帝紀》：「令天下大酺五日，膢五日，祠門戶，
北〔註7〕臘。」《注》：「膢，祭名。貙常以立秋祭獸，王者亦以此日出獵，還以祭宗廟，
故有膢臘〔註8〕之祭。」揚雄《法言》：「若牛、羊用人，則狐狸、螻蟈不膢臘也歟。」
《注》：「膢，八月旦，祭祀先人。臘，蠟也。」《禮》：「以巫祝桃茢執戈。」杜甫詩：
「南有漢王祠，終朝走巫祝。」不知何名姓，遺像猶在屋。秋晴秔稻香，日
至麰麥熟。匪因水泉利，何以具饘粥。《左傳》：「饘於是，粥於是，以餬余口。」
《莊子》：「回有郭外之田五十畝，足以給饘粥。」東度白石橋，沙行背山麓。村
醪解留人，風幔青半幅。

六聘山中弔晉處士霍原《遼史·地理志》：「涿州永太軍有大房山、六聘山。」
《晉書·霍原傳》：「原字林〔註9〕明，燕國廣陽人也。山居積年，門徒百數。元康末，
與王褒等俱以賢良徵，累下州郡，以禮發遣，皆不到。後王浚稱制謀僭，使人問之，
原不答，浚心銜之。時有謠曰：『天子在何許，近在豆田中。』浚以豆為霍，收原斬之，
懸其首。諸生悲哭，夜竊屍共埋殯之。」

　　昔有霍處士，居涿西山陽。劉因詩：「西山霍原宅，古蹟猶可稽。」弟子半
千人，大小開黌堂。《水經注》：「淶水北逕小黌堂，又東逕大黌堂，蓋霍原教授處
也。徐廣云：『原隱居廣陽山，教授數千人，為王浚所召，雖千百世懸，猶表二黌之稱，
既無碑頌，不知定誰居也。』」先生《日下舊聞》：「六聘之義，地志不詳，疑即霍原教
授之地。捨原之外，無人足以當之矣。」按：《水經注》云「數千人」，《晉書》云「百
數」，詩云「半千人」，疑詩據《水經注》，以「數」字譌為「半」字耳。六聘節愈堅，
義不干侯王。無端豆田謠，乃受彭祖殃。紛紜永嘉末，晉懷帝年號。鐵騎
摟武鄉。《晉書·載記》：「石勒，字世龍，上黨武鄉羯人也。有膽力，雄武好騎射。
曷朱性凶麄，不為群胡所附，每使勒代己督攝，部胡愛信之。所居武鄉北原山下草木
皆有鐵騎之象。」伏屍出藏戶，繫之如驅羊。《晉書·王浚傳》：「浚字彭祖。領
幽州刺史。時童謠曰：『幽州城門似藏戶，中有伏屍王彭祖。』」又，《載記》：「劉聰授
石勒侍中、征東大將軍。勒將圖浚，引王子春問之。對曰：『幽州謠怪特甚，聞者莫不

〔註7〕「北」，《漢書》卷六作「比」。
〔註8〕「膢臘」，顏師古《注》引「蘇林曰」作「貙膢」。
〔註9〕「林」，《晉書》卷九十四《隱逸列傳》作「休」。

為之寒心，濬曾無懼容，此亡期之至也。』勒撫几笑曰：『王彭祖真可擒也。』於是輕騎襲幽州。至薊，叱門者開門。先驅牛羊數千頭，聲言上禮，實欲填諸街巷，使兵不得發。勒升其廳事，命甲士執濬，送襄國市斬之。」**殺機本倚伏**，《老子》：「禍兮福之所倚，福兮禍之所伏。」**善人安可戕。我來後千載，覽古心盡傷。**《書》：「民罔不盡傷心。」**祠墓久摧沒，末由醑椒漿。**《楚辭》：「奠桂酒兮椒漿。」**醑**音屑。**馬白楊樹**，《楚辭》：「登閬風而緤馬。」王昌齡詩：「繫馬倚白楊，誰知我懷抱。」**旋馬黃茅岡。**白居易詩：「黃茅岡頭秋日晚。」

瓦井 曹學佺《石倉文集》：「出房山縣城，行六十里，所過村落曰瓦井。」

瓦井社北東，中田卵塔七。《詩》：「中田有廬。」陸游《祭勒〔註10〕首座文》：「卵塔告成，欲往不果。」**叢叢蒺藜中，高下如卓筆。傍有石鍾幢，各誌歲月日。比丘守司徒**，《魏書·釋老傳》：「桑門為息心，比丘為行乞。」**榮祿大夫秩。**劉芳喆《國門近遊錄》：「甘池村東北十五里，村〔註11〕曰瓦井。過村有小庵，中有元時石幢，字多磨泐。去庵百步，有僧塔七。其一大書榮祿大夫守司徒侍中宗主某大師靈塔字。其餘六塔皆有銘，棘荊繞之，字小不能讀也。墻傍有石幢二，又有石鍾一，鍾上亦有銘，乃至元中物。」**當時崇國師，此輩盡驕佚。非惟混釋儒，兼亦亂名實。奈何茶毗後**，《釋氏要覽》：「僧亡曰茶毗，或曰闍維。天竺第九祖入滅，眾以香油荼檀闍維其體。闍維即茶毗，謂火焚也。」**公然肆刊述。粵漢兩燕王，改葬蹟遂失。**《金史·地理志》：「初，兩燕王墓舊在中都東城外，海陵廣京城圍墓在東城內，前嘗有盜發其墓。大定九年，詔改葬於城外。俗傳六國時，燕王及太子丹之葬。及啟壙，其東墓之柩題其端曰：『燕靈王舊。』舊，古柩字通用，乃西漢高祖子劉建葬也。其西墓，蓋燕康王劉嘉之葬也。蔡珪作兩燕王墓辯，據葬制、名物、款刻甚詳。」**樂毅及霍原，遺冢莫可悉。**《魏書·盧道將傳》：「為燕郡太守，下車表樂毅、霍原之墓而為之立祠。」《畿輔通志》：「樂毅墓。《史記注》云：『望諸君冢在邯鄲縣西數里。』今在廣平府城東南二十里。《胡祭酒集》：「望諸君墓在良鄉縣治南三里，近盧溝。湜決，役夫輿墓碑築堤。恐後無徵矣。」〔註12〕**彼亡茲乃存，物理信難必。**

〔註10〕 「勒」，《渭南文集》卷四十一作「勤」。
〔註11〕 「村」，《欽定古今圖書集成·方輿彙編·職方典卷五十一》無。
〔註12〕 「湜」，（明）胡儼《頤庵文選》卷下《望諸君墓》、《欽定日下舊聞考》卷一百三十三作「堤」。

欲尋孔水洞不果《燕山叢錄》：「房山東北懸崖間有石竇如門，中有積水，人往往聞絲竹音。有好事者乘箪秉炬而入，惟有石燕飛翔，頳鱗瀁瀏，行五六日，無所抵，恐炬盡而出。金太和中，有桃花流出，其瓣徑二寸，俗呼為孔水洞。」

　　晚投故砦宿，見前《止孤山普濟寺》。晨別羽士家。欲尋孔水洞，村路迷三叉。陸游詩：「意行舍北三叉路。」傳聞蹟最勝，自昔圖經誇。怒衝犖確音學。石，韓愈詩：「山石犖確行徑微。」晴響霹靂車。《酉陽雜俎》：「李郫在北都介休縣，百姓送解牒，夜止晉祠下。夜半有人扣門云：『介休王暫借霹靂車。』應曰：『大王霹靂車正忙，不及借。』其人再三借之，見數人共持一物如幢扛上，環綴旗幡，授與介休使者。」層層落暗穴，湛湛淳深窪。《楚辭》：「湛湛江水兮上有楓。」每當三春時，流出夭桃花。仙鼠舞白日，文鱗漾銀沙。《爾雅》：「蝙蝠，服翼。」《注》：「齊人呼為蟙蠱，或謂之仙鼠。」《圖書編》：「唐胡詹作《孔水洞記》云：『有人篝火探之，行五六日，莫究其源，但見仙鼠晝飛，頳鱗時現。』」〔註13〕司馬相如《上林賦》：「瑤玉旁唐，玢豳文鱗。」梁簡文帝《玄圃園講頌序》：「畫堂玉砌，碧水銀沙。」我思窮其源，惜哉無古槎。江總詩：「古槎橫近澗。」僕痛促歸數，《詩》：「我僕痛矣。」未得探幽遐。盧諶詩：「身經險阻，足蹈幽遐。」立馬長店岡，劉芳喆《國門近遊錄》：「盧溝河南有長店岡。」心仍戀峰霞。

詠古二首

　　漢皇將將屈群雄，《漢書·韓信傳》：「信曰：『陛下不能將兵，而善將將。』」心許淮陰國士風。《韓信傳》：「蕭何曰：『諸將易得。至於信，國士無雙。』」不分後來輸絳灌，《韓信傳》：「赦以為淮陰侯。居常鞅鞅，羞與絳、灌等列。」　絳，絳侯周勃。灌，灌嬰。名高一十八元功。《漢書·功臣表》：「作十八侯之位次。」《注》：「惟作元功十八人位次耳，謂蕭何、曹參、張敖、周勃、樊噲、酈商、奚涓、夏侯嬰、灌嬰、傅寬、靳歙、王陵、陳武、王吸、薛歐、周昌、丁復、蟲達，從第一至十八也。」

　　海內詞章有定稱，南來庾信北徐陵。《北史·庾信傳》：「信字子山，南陽新野人。父肩吾，為梁太子中庶子，掌管記室。東海徐摛為左衛率。摛子陵及信並為抄撰學士，父子在東宮，既有盛才，文並綺麗，故世號為徐庾體焉。當時後進，競相模範。每有一文，都下莫不傳誦。梁元帝即位，聘於西魏。屬大將軍南討，遂留長安。江陵平，累遷儀同三司。周孝閔帝踐祚，為弘農郡守，遷開府儀同三司。」誰知著作修文殿，物論翻歸祖孝徵。《文獻通考》：「北齊祖珽等撰《修文殿御覽》三百六

〔註13〕《欽定日下舊聞考》卷一百三十。按：原出（明）章潢《圖書編》卷五十九。

十卷。」《北齊‧祖珽傳》:「珽字孝徵,范陽人。神情機警,詞藻逸逸,少馳令譽,為當世所推。齊後主時,拜尚書左僕射,監國史,加特進,入文林館,總監撰書,封燕郡公。」

寒夜集古藤書屋分賦得火箸

我昔誦茶經,其具得火筴。音劫。陸羽《茶經》:「火筴,一名箸若,常用者圓,直一尺三寸,頂平截,無蔥臺鉤鎖之屬,以鐵或熟銅製之。」圓直無蔥臺,修長過銅銕。音撚。《正字通》:「銕,小釵。」是物最末微,尋常付灶妾。王績詩:偶為桑苧詮,《唐書‧陸羽傳》:「羽自稱桑苧翁。」詎錄香山帖。《唐書‧白居易傳》:「與香山僧如滿結香火社,自稱香山居士。」《演繁露》:「白居易取凡書精語可備詞賦採用者,各以門目類聚,總名曰《六帖》。」自來京城居,七度脫林葉。窮陰朔風號,聚沙眯樓堞。徐陵《廣州刺史碑》:「擬金駃於樓堞。」南人氣柔脆,《老子》:「萬物草木之生也柔脆。」土炕意不愜。顧炎武《日知錄》:「北人以土為床,而空其下以發火,謂之炕。古書不載。《舊唐書‧高麗傳》:『冬月皆作長坑,下溫火以取煖』,此即今之土炕也,但作坑字。」墐戶類蟄蟲,《詩》:「塞向墐戶。」《禮記》:「季秋之月,蟄蟲咸俯,在內皆墐其戶。」曲身苦跧音詮。摺。劉弇詩:「局縮如跧摺。」握火置瓶爐,蘇軾《試院煎茶》詩:「塼爐藥〔註14〕銚行相隨。」聊以熨胸脅。《管子》:「禁藏於胷脅之內。」燕俗饒栗薪,《詩》:「烝在栗薪。」市者病遠涉。虛傳紅螺產,《畿輔通志》:「紅螺山在懷柔縣北二十里。」罕致白炭籢。音獵。見前《送宋觀察》。《六書故》:「籢,編竹為筥也。」爆急燎竈鬏,《唐書‧李勣傳》:「姊病,自為粥而燎其鬚。」煙騰淚棲睫。《呂子》:「樓一塵於睫則大如車輪。」陳造詩:「路人私語淚棲睫。」箸也誠要需,取用便指撚。制以偶勝奇,力惟同乃協。出入炎燄中,張說詩:「丹爐飛鐵馳炎燄。」身手洵趫音喬。捷。《晉書‧孫綽傳》:「若身手之救痛癢。」《後漢書‧朱儁傳》:「賊帥常山人張燕輕勇趫捷。」有若赴敵場,擒馘恣所挾。《詩》:「攸馘安安。」《注》:「軍法:獲而不服,則殺而獻其左耳。」峙立必雙聳,倒臥亦並接。須臾不相離,無以異鶼鰈。《爾雅》:「東方有比目魚焉,不比不行,其名謂之鰈。南方有比翼鳥焉,不比不飛,其名謂之鶼鶼。」留之載都籃,《茶經》:「都籃以悉設諸器而名之。」配以紙黏同糊。箑。音霎。楊雄《方言》:「自關以東謂之箑,西謂之扇。」持喻同心人,歲寒入吟篋。

〔註14〕「藥」,蘇軾原詩作「石」。

食采玉山藥孫承澤《春明夢餘錄》：「采育，古安次縣采魏里也。明初為上林苑，改名蕃育署，而人仍呼采育，合新舊而名之也。去都城七十里。」周篔《析津日記》：「山藥產采育者，甘美特異他處。」按：采育作采玉，或以聲相近，又有是名耳。

窮冬旨蓄盡，《詩》：「我有旨蓄，亦以御冬。」**客至我心瘝**。彝尊。《詩》：「使我心瘝。」**打門門者譍**，盧仝詩：「將軍〔註15〕打門驚周公。」蘇軾詩：「車馬敲門定不應。」《增韻》：「譍，以言對問也。」**擔僕走汗背**。查慎行。范成大詩：「擔僕輿夫盡勞瘁。」**周遮**〔註16〕**解村綯，磊落倒偮**音根。**偮**。浦越喬。《說文》：「偮，囊也。同袋。」**土藷二尺強**，《南方草木狀》：「土藷即山藥。」惠柱〔註17〕《精華錄訓纂》：「強猶餘也。」《樂府·木蘭詩》：「賞賜百千彊。」彊讀為強。蓋六朝時已有此語。**愛惜煩點對**。吳卜雄。**冰須截柔膩，井溲洗麂穢**。朱昆田。《易》：「井溲不食。」《中論》：「苟麂穢暴虐，馨香不登。」**未許餅盆藏**，蘇軾詩：「搗香篩辣入瓶盆。」**甌勒金鬵溉**。查嗣瑮。《詩》：「誰能烹魚？溉之釜鬵。」**酸鹹百無功，水火兩不悖**。彝尊。《宋書〔註18〕·樂志》：「阮四絃，增之為五，其名曰：水、火、金、木、土，則五材並不悖矣。」**炎炎力通透**，《詩》：「赫赫炎炎。」韓愈詩：「表裏忽通透。」**勃勃氣洸潰**。慎行。韓愈《薦侯喜狀》：「今胸中之氣勃勃然。」《詩》：「有洸有潰。」**中筵出佐酒**，嵇康《琴賦》：「促中筵，攜友生。」《漢書·高帝紀》：「悉召故人父老子弟佐酒。」《注》：「佐酒，佐行酒。」**扶寸陶盤內**。越喬。秦觀詩：「陶盤奉旨蓄。」應璩《與從弟書》：「扶存肴脩，味踰方丈。」詳見前《竹爐聯句》。**紋皴**音逡。**蛇蚹斷**，《說文》：「皴，皮細起也。」蘇軾詩：「背作蛇蚹紋。」**衣滑兔褐退**。卜雄。《唐書·地理志》：常州晉陵郡，土貢：兔褐。白居易詩：「裘新青兔褐。」**軟嚼便牛飼**，音鷗。同嗣。韓愈詩：「合口軟嚼如牛呞。」注：「呞，食已久伏，出嚼也。」按：原本「呞」作「飼」，非。**饞扠鬭烏喙**。昆田。韓愈詩：「饞扠飽活臠。」《正韻》：「扠，挾取也。」《宋史·郭藥師傳》：「詹度言『藥師瞻視不常，趣向懷異，蜂目烏喙，怙寵恃功，逆節已萌，兇橫日甚。』」**是物種實繁，厥產徧陽昧**。嗣瑮。《書》：「分命羲仲，宅嵎夷，曰暘谷。」又：「分命和仲，宅西，曰昧谷。」**其葉不足憐，其花不可佩**。彝尊。**孔林殷**烏閒切。**而瘦**，《一統志》：「宣聖墓在兗州府曲阜縣西北八里，世呼為孔林。」**禹穴白而債**。慎行。「禹穴」，見前《謁禹陵》。《說文》：「債，長貌。戶賄切。」**或如佛手擘**，見前《曹先生軷詩》。

〔註15〕「將軍」，盧仝《走筆謝孟諫議寄新茶》作「軍將」。
〔註16〕「遮」，《曝書亭集》作「遭」。
〔註17〕按：「柱」當作「棟」。
〔註18〕按：非《宋書》，實出《宋史》卷一百二十六《樂志》。

或如龍卵碎。越喬。李賀詩：「松溪黑水新龍卵。」注：「龍上岸與鹿交，或遺精生卵。」《聞見後錄》：「嘉祐瑞物十三種，十二種龍卵，有紫斑而小。」方經炎帝收，《神農本草經》：「山藥久服，耳目聰明，輕身不飢，延年。」藥錄桐君載。卜雄。《梁書・陶弘景傳》：「本草集有《桐君採藥錄》，說其花葉形色。」《本草綱目》：「桐君，黃帝時臣也。《採藥錄》今已不傳。」詎若採玉本，品格壓儕輩。昆田。水芋山慈姑，《博雅》：「茆姑、水芋，烏芋也。《本草》：『烏芋又名荸臍，又名地栗。』」《本草拾遺》：「山慈姑生山中濕地，葉似車前，根如慈姑。」味劣遠難配。嗣璸。越喬字□□，嘉興人。〔註19〕卜雄字震一，德清人。以部郎出為河南學政。昆田先生令子字文盎，號西畯，著有《笛漁小稾》。

次查上舍韻送楊侍郎雍建還里二首〔註20〕

先生《楊公神道碑》：「公諱雍建，字自西，杭州海寧人。順治乙未進士。官兵部左侍郎。以母年高，上章乞終養，報可。」

橫浦先生舊里居，為園郭外盡堪娛。人家戶戶通舟楫，藥草村村盡畫圖。石崇《金谷詩序》：「有清泉、茂林、眾果、竹柏、藥草之屬，莫不畢備。」坐久春禽啼滿樹，朋來臘釀勸傾壺。見前《雨過劉學正》。更饒入饌江魚美，杜甫詩：「青青竹筍迎船出，白白江魚入饌來。」添買臨平半頃湖。《浙江通志》：「臨平湖在杭州府仁和縣東北五十四里。」

傝指東華九載過，《荀子》：「雖有聖人之知，未能傝指也。」罷官歸計尚蹉跎。最憐老友忽忽別，不惜衰顏夜夜酤。酒倒三餠猶恨少，張籍詩：「閒向春風倒酒瓶。」夢隨千里自今多。《韓非子》：「六國時，張敏與高惠為友，每相思不能得見，敏便於夢中往尋。但行至半道，即迷不知路，遂回。如此者三。」〔註21〕

〔註19〕按：林葆恒輯、張璋整理《詞綜補遺》第4冊（上海古籍出版社2005年版，第2837頁）：

浦越喬，字敷功，號樗岡，浙江嘉興人。監生。有《啾發稿》。

《兩浙輶軒錄》：樗岡本四明人，自魏塘移居梅里。研貫經史，所刻古文曰《聊宣稿》，共詩六卷，凡五百餘篇，而次韻居十之七，未免束縛拘牽。其歿也，賦辭世、辭友詩，惺然不亂，若解脫老僧，可謂有養。

（清）許瑤光等修、吳仰賢等纂《光緒嘉興府志》卷51《列傳二・嘉興流寓》（《中國方志叢書》華中地方第53號，成文出版社1970年版，第1393頁）：

浦越喬，字副工，國子監生，寧波人，移居梅里。經學湛深，尤精史傳，刊古文曰《聊宣稾》，具見根柢。生平南遊滇黔，北歷燕代，所為詩得江山之助。著有《啾發稿》。

〔註20〕按：《曝書亭集》原作「四首」。

〔註21〕《文選》卷二十沈約《別范安成詩》「夢中不識路，何以慰相思」李善注。又

早春也擬輕帆下，更嬾金臺已見。獨放歌。杜甫詩：「白日放歌須縱酒，青春作伴好還鄉。」

任孝廉坪以家釀苦酒見貽賦詩誌謝效孟東野體即送其還高密三首

任，康熙辛酉舉人，官御史。高密縣屬萊州府。

步兵遊竹林，見前《放言》及《贈魏世倣》。左徒吟江潭。《史記·屈原列傳》：「屈原者，名平，楚之同姓也。為楚懷王左徒。」《注》：「左右拾遺也。」《楚辭》：「屈原既放，遊於江潭，行吟澤畔，顏色憔悴，形容枯槁。」思古憔悴人，杜甫詩：「江山憔悴人。」捨酒何所耽，《晉書·山簡傳》：「優游卒歲，惟酒是耽。」東海任公子，《莊子》：「任公子為大鉤巨緇，五十犗以為餌，投竿東海，旦旦而釣。」遺音位。家醞一甆。杜甫詩：「繡衣屢許攜家醞。」皮日休詩：「酒甆香竹院。」味苦炎上作，《書》：「炎上作苦。」色黝封中涵。一酌我顏赭，再酌我身酣。三爵矧多又，《詩》：「三爵不識，矧敢多又。」醉枕南牕南。自哂同蓼蟲，食苦翻知甘。見前《夢硯歌》。

竹苦四味齊，《齊民要術》：「竹之醜有四，有青苦者、白苦者、紫苦者、黃苦者。」謝靈運《山居賦》：「二箭殊葉，四苦齊味。」蓮苦寸心撥。《爾雅》：「的中，薏。」《注》：「薏謂蓮子中苦心。」瓜苦斯有敦，《詩》：「有敦瓜苦。」草苦亦可捋。《詩》：「予所捋荼。」周原美菫荼，《詩》：「周原膴膴，菫荼如飴。」越女採葹葛。《浙江通志》：「紹興府葹山產葹，越王句踐嘗採食之。」又：「葛山，句踐種葛，使越女織治葛布。」《吳越春秋》：「越王曰：『吳王好服之離體，我欲采葛，使女工織細布獻之。』乃使國中男女入山采葛，以作黃絲之布獻之。采葛婦作詩云：『葛不連蔓棻台臺，我君心苦命更之。嘗膽不苦甘如飴，令我采葛以作絲。』」以蒿漬冬酤，《本草綱目》：「黃花蒿，人家採以罨醬，黃酒麴者是也。」香味勝百末。《漢書·禮樂志》：「百末旨酒布蘭生，泰尊柘漿析朝酲。」《注》：「百末，花之末也。以百草花末雜酒，故香美。」自來頌酒人，劉伶有《酒德頌》。豈為甘旨奪。《禮記》：「味爽而朝，慈以甘旨〔註22〕。」

於越百花露，《春秋》：「於越入吳。」《左傳注》：「於，發聲也。」按：百花露，今但曰花露，收百花上露水為之，猶山西所云露酒也。味重杯慵銜。劉伶《酒德頌》：

見《陳檢討四六》卷六《戴無忝詩序》「沈約懷人，慣識夢中之路」注。按：《韓非子》未見此語。

〔註22〕「甘旨」，《禮記·內則》作「旨甘」。

—272—

「銜杯漱醪。」**維揚五加皮**，見前《送喬舍人》及《贈鄭簠》。**飲之漸作鹹。**《書》：「潤下作鹹。」**詎若膠西釀，可以解清饞。**陸游詩：「清饞不可耐。」**君今馬首東，**《左傳》：「欒黶曰：『吾馬首欲東。』」**讀書歸舊岩。**方干詩：「舊岩終副卻歸期。」**暇看糟牀注，**杜甫詩：「豫知秫黍收，已覺糟床注。」**飲略手自芟。**劉炫有《貞元飲略》。**倘遺一尺書，**見前《施學使招集湖舫》。**方法試我緘。**張籍詩：「別從仙客求方法。」

送吏部侍郎張先生名鵬。**假旋京口五首**〔註 23〕《一統志》：「鎮江府，漢屬會稽郡。三國，吳初都於此。及遷都秣陵，乃置京口鎮。唐置潤州。」

便門東去柳依依，《畿輔通志》：「順天府外城門七，其拓出於東西隅而北向者，東曰東便，西曰西便。」《詩》：「楊柳依依。」**一路垂絲埽石磯。青眼年年長送客，幾人生擁八騶歸。**《南史‧王融傳》：「融躁於名利，自恃人地，三十內望為公輔。行過朱雀桁間，路人填塞，乃搥車壁曰：『車中乃可無七尺，車前豈可乏八騶？』」

汶濟分流照畫舲，中丞問俗向來經。《禮記》：「入國而問俗。」杜甫詩：「中丞問俗畫熊頻。」按：張於康熙二十三年巡撫山東，先生有送行詩及《嘉禾篇》，見前。**山東父老應傳語，雙鬢依然舊日青。**

清淮泛濫濁河淤，鴈戶飄搖少定居。「鴈戶」，見前《送喬舍人》。《詩》：「豈敢定居。」**厝火積薪曾上策，**賈誼《陳政事疏》：「夫抱火厝之積薪之下而寢其上，火未及然，因謂之安。方今之勢，何以異此？」**至今太息雒陽書。**《漢書‧賈誼傳》：「誼，雒陽人也。」

真州柂轉即金山，《一統志》：「揚州府儀真縣，宋為真州。」僧應之《頭陀岩記》：「金山，名浮玉，因裴頭陀江際獲金貞元二十一年，節帥李錡奏易名金山。」**曉掛蒲帆十幅還。**見前《送柯大》。**總是當年釣遊地，**韓愈《送楊少尹序》：「某水、某丘，吾童子時所釣遊也。」**詩牌細拂蘚衣斑。**林逋詩：「張祜詩牌妙入神。」

墓田丙舍鍾繇帖，鍾繇帖：「墓田丙舍，欲使一孫於城西，一孫於都尉府，此繇家之嫡正之良者也。」虞兆漋《天香樓偶得》：「丙舍乃正室兩旁之屋，次於甲乙，故以丙丁為號。雖丁舍二字不常見，然有丙則自有丁矣。周興嗣《千字文》『丙舍旁起』，其義已晰。鍾元常所云『墓田丙舍』，蓋丙舍初無定在，此偶指其在墓田者言耳，

〔註 23〕按：《曝書亭集》原作「六首」。

非謂丙舍專在墓旁也。」京口谿山米芾居。《江南通志》:「米芾宅在鎮江府千秋橋西。」十丈紅塵吹不到，祖詠詩:「走馬入紅塵。」張淮詩:「九陌風光十丈塵。」江樓日日倚南徐。見前《嘉禾篇》。

偶成

三月東風何太狂，塵沙黯黯天茫茫。主人十日不出戶，空園花落無丁香。《海藥本草》:「丁香二月三月花開，紫白色，至七月方始成始。」老年逢春須愛惜，悔不走馬看花忙。無事獨坐宣武坊，《畿輔通志》:「京城門九，南曰正陽，曰崇文，曰宣武。」吾家茅屋長水旁。舍南有池舍北塘，荷花草紫油菜黃。見前《柳巷杏花歌》及《鴛鴦湖櫂歌》。鱸魚上鉤四寸強，矮貓筍肥錦襯同繃。音伻。脫。《桂海虞衡志》:「貓頭竹質性類筋竹。」黃庭堅詩:「貓頭突兀想穿籬。」蘇軾詩:「騂頭玉嬰兒，一一脫錦襯。」岑安卿《食新筍》詩:「脫繃錦紋散。」《廣韻》:「繃，束兒衣。」新蠶豆熟青莢長，《嘉興府志》:「蠶豆蠶時熟，故名。此種於重陽後下種，冬至前發葉。諺云:『冬至不見葉，夏至不見莢。』」客何為不歸故鄉。好約比鄰沈十二，進。〔註24〕薔薇架底醉壺觴。

杭州水利不治者累百年矣巡撫趙公考城河故道悉濬治之鄉人來述喜而作詩凡二十四韻趙公名士麟，號玉峰，雲南澄江人。順治甲辰進士。

武林古澤國，《一統志》:「浙江杭州府曰武林，因武林山而名。」《周禮》:「澤國用龍節。」十八澗九溪。《一統志》:「十八澗九溪在杭州府城西南一十二里。」《浙江通志》:「錢塘縣龍井之南為九溪，其西為十八澗。」當年宋宮闕，《浙江通志》:「宋行宮在杭州鳳凰山下，即唐以來州治也。」溝水流東西。卓文君《白頭吟》:「溝水東西流。」陳跡漸已湮，深谷皆成蹊。民居日湫子了切。隘，見前《九言》。編竹兼茜音毘。莉。音梨。《康熙字典》:「茜莉，織荆。」猛火一燎原，《書》:「若火之燎於原。」悲燄百室迷。塗徹大小屋，《左傳》:「火所未至，徹小屋，塗大屋。」《注》:「小屋易徹，故徹之以開火道。大屋難徹，就塗之以殺火勢。」繘井愁難躋。《易》:「亦未繘井。」女丁配夫壬，韓愈《陸渾山火》詩:「女丁婦壬傳世婚。」董彥遠注:「當作『女丁夫壬』。東山少連曰:玄冥之子曰壬夫，娶祝融氏之女曰丁女，俱學水仙，是為溫泉之神。」洪氏注:「丁，火也。壬，水也。火，女也。水，男也。丁女而為婦於壬，故曰女丁。婦壬一作夫丁，婦壬亦通。夫丁者，壬也，

〔註24〕此係自注。

言壬為丁夫也。婦壬者，丁也，言丁為壬婦也。」朱子《韓文考異》：「按：丁為陽中之陰，壬為陰中之陽，故言女之丁者為婦於壬，以見水火之相配。今術家亦言丁與壬合。洪氏二說皆是。」相顧但愴淒。吏治狗目前，孰能防禍梯。《史記·趙世家》：「毋為怨府，毋為禍梯。」中丞溢世才，利器劀音團。水犀。《淮南子》：「純鉤摩其鋒剒，則陸劀犀甲。」《玉篇》：「劀，截也。」《國語》：「今夫差衣水犀之甲者億有三千。」《注》：「犀有山犀、水犀。水犀之皮有珠甲，山犀則無。」下車命丞倅，故道資考稽。率錢具畚鍤，《燕翼貽謀錄》：「國初，進士期集，以甲次高下率錢刊小錄、事遊燕。」貢師泰《河決》詩：「社長夜打門，里正朝率錢。」曾不煩鉏犁。王粲詩：「相隨把鉏犁。」經始底告成，《書》：「告厥成功。」歲序尚未暆。范梈詩：「論交歲月暆。」坐令闤闍間，張衡《西京賦》：「通闤帶闍。」《說文》：「闤闍，市外門也。」無異蘇白堤。《浙江通志》：「西湖自南而北橫截湖中者為蘇公堤，自斷橋至孤山為白公堤。」紅闌鴈齒列，見《鴛鴦湖櫂歌》。赤石羊肝刓。《易》：「士刲羊。」李咸用《謝友生遺端硯》詩：「羊肝士作〔註25〕刓。」嘔啞小航船，胡宿詩：「江浦嘔啞風送櫓。」白居易《答客問杭州》詩：「大屋簷多裝雁齒，小航船亦畫龍頭。」蹀躞快馬蹄。《古樂府》：「蹀躞青驪馬。」《篇海》：「蹀躞，馬行貌。」停鞭市蓮藕，倚檻來鳧鷖。《詩》：「鳧鷖在涇。」柳陰谷犬鳴，見前《柳巷》。露腳莎雞啼。李賀詩：「露腳斜飛濕寒兔。」《詩》：「六月莎雞振羽。」祝融回其馭，《山海經》：「南方祝融，獸身人面，乘兩龍。」《注》：「祝融，火神也。」婦子方安棲。乃知濟時策，不在拯顛隮。《書》：「今爾無指，告予顛隮。」公之治水術，豈獨過白圭。《史記·貨殖列傳》：「白圭，周人也。當魏文侯時，李克務盡地力，而白圭樂觀時變。」泉清原隰平，《詩》：「于彼原隰。」名與召伯齊。《詩》：「蔽芾甘棠，勿翦勿伐，召伯所茇。」我家由拳城，見前《喜羅浮屈五過訪》。閭巷多蒿藜。杜甫詩：「園廬但蒿藜。」願公祛墨吏，《左傳》：「貪以敗官為墨。」如決濁水泥。《古詩》：「妾如〔註26〕濁水泥。」上以答天子，下以寧群黎。

送柯孝廉維楨之蕪湖柯字翰周，嘉善人。康熙癸丑進士。《一統志》：「蕪湖縣在太平府城西南六十五里。」

　　劉蕡下第原風漢，《唐書·劉蕡傳》：「蕡對策詆宦官，考官不敢取。李郃〔註27〕

〔註25〕　「作」，李咸用《謝友生遺端溪硯瓦》作「乍」。
〔註26〕　「如」，曹植《明月照高樓》作「若」。
〔註27〕　「郃」，《舊唐書》卷一百九十下《文苑列傳下》作「郃」。

曰：『劉蕡下第，我輩登科，能無厚顏？』」《玉泉子》：「劉蕡試策，直言中官。仇士良曰：『奈何放此風漢及第耶？』」**王粲依人復遠遊。**《魏志・王粲傳》：「獻帝西遷，粲從至長安，以西京擾亂，乃之荊州依劉表。」李商隱詩：「王粲春來更遠遊。」**舊屐尚存尋赤鑄，**《江南通志》：「赤鑄山在蕪湖東北八里。楚干將鑄劍之地。」**殘書又抱去盧溝。**見前《送少詹王先生》。**春槽酒熟沙門店，夜柵檣平估客舟。**許渾詩：「春橋懸酒幔，夜柵集茶檔。」劉禹錫詩：「連檣估客吹羌笛。」**倘得黃金休易散，歸時須築小丹丘。**《楚辭》：「仰〔註28〕羽人於丹丘兮，留不死之舊鄉。」《注》：「丹丘，晝夜常明之處也。」柯自號小丹丘。詳見前《朱碧山銀槎歌》。

紫藤花下醉歌同查上舍弟嗣瑮賦

客舍紫藤長數尋，**猌**音軟。**蔓年多半枯槁。**左思《吳都賦》：「卉木猌蔓。」楊慎詩：「翠瑁藤猌蔓。」**往歲豐茸莖太密，**司馬相如《長門賦》：「羅豐茸之遊樹兮，離樓梧而相撐。」**花事去春翻草草。**杜甫詩：「種此何草草。」蘇軾詩：「君看藜與藿，生意何草草。」**今年二月呼園丁，**陸游詩：「閉門鋤菜伴園丁。」**三百銅錢費除埽。**杜甫詩：「恰有三百青銅錢。」**雖然芟後花較遲，**杜甫詩：「春寒花較遲。」**漸見含苞同蕨腦。**謝靈運詩：「野蕨漸紫苞。」華嶽詩：「蕨腦纔抽稚子拳。」《本草綱目》：「蕨二三月生芽，拳曲狀如小兒拳，長則展開如鳳毛〔註29〕。」**簷牙朽株換棚格，**杜牧《阿房宮賦》：「廊腰縵回，簷牙高啄。」鄒陽《上梁王書》：「有人先談，則以枯木朽株樹功而不忘。」**井淋新汲傳栲栳。**《廣韻》：「栲栳，柳器也。」**睘睘低垂香細細，**按：「睘睘」，下垂貌。李郢詩：「釵垂睘睘抱香懷。」**游絲不動日杲杲。**沈約詩：「游絲映空轉。」《詩》：「杲杲出日。」**鉤簾忽驚啅雀去，**杜甫詩：「啅雀爭枝墮。」**仰面生憎土蠭抱。**駱賓王詩：「生憎燕子千般語。」《爾雅注》：「在土中作窠者曰土蠭。」韓偓詩：「樹頭蠭抱花鬚落。」**越州老酒吳船來，**見前《和曹使君憶姚州酒歌》。范成大詩：「扶頭老酒中。」注：「老酒，數年陳酒也。南人珍之。」**小榼偏提恣傾倒。**白居易詩：「行攜小榼出，逢花輒獨傾。」《拾遺記》：「古酌酒器謂之注子。後仇士良其名近鄭注，去其柄安繫，謂之偏提。」〔註30〕

〔註28〕「仰」，《遠遊》作「仍」。

〔註29〕「毛」，《本草綱目》卷二十七《菜之二》作「尾」。

〔註30〕見《御定康熙字典》卷十一「提」。按：《拾遺記》係前秦王嘉所著，不可能記載唐代仇士良之事。（宋）高承《事物紀原》卷八《舟車帷幄部四十・偏提》，稱《事始》曰：『大和中，仇士良惡注子之名同鄭注，乃立柄安繫，若茶瓶而小異，名曰偏提。』」

《說郛》：「偏提猶今酒鱉。」**頭銜久矣脫朝簿**，《談苑》：「官銜之名，當時選曹補授，須存資歷，開奏之時，先具舊官名品於前，次書擬官於後，使新舊相銜不斷，故曰官銜，亦曰頭銜。如人口銜物，取其連續之意。如馬有銜，以制其首，前馬已進，後馬續來，相次不絕，古人謂之銜尾相屬，即其義也。」**那問蠻蠻鼓昏早，惜哉筋力日已疲。惟有花前不知老，停杯還憶故鄉路。亂水穿沙入裴島**，見《鴛鴦湖櫂歌》。**千章古木藤纏身**。《史記・貨殖列傳》：「山居千章之萩。」《注》：「大樹曰章。」**飄落絲英滿衫襖，明年期爾橫漲橋**。自注：「上舍所居。」**柔櫓嘔啞撥萍藻**，杜甫詩：「柔櫓輕鷗外。」胡宿詩：「江浦嘔啞風送櫓。」《淮南子》：「容華生蕙，蕙生萍藻，萍藻生浮草。」**綠陰共聽黃栗留**，《世說新語》：「戴顒春日攜雙柑斗酒，人問何之，答曰：『往聽黃鸝聲。』」「黃栗留」，見前《送張劭》。**醉臥檝頭船更好**。張志和《漁父詞》：「釣車子，檝頭船，樂在風波不用仙。」

贈許容　字實夫，如皋人。

今之官印古璽節，漢制鬥檢封略同。周秦以來鑄私印，往往撥蠟銷金銅。先生《葛氏印譜序》：「印信不始於秦也，《周官》：『掌節掌守邦節。貨賄用璽節。凡通貨賄司市，以璽節出入之。』鄭司農曰：『璽節，印章，如今鬥檢封矣。』賈公彥謂漢法鬥檢封其形方，上有封檢，其內有書。蓋其初僅用以通商旅。然魯公璽書見《左氏春秋傳》。沿至戰國，吏三百石上皆佩之。衛宏稱秦以前，民皆以金玉為印，唯其所好。則匪直官印不始於秦也。迄於漢，夫人得有私印。大約刻玉者十一，冶金者十有九。後人易之以石，雜以象犀、碔砆、琥珀、水晶之屬。好奇者或以鍾鼎古文施之。秦漢之法漸廢，官印之體屢糾。其文不必盡合乎古，其用也止以調遣文書，杜奸萌而已，不可施於翰墨。迨時易代遷，即王公將帥所綰之章，得其文者，或未注視。至布衣稽古之士，圖書鑒賞一有私記，輒摩挲鉤畫，以之定往哲之偽真。世固有朝廷馭爵之權，反有時不及布衣稽古之士，足信諸百世而下者，私印其一矣。然不得其人，往往昧六書之義，混大小二篆為一，易為識者所訕笑。其或徒攻乎石藝，雖至不能傳之永久，則稽古者又無取焉。」又，《衍齋印譜跋》：「漢官、私印俱用撥蠟鑄。其後象犀、碔砆、瑪瑙，取材愈廣。至王元章始易以花乳石，於是青田、稷下、里羊、求休所產皆入礱琢矣。」**會稽王冕易以石，細切花乳桃皮紅**。先生《王冕傳》：「冕字元章。通篆籀，始用花乳石刻私印。」**青田山根凍玉斸，稷下里石舊穴空。羊求休嫩大松老，其餘麄惡不可礱**。《周禮》：「各辨其物與其等。」《注》：「等謂功沽上下。」《疏》：「功謂善者為上等，沽謂麄惡者為下等。」**往時長洲文博士，**

《明詩綜》小序：「文彭，字壽承，長洲人。待詔徵明伯子。由歲貢生仕為國子監博士。」按：文彭號三橋，工小篆。繼起者有何雪漁。至今南人篆刻以文、何為宗。**刻石頗有松雪風。**顧嗣立《元詩選》小傳：「趙孟頫，字子昂，自號松雪道人。」吾丘衍《學古錄》：「趙孟頫有《印史》二卷。」**墨林天籟閣書畫，**見前《懷鄉口號》。**以別真偽鈐始終。吾生好奇頗嗜此，碑碟犀象羅笥中。**魏文帝《車渠梳賦序》：「車渠，玉屬也。多纖理縟文，生於西國，其俗寶之。」**徐貞木亡鄭埴夭，**徐貞木，字士白，嘉興人。鄭埴，未詳。**尚有程邃留江東。**程邃，字穆倩，歙縣人。錢謙益《贈程穆倩序》：「新安程子穆倩，能詩，能草書，能畫，能篆刻，蕭森老蒼，超然有異。」**故人衰病遠莫致，縱饒玉石何人攻。如皋許容近過我，手出圖譜重錦蒙。古文離離雜鍾鼎，**《墨藪》：「夏后氏作鍾鼎書。」**爾雅一一詮魚蟲。**見前《孫少宰蟄室》。韓愈詩：「爾雅注蟲魚。」**乃知六書得其故，**《漢書·藝文志》：「六書謂象形、象事、象意、象聲、轉注、假借，造字之本也。」注：「故者，通其指義也。」《書史會要》：「戴侗，永嘉人，能篆。有所編《六書故》行於世。」注：「故者，通其指義也。」**大小繆篆能兼通。**《法書考》：「大篆者，周史籀所作也。或曰柱下史始變古文，或同或異，謂之篆。篆者，傳也，傳其物理，施之無窮。《漢·藝文志》『《史籀》十五篇』是也。以史官制之，用之教授，謂之史書，凡九千字。小篆者，秦相李斯所作也，增損大篆籀文，謂之小篆，亦曰秦篆，天下行之。畫如鐵石，字若飛動，作楷隸之祖，為不易之法。其銘題鍾鼎及作符節，至今用焉。」《漢書·藝文志》：「太史試學童，以六體試之。六體者，古文、奇字、篆書、隸書、繆篆、蟲書。」《注》：「繆篆謂其文屈曲纏繞，所以摩印章也。」**相斯史籀各具體，左蟠右屈何妍工。合肥尚書最賞擊，**自注：「龔端毅公。」按：合肥龔鼎孳官禮部尚書，諡端毅。**紛紛朝士傾詩筒。**《唐語林》：「白居易為杭州刺史，時吳興守錢徽、吳郡守李穰悉平生舊交，日以詩相寄贈。後元稹領會稽，參其酬唱，多以竹筒盛詩往來。」**吁嗟萬里十年別，一官不達翻途窮。低眉強隨抱關吏，失足幾陷鮫人宮。**詳見前《送杜少宰》。《洞冥記》：「味勒國在日南，其人乘象入海底取寶，宿於鮫人之宮。」**重來歎息舊遊盡，酒錢燕市何由充。容今髮白我耳聾，瓜牛舍近地百弓，**《魏略》：「焦先及楊沛並作瓜牛廬止其中。瓜當作蝸。蝸牛，螺蟲之有角者也。先等作圜舍，形如蝸牛蔽，故謂之蝸牛廬。」陳造詩：「城西百弓地。」**日長莫學打睡翁。**王中立詩：「華山宮殿白雲中〔註31〕，不見當年打睡翁。」**相邀硬筆寫獵碣，**見前《雨過劉學正兼隱齋》。**夫豈不如薛尚功。**《書史會要》：「薛

〔註31〕「中」，（金）王中立《雜詩四首》其一作「封」。

尚功，字用敏，錢塘人。善古篆，尤好鍾鼎書。有《鍾鼎彝器款識》二十卷及《鍾鼎彝韻》七卷行於世。」

題畫送徐檢討釚還吳江二首 徐字電發，號虹亭。舉博學鴻詞，授檢討。《一統志》：「吳江縣在蘇州府城南四十里。」

三高祠下水溟濛，《一統志》：「三高祠在吳江縣東門外，宋時建，祀越范蠡、晉張翰、唐陸龜蒙。」紅蓼花香一笛風。《群芳譜》：「蓼，一名水葒花。」杜牧詩：「落日樓臺一笛風。」驚起沙鷗定相笑，見前《寒夜集燈公房》。黑頭未稱作漁翁。《晉書·諸葛恢傳》：「庾亮曰：『明府當作黑頭三公。』」

不貪臺閣送行詩，《後漢書·仲長統傳》：「雖置三公，事歸臺閣。」《注》：「臺閣謂尚書也。」索我尊前折柳詞。左克明《古樂府》：「《折楊柳》、《梅花落》皆鼓角橫吹曲。」《演繁露》：「笛亦有《落梅》、《折柳》二曲。」合喚菱舟付菱女，殷文珪詩：「青笠漁兒釣筒沒〔註32〕，蒨衣菱女畫橈輕。」更吹漁笛教漁兒。陳堯佐詩：「洞庭漁笛隔蘆花。」

二月自古藤書屋移寓槐市斜街賦詩四首

轂觫車輕篾兩輪，邱丹詩：「歸乘轂觫車。」殘書禿管雜勞薪。《世說新語》：「晉武帝賜荀勗食，勗曰：『此勞薪炊也。』密密遣問，果用故車腳。」移居絕似村夫子，《宣和畫譜》：「韓滉《村夫子移居圖》一。」寫入圖中盡笑人。

莎衫桐帽海梭鞋，黃庭堅詩：「莎衫箬笠事耕耘。」《埤雅廣要》：「蜀有海梭，幹猶龍鱗，枝猶鳳毛，高百餘尺。」隨分琴書占小齋。老去逢春心倍惜，為貪花市住斜街。杜甫詩：「花飛有底急，老去願春遲。」

阿鏐秋去又春殘，先生子昆田，小名阿鏐。遠信封題萬里難。班婕妤《搗素賦》：「既封而重題。」不道衰翁無倚著，杜甫詩：「吾生無倚著。」藤花又讓別人看。

屠門菜市費贏驂，桓譚《新論》：「問肉味美則過屠門而大嚼。」按：京城宣武門外有菜市口。楊巨源詩：「贏驂苦遲遲，單僕怨切切。」地僻長稀過客譚。杜甫詩：「幽棲地僻經過少。」一事新來差勝舊，昊天寺近井泉甘。劉侗《帝京景物略》：「仰山去京七十里，磨石口西龍恩寺，金大定四年秦越公主建，名昊天寺。正統四年，太監王振修改龍恩寺。」周篔《析津日記》：「昊天寺，遼剎也。碑記無一

────

〔註32〕「青笛漁兒釣筒沒」，殷文圭《江南秋日》作「清笠漁兒筒釣沒」。

存者。訪之惟有萬曆間山陰朱敬循一碑。其建置本末俱不詳。塔址已為民所侵。寺門一井，泉特清冽，不下天壇夾道水也。」

奉題徐副相元文。祝園修禊卷三首毛僧開詩話：「京師安定門西有祝家園，關左祝侍御別業也。」

右軍但草蘭亭序，見前《蘭亭行》。**不及群賢被禊**音系。**詩**。**輸與先生鼠鬚筆**，《蘭亭考》：「王羲之與太原孫統等四十一人會於蘭亭，以修禊事，賦詩製序，用蠶繭紙、鼠鬚筆書，凡二十六行，三百二十四字。」《北戶錄》：「鼠鬚筆，均州出。」**春風一一寫烏絲**。《國史補》：「宋亳間有紙，織成界道，名烏絲欄。」黃庭堅詩：「正圍紅袖寫烏絲。」

一時裙屐最風流，《北史·邢巒傳》：「蕭深藻是裙屐少年。」**擘紙花前點筆收**。杜甫詩：「石欄斜點筆。」**我若當年參末坐，便應罰酒似羊劉**。葛立之詩話〔註33〕：「蘭亭修禊之會，羲之、謝安、孫綽、孫統、王彬之、凝之、肅之、徽之、徐豐之、袁嶠之、謝萬十有一人，賦四言五言詩各一首；王豐之、元之、蘊之、渙之、郗曇、華茂、庾友、虞悅、魏滂、謝繹、庾蘊、孫嗣、曹茂之、華平、互偉十有五人，或四言，或五言，各一首；王獻之、謝瑰、卞迪、卓髦、羊模、孔熾、劉密、虞谷、勞夷、后綿、華者、謝藤、王儗、呂系、呂本、曹禮十有六人，詩各不成，罰酒三觥。」

滴珠方勝杵頭新，鈕世楷注：「《輟耕錄》：『唐貞觀、開元間，人主崇尚文雅，其書畫皆用紫龍鳳紬綾為表，綠文紋綾為裏，紫檀雲花杵頭軸，白檀通身柿心軸，此外又有青赤琉璃二等軸牙籤錦帶。』又：『書畫錦褾有紫小滴珠方勝鸞鵲、紫滴珠龍團、方勝盤象、方勝練鵲等式。』」**瘦本看來妙入神**。先生《跋蘭亭殘石拓本》：「禊帖肥瘦攸殊，褚廷晦本肥，張景元本瘦，歐陽行本本瘦，石熙明本肥，釋懷仁本前瘦後肥。〔註34〕尤延之主瘦。黃魯直取肥不剩肉，瘦不露骨，斯執中之論與？大都書家率以瘦本為貴。」**真蹟祇愁容易贖，莫將缸面酒留人**。《法書要錄》：「王羲之《蘭亭序》，僧智永弟子辨才嘗於寢房伏梁上，鑿為暗檻以貯。貞觀中，羲之真草書帖，搆募備盡，唯未得《蘭亭》。知在辨才之所，乃敕諸師入內道場，因言次，問及《蘭亭》。辨才確稱往日侍奉先師，實常獲見，自師沒後，薦經喪亂，墜失不知所在。既而不獲，遂放歸越中。上謂侍臣曰：『此僧耆年，又無所用。若得一智略之士，設謀計取之必獲。』房玄齡曰：『臣聞監察御史蕭翼多權謀，可充此使，必當見獲。』太宗

〔註33〕按：作葛立之誤，出（宋）葛立方（字常之）《韻語陽秋》卷五。
〔註34〕《曝書亭集》卷四十八《跋蘭亭殘石拓本》此處有「王順伯主肥」一句。

遂召見，翼奏曰：『臣請私行詣彼，須得二王雜帖數通。』太宗依給。翼遂改冠微服，至越州。遇辨才院，止於門前。辨才見翼，延入房內，談藝說文史，竟甚相得。便留宿，設缸面藥酒茶果等。酣樂之後，談論翰墨，翼曰：『弟子先傳二王楷書法，弟子自幼來耽玩，今亦數帖自隨。』辨才欣然曰：『明日可把來看。』翼依期而往，出其書以示辨才。辨才熟詳之曰：『是即是矣，然未佳善也。貧道有一真蹟，頗是殊常。』翼曰：『何帖？』辨才曰：『《蘭亭》。』翼笑曰：『數經亂離，真蹟豈在，必是響榻偽作耳。』辨才曰：『禪師在日保惜，臨亡之時，親付於我。付受有緒，那得參差。可明日來看。』及翼到，師自於屋樑上檻內出之。翼見訖，故駁瑕指纇曰：『果是響榻書也。』紛競不定。自示翼之後，更不復安於伏梁上，並翼二王諸帖留置几案間。後辨才出赴汜橋齋，翼遂私來房前，謂童子曰：『翼遺卻帛子在床上。』童子即為開門。翼遂於案上取得《蘭亭》及御府二王書帖，便赴永安驛。都督齊善行聞之，馳來謁翼。因宣示敕旨，具告所由。善行使人召辨才，辨才來見御史，乃是房中蕭生也。翼報云：『奉敕遣來取《蘭亭》，《蘭亭》今已得矣，故喚師來別。』辨才聞語絕倒，良久始蘇。翼便馳驛南發至都，太宗大悅。」

社日登黑窯廠聯句

隗臺久蕪沒，見前《高處士過集古藤書屋》。**薊丘不可梯。**濟南王士禎貽上。〔註35〕 見卷三《題皇帝大閱圖》。**雖有千里目，**王之渙：「欲窮千里目。」**將何共攀躋。**徐乾學原一。**佳辰趁新社，膏雨融凍畦。**彝尊。**早抽紅藥萌，漸見碧草萋。**姜宸英。**層坡簇五騎，**杜甫詩：「花邊立馬簇金鞍。」**兩壺提一奚。**澤州陳廷敬子端。《唐書・李賀傳》：「每旦日出，騎弱馬，從小奚奴背古錦囊，遇所得，書投囊中。及暮歸，足成之。」李濂詩：「鄰翁若問閒居樂，只問詩奚與酒奚。」梅堯臣詩：「一婦一奚行李單。」**陟彼積土岡，同駐削玉蹄。**士禎。杜甫《胡馬行》：「腳下高蹄削寒玉。」注：「言其堅可以削玉也。」**安房隱曲几，藉地分疎荑。**乾學。**泉樽酌用匏，**鄭玉詩：「供廚惟有舊匏樽。」**飯黍先以雞。**彝尊。**既瀝甘蔗漿，**《本草綱目》：「蔗漿消渴解酲，自古稱之。故《漢書・郊祀歌》云：『百味旨酒布蘭生，泰尊柘漿析朝酲。』唐王維《櫻桃》詩云：『飽食不須愁內熱，大官還有蔗漿寒。』」**復堆苦蕒齏**〔註36〕。乾學。〔註37〕《廣韻》：「蕒，吳人呼苦苣。」《本草

〔註35〕「禎」，底本作「正」。下同。
〔註36〕「齏」，《曝書亭集》作「齑」。
〔註37〕「乾學」，《曝書亭集》作「宸英」。

綱目》：「苦菜即苦蕒也。家栽者呼為苦苣，實一物也。」鈕世楷注：「陸游詩：『豈識山廚苦蕒虀。』」**微醺恣坦步**，謝靈運詩：「幽人常坦步。」**遐覽窮端倪**。廷敬。《莊子》：「反覆終始，不知端倪。」**南有松柏林，其北桃李蹊**。士禎。《史記・李廣傳》：「桃李不言，下自成蹊。」**亭午風華香**，梁元帝《纂要》：「日在午曰亭午。」**疑是麝脫臍**。乾學。《說文》：「麝，如小麋，臍有香。」**居人半陶旊**，音倣。《周禮》：「搏埴之工陶旊。」**門竇皆衡圭**。彝尊。《詩》：「衡門之下。」《禮記》：「蓽門圭竇。」《左傳》：「蓽門圭竇之人。」**濃薰樹杪煙，濁漉水中泥**。宸英。**童娃亦悁**〔註38〕**勞**，柳宗元詩：「十祀空悁勞。」**面目成黟**音諮。**騂**。廷敬。《集韻》：「黟，深黑色。」《廣韻》：「騂，黑而黃也。」陸龜蒙詩：「燒岸黑黟騂。」**何時得頮**音誨。同䵣。**濯**，《集韻》：「頮，洗面也。」枚乘《七發》：「澹澈手足，頮濯髮齒。」**勝眼刮神筏**。士禎。見前《孫少宰蟄室》。**不見九陌塵，奔車日冥迷**。乾學。**吾儕處其中，形殊境則齊**。彝尊。**相期泛裂帛，螢拂湖上隄**。宸英。《帝景景物略》：「玉泉山根，碎石泉湧。去山不數武，裂帛湖也。泉迸湖底，狀如裂帛，渙然合於湖。湖方數丈，水澄以鮮，漾沙金色。」**子為逸少序**，《晉書・王羲之傳》：「羲之，字逸少。孫綽、李充、許詢、支遁等皆以文義冠世，並築室東土，與羲之同好。嘗與同志宴集於會稽山陰之蘭亭，羲之自為之序以申其志。」**我續興公題**。廷敬。孫綽字興公，有《蘭亭後序》。王、姜已見前。徐，崑山人。康熙庚戌探花，刑部尚書。陳，號說岩，澤州人。順治戊戌進士，官大學士。

題畫二首

宣和舊譜識徐熙，猶記都官畫裏詩。見前《贈梅庚》。三月江南看不足，自注：「宛陵句也。」《宣和畫譜》：「徐熙，金陵人。畫草木蟲魚，妙奪造化。梅堯臣有詩名，亦慎許可。至詠熙所畫夾竹桃花等圖，其詩曰：『花留蛺蝶竹有禽，三月江南看不足。徐熙下筆能逼真，繭素畫成才六幅。』以此知熙畫為工矣。」湖塘花鴨影參差。杜甫詩：「花鴨無泥滓。」

數株枯柳倚苔磯，趙嘏詩：「宅邊秋水浸苔磯。」話別沙頭客未歸。多事錢唐戴文進，釣師渲染著紅衣。陸深《春風堂隨筆》：「本朝畫手當以錢塘戴文進為第一。宣廟喜繪事，一時待詔有謝廷循、倪端、石銳李在皆有名。文進入京，眾工妬之。一日，在仁智殿呈畫，文進以得意之筆上進，第一幅是《秋江獨釣圖》，畫一

〔註38〕「悁」，《曝書亭集》作「娟」。

紅袍人垂釣於水次。畫家惟紅色最難著，文進獨得古法入妙。宣廟閱之，廷循從旁奏曰：『此畫甚好，但大紅是朝廷品官服色，卻穿此釣魚，甚失大體。』宣廟頷之，遂揮去，其餘幅不視，故文進在京師頗窘迫。」 「渲染」，見前《竹爐聯句》。

樸公書來招遊盤山卻寄「盤山」，見前《送宋僉事》。王士禛〔註39〕《居易錄》：「盤山和尚智樸，號拙庵，徐州人。」

三盤勝地稱絕，眾嶺何峰最尊。別後時勞夢寐，書來興轉飛翻。王粲詩：「苟非鴻鵬〔註40〕，孰能飛翻。」青松十里岩磴，孫逖詩：「岩磴列雲旗。」紅杏千株寺門。好雇犢車一兩，段成式詩：「長簷〔註41〕犢車初入門。」軟塵碾到山根。「軟塵」，見前《送徐中允》。《莊子》：「輪碾地。」《通俗文》：「石碾轢轂曰碾。」

題龔主事翔麟西湖雨泛圖二首龔字蘅圃，仁和人。辛酉副榜，官御史。

茶檔酒幔靜無鄰，許渾詩：「春橋懸酒幔，夜柵集茶檔。」鏡面平波碾濕銀。蘇軾詩：「江流鏡面淨。」李商隱詩：「濕銀注鏡非中平。」范成大詩：「棹入濕銀天鏡中。」回憶少年歌舞誤，烏篷不作獨吟人。姚宗典詩：「烏篷維柳枝。」白居易詩：「詩成長作獨吟人。」

蓴絲蔆葉浸魚天，十里湖山思悄然。疎雨夜眠聽亦好，莫因月黑便回船。

徐尚書載酒虎坊南園聯句尚書健庵先生官大司寇，以汲引後進為己任。康熙己巳告歸，詔許書局自隨。乃開局於洞庭山，所延纂修皆東南名宿。胞弟果亭少宰、立齋相國與尚書先後占大魁，世稱崑山三徐。甲第之盛，海內莫並。

夜市燈熒熒，晨衙鼓紞紞。都感切。謝翱詩：「武昌城頭鼓紞紞。」詳見前《夢硯歌》。試瞻十二衢，何人事遊覽。姜宸英。吾黨脫朝簿，甘與世味淡。初疑諫果食，《本草綱目》：「橄欖雖熟，其色亦青，故俗呼青果。王禎云：『其味苦澀，久之方回甘味。』王元之作詩，比之忠言逆耳，亂乃思之，故人名為諫果。」漸似都蔗噉。彝尊。《通雅》：「甘蔗亦曰都蔗。」《世說新語》：「顧長康噉甘蔗，先食尾，人問所以，曰：『漸至佳境。』」駕言適丘園，《詩》：「駕言出遊。」塵慮益澹

〔註39〕「禛」，底本作「正」。
〔註40〕「鵬」，《贈蔡子篤詩》作「雕」。
〔註41〕「簷」，段成式《柔卿解籍戲呈飛卿三首》其一作「擔」。

澈。枚乘《七發》:「澹澈手足。」《注》:「澹澈,洗滌也。」取徑衣乍褰,入門首先鎖。陳廷敬。《左傳》:「衛侯入迎於門,鎖之而已。」《注》:「鎖,搖其頭也。」黃晉〔註42〕詩:「機湊首屢鎖。」**循廊無坦步**,謝靈運詩:「幽人常坦步。」**引絙音更。得危攬。**《廣韻》:「絙,大索。」陳造詩:「虎鬚有危攬。」**高下屋四隅,其中乃習坎。**徐乾學。《易》:「習坎。」**穿池注嵌嵌**,韓維詩:「但見洞穴爭嵌嵌。」**搆草當薀菼。**音毯。《爾雅》:「菼薍。」《注》:「似葦而小,實中。」**非無鶴在沙,**張籍詩:「水鶴沙邊立。」**亦有魚聚槮。**宸英。《爾雅》:「槮謂之涔。」《注》:「今之作槮者,積柴木水中,魚得寒,入其裏藏隱,因以薄圍捕取之。」**槮音槮。移情欣鳥音,側足避花菳。**音頷。《韻會》:「菳,花蕊也。」**層樓緫面面,遠目水黕黕。**彝尊。《廣韻》:「黕,黑貌。都感切。」梅堯臣詩:「春雲黕黕百舌牢。」**際此日載陽,**《詩》:「春日載陽。」**可以釋愁黲。**王令詩:「醉目睨愁黲。」**矧饒凍春醪**,杜牧詩:「梅引凍醪傾。」**因之瀝詩膽。**廷敬。劉叉詩:「詩膽大於天。」《隋書·李德林傳》:「披肝瀝膽。」**滿酌金屈卮,**《夢華錄》:「御宴酒杯皆金屈卮,若菜椀而有手把子。」於武陵詩:「勸君金屈卮,滿酌不須辭。」**並坐綠頭毯。**見前《喬侍讀一峰草堂》。**行廚少新烹,**庾信詩:「行廚半路待。」**糦飯有遺糝。**乾學。**司寇珍庖盈,尚慮客顑**音喊。頷。《楚辭》:「長顑頷亦何傷。」《注》:「顑頷,食不飽而〔註43〕黃之貌。」**說禮何鏗鏗,升車必抱綦**宸英。 **上司寇。**〔註44〕詳見《九月八日》。余靖《謝學士啟》:「抱綦非工,濫巾書府。」**冢宰論春秋,凡例屏趙啖。**杜預《左傳序》:「發凡以立例。」鈕世楷注:「趙瞻有《春秋義例》,啖助有《春秋統例》。」**觀其豎一義,堅銳不可撼。**彝尊。 **上冢宰。**〔註45〕**太史述舊聞,**謂《日下舊聞》。**意欲闡幽闇。群書擁戶棟,**柳宗元文:「其為書處則充棟宇,出則汗牛馬。」**散紙滿箱篢。**廷敬。 **答太史。**〔註46〕 《廣韻》:「篢,篋類。都感切。」**姜生老不遇,其氣頗虓闞。**《詩》:「闞如虓虎。」**譬之珠在淵,光彩詎能掩。**乾學。 **答著作。**〔註47〕《大戴禮》:「珠在淵而岸不枯。」陸機《文賦》:「水懷珠而川媚。」**趨陪固所願,賞譽夫豈敢。將毋屟燔炰,嚼及菖蒲歜。**宸英。《呂氏春秋》:「文王嗜昌歜,孔子聞而食之。」韓愈詩:「來尋吾何能,何殊嗜

〔註42〕「晉」當作「溍」,出《重登雲黃山》。
〔註43〕「而」,洪興祖《補注》作「面」。
〔註44〕此係自注。
〔註45〕此係自注。
〔註46〕此係自注。
〔註47〕此係自注。

昌歇。」注：「昌歇，菖蒲菹〔註48〕也。」 「歇」，蠶上聲。**論議或異同，片言恥婗**〔註49〕**婞。**韓愈詩：「詎肯感激徒婗婞。」注：「不決之貌。」《廣韻》：「婞，女有心婗婞也。衣儉切。」**共此千秋心，方寸默相感。**彝尊。**坐久歸反慵，臨分袪再攣。**宋玉《登徒子好色賦》：「遵大路兮攬子袪。」**起視天壇煙，**《春明夢餘錄》：「天壇在正陽門之左，永樂十八年建。」**如雲出封磈。**廷敬。 《漢書·郊祀志》：「武帝封泰山，其夜有光，晝有白雲起封中。」《宋史·禮志》：「封禪玉冊用石磈藏之，為石泥封磈。」**堂坳雖一杯，**《莊子》：「覆杯水於坳堂之上。」庾信《小園賦》：「水有堂坳。」**五月有菡萏。相期避暑遊，復此安灶突。**乾學。《篇海》：「突，灶突也。」 「突」，徒感切。

題倪高士畫顧嗣立《元詩選》小傳：「雲林先生倪瓚，字元鎮，無錫州人。性好潔，見俗士避去如恐浼。盥頮易水，振拂巾服，日以數十計。居前後樹石，頻令洗拭。書畫蕭疏秀挺，稱其為人。嘗自謂懶，瓚亦曰倪迂。」王士禎〔註50〕《居易錄》：「查嗣瑮德尹以雲林畫索題，」上方有倪自題詩云：『江城風雨歇，筆硯晚生涼。囊楮未埋沒，悲歌何慨慷。秋山翠冉冉，湖水玉汪汪。珍重張高士，閒披對石床。此余乙未歲戲寫於王雲浦漁莊，忽十八年矣。不意子宜友契藏而不忍棄捐，感懷疇昔，因成五言。壬子七月廿日，瓚。』檇李項氏物也。朱竹垞題云云。〔註51〕」

房山潑墨太糢糊，《元詩選》小傳：「高克恭，字彥敬，其先西域人，後居燕之房山。畫山水，初用二米法寫林巒煙雨，晚更出入董北苑。每不輕於著筆，遇酒酣興發，或好友在前，雜取縑楮，研墨揮毫，乘快為之，神施鬼設，不可端倪。自號房山老人，因皆稱曰高房山。」《圖繪寶鑑》：「高克恭畫怪石、噴浪、灘頭、水口，烘瑣〔註52〕潑染，作者鮮及。」**那似倪迂意匠殊。**《圖繪寶鑑》：「倪瓚畫師李成、郭熙，生平不喜作人物，亦罕用圖書，故有迂稱。」**一片湖光幾株樹，分明秋色小長蘆。**見《鴛鴦湖櫂歌》。

苦熱聯句

苦熱今年甚，幽州亦蘊蒸。朱茂暭。《畿輔通志》：「順天府高陽氏謂之幽陵，陶唐曰幽都，虞為幽州。」《古詩》：「以遺心蘊蒸。」**久無甘雨降，惟見火雲升。**

〔註48〕按：「菹」，疑當作「葅」。
〔註49〕「婗」，《曝書亭集》作「阿」。
〔註50〕「禎」，底本作「正」。
〔註51〕《居易錄》此處原錄朱彝尊詩。
〔註52〕「瑣」，《圖繪寶鑑》卷五作「鎖」。

姜宸英。盧思道《納涼賦》：「火雲黑而四舉。」杜甫詩：「奇峰碑兀火雲升。」**際夜焦煙合**，鮑照《苦熱行》：「焦煙起石圻。」《注》：「焦煙，熱氣也。」**經天杲日恒**。張遠。《後漢書·馮衍傳》：「日月之經天，江海之帶地。」《詩》：「杲杲出日。」**高林枯白帶**，見前《東峪寺》。**淺汧**音泮。**露丹稜**。王原。蔣一葵《長安客話》：「巴溝之旁，有水從青龍橋河東南流入於澱。南五里，為丹稜汧。」**最怕衝灰洞**，范成大《燕山道中絕句》詩注：「灰洞在涿北、燕南之間，兩旁皆高岡，無風而塵土坌積，不辨人物。」**何須堰戾陵**。徐善。《水經注》：「高梁水首受溼〔註53〕水於戾陵堰。水北有梁山，山有燕刺王旦陵，故以名堰。」顧祖禹《方輿紀要》：「戾陵堰在順天府西北。」**河流金口膩**，《一統志》：「金口在順天府西三十五里。東麻谷即蘆溝東岸。」**山翠畫眉層**。彝尊。　劉侗《帝景景物略》：「畫眉山在西堂村之北。」**黑蜧潛難見**，《淮南子》：「犧牛粹毛，宜於廟牲。其於致雨，不若黑蜧。」《注》：「黑蜧，神蛇也，潛於神泉，能致雲雨。」**商羊舞莫憑**。萬斯同。《家語》：「齊有一足之鳥飛集於公朝，舒翅而跳。齊侯怪之，使使聘魯，問孔子。孔子曰：『此鳥名曰商羊，水祥也。昔童兒屈一腳，振肩而跳，且謠曰：天將大雨，商羊起舞。今齊有之，其應至矣。』」張景陽詩：「黑蜧躍重淵，商羊舞野庭。」**新畬荒稷黍**，《詩》：「如何新畬。」**遺種慮蟊螣**。朱儀。《詩》：「去其螟螣，及其蟊賊。」**雩隊分行綴**，《周禮》：「若國大旱，則率巫而舞雩。」**祠官典故徵**。譚瑄。**力難驅旱魃**，《詩》：「旱魃為虐。」《神異經》：「南方有人長二三尺，裸身而目在頂上，走行如風，名曰䰛，俗曰旱魃。所見之國大旱，赤地千里。」詳見後《苦旱》。**咒乃試番僧**。查慎行。《晉書·藝術傳》：「僧涉者，西域人也。能以秘咒下神龍。每旱，嘗使之咒龍請雨。俄而龍下缽中，天輒大雨。」**童女雙丫髻**，《論語疏》：「雩者，祈雨祭名。使童男女舞之，因謂其處為舞雩。」《談苑》：「魏庠言：『昔遊關中佛寺，見沙門有善胡法者，置蜥蜴甕中，使童男女數十衣青衣，同聲咒曰：蜥蜴蜥蜴，興雲吐霧，雨今滂沱，放汝歸去。歲旱為之，頗有應。』」〔註54〕**旆竿五色繒**。李澄中。《春秋繁露》：「春旱求雨：於邑東門之外為四通之壇，方八尺，植蒼繒八。夏求雨：為四通之壇於邑南門外，方七尺，植赤繒七。秋求雨：為四通之壇於邑西門之外，方九尺，植白繒九。冬求雨：為四通之壇於邑北門之外，方六尺，植黑繒六。」**新妝朱箔卷，雜戲綠衣能**。魏坤。杜甫

〔註53〕「溼」，《水經注》卷十四作「㶟」。
〔註54〕另，《宋史》卷一百二《禮志五》：「十年四月，以夏旱，內出蜥蜴祈雨法：捕蜥蜴數十納甕中，漬之以雜木葉，擇童男十三歲下、十歲上者二十八人，分兩番，衣青衣，以青飾面及手足，人持柳枝沾水散灑，晝夜環繞，誦咒曰：『蜥蜴蜥蜴，興雲吐霧，雨令滂沱，令汝歸去！』雨足。」

詩：「書偕褚薛能。」**虹霓**音翳。見前《孫少宰蟄室》。**群情望，塵埃萬目瞪**。黃
虞稷。**疾雷無影響**，《易》：「動萬物者莫疾乎雷。」**長轂但輷輘**。釋淨憲。　《後
漢書·光武紀·贊》：「長轂雷野，高峰彗雲。」庾肩吾詩：「絳天揚遠旆，雷野驅長轂。」
李顒《雷賦》：「結鬱蒸以成雷兮，鼓輷輘之逸響。」韓愈詩：「偷入雷電室，輷輘掉狂
車。」**銷夏愁無策，聯吟喜得朋**。龔翔麟。《易》：「西南得朋。」**盡諳微徑入，
不待小僮譍**。湯右曾。杜甫詩：「應門試小童。」蘇軾詩：「車馬敲門定不譍。」《增
韻》：「譍，以言對問也。」**席帽人人脫**，見前《沈上舍南還》。**亭欄處處憑**。鄭
觀袞。**劇談多野趣**，劉峻《廣絕交論》：「騁黃馬之劇談。」杜甫詩：「應耽野趣長。」
苛禮必深懲。錢光夔。**旅跡頻年共，鄉心觸緒增**。宸英。令狐楚《為請朝覲
表》：「心傷者觸緒成悲，意切者發言皆懇。」**小航思劃槳**，白居易詩：「小航船亦
畫龍頭。」**精舍憶擔簦**。茂晭。蔣一葵《唐詩選箋釋》：「僧寺言精舍，本見佛經。
王觀國謂晉孝武帝時初奉佛法，立精舍，居沙門，以為始。此非也。蓋佛所居竹林曰
精舍，晉武因之耳。按：漢儒立精舍講授，又有立精舍燒香讀道書者，則精舍三教並
可用。」〔註55〕　「擔簦」，見前《沈上舍南還》。**白剝烏頭芡**，揚子《方言》：「茨
芡，北燕謂之茨，青徐淮泗謂之芡。或謂之雞頭，或謂之鴈頭，或謂之烏頭。」黃庭
堅詩：「剝芡走珠盤。」**青牽紫角菱**。原。《埤雅》：「菱，白花紫角，有刺。」韓愈
詩：「菱翻紫角利。」**夕風嘶麥蚻**，《爾雅疏》：「蟬之小者謂之麥蚻。」孟郊《征蜀
聯句》：「始去杏飛蜂，及歸柳嘶蚻。」**橫港沒魚鷹**。右曾。《禽經》：「王雎、雎鳩，
魚鷹也。」注：「《毛詩》曰：王雎鷙而有別，多子，江表人呼以為魚鷹。」**竹樹濃於
畫**，沈約詩：「竹樹近蒙蘢。」**笆籬密似罾**。白居易詩：「旁織笆籬護。」**千家花
滿屋，六月稻交塍**。彝尊。《集韻》：「塍，稻田畦也。」庾信詩：「交塍香穗低。」
自失江村樂，翻憐毒暑仍。善。**黃沙隨扇集，白汗比漿凝**。遠。《晉書·夏
統傳》：「不覺寒毛盡戴，白汗四匝。」《世說》：「魏文帝問鍾毓：『面何以汗？』對曰：
『兢兢皇皇〔註56〕，汗出如漿。』」**易漬淋淋簟，空支院院棚。擔稀珠市果，**

〔註55〕　（明）王世貞《弇州四部稿》卷一百五十九《說部·宛委餘編四》早有此說，
　　　　曰：
　　　　僧寺言精舍，王觀國謂晉孝武帝奉佛，立精舍於殿內，引沙門居之，以為始。
　　　　此非也。本見佛經。蓋佛所居竹林曰精舍，晉武因之耳。觀國又引《後漢·包
　　　　咸劉淑檀敷傳》：「儒者立精舍講授。」吳曾引《江表傳》：「于吉立精舍燒香，
　　　　讀道書，製符水。」按：謝承《後漢書》：「趙昱請處士綦毋君公楊奇於緱氏界，
　　　　周磐自重合令還，張奐在扶風，俱立精舍教授。」蓋精舍不惟釋門，儒與道士
　　　　俱可用，但不宜用之俗地耳。
〔註56〕　「兢兢皇皇」，《世說新語·言語第二十一》作「戰戰惶惶」。

京城前面外有珠市口。〔註57〕**價倍玉河冰**。慎行。見前《賜鱘魚》。**槁落含香蕊，攣拳嫋格藤**。斯同。蘇軾《淨因院畫記》：「如是而攣拳瘠蹙，如是而條達遂茂。」**暗窺蛛網縮，乾坼燕泥崩**。翔麟。薛道衡詩：「暗牖懸蛛網，空梁落燕泥。」**戶撤垂簾額**，王建詩：「地衣簾額一時新。」**缾添汲井繩**。儼。**慵尋溫水浴，只想冷硎登**。瑄。按：硎，平石也。**三葛衣猶重**，見後《冷布》。**雙絲履不勝**。漢武帝詩：「足下絲履五文章。」**撥書嫌走蠹**，杜甫詩：「隨意撥書眠。」**懸拂倦驅蠅**。坤。杜甫《棕拂子》詩：「不堪代白羽，有足除蒼蠅。」**衹覺姿拖便**，古樂府《讀曲歌》：「姿拖何處歸。」**誰甘**襬音奈。襪音戴。**稱**。觀衷。《西溪叢語》：「程曉《三伏》詩云：『今世襬襪子，觸熱到人家。』據《炙轂子》云：『襬襪，笠子也。』《集韻》云：『襬襪，不曉事也。』」**到門防客刺，無地曲吾肱**。彝尊。**甌買泉澆圃**，杜甫詩：「幾道泉澆圃。」**同貪草藉芳**。宸英。《列子》：「趙襄子率徒十萬，狩於中山，藉芳燔林，扇赫百里。」杜甫詩：「肯藉庭前荒草色，先拚一飲醉如泥。」《正韻》：「芳謂陳根草不芟，新草又生，相因仍也。」**酒拚河朔飲**，《典略》：「劉松、袁紹於河朔三伏之際，晝夜飲酒，乃至無知，以避一時之暑，故河朔有避暑之飲。」**茶愛武夷秤**。澄中。《一統志》：「福建建寧府龍鳳、武夷二山出茶。」杜甫詩：「丹砂冷舊秤。」《廣韻》：「秤，俗稱字。」**返照斜初斂，微涼暮可乘**。原。**分曹爭射覆**，李商隱詩：「分曹射覆蠟燈紅。」詳見前《畢上舍止酒》。**四座百觚騰**。慎行。《孔叢子》：「平原君與子高飲，強子高酒曰：『昔有遺諺：堯舜千鍾，孔子百觚。子路嗑嗑，尚飲百〔註58〕榼。』」《儀禮》：「騰〔註59〕觚於賓。」傅毅《舞賦》：「騰觚爵之斟酌兮。」曹植詩：「騰觚飛爵闌干。」　朱茂晭，字子蓉，嘉興人。王原，字令詒，青浦人。戊辰進士，官給事中。徐善，字敬可，嘉興人。萬斯同，字季野，鄞縣人。史館纂修。朱儼，字□□。嘉興人。官郎中。譚瑄，字左羽，嘉興人。孝廉，官給事中。黃虞稷，字俞邰，晉江人。史館纂修。淨憲□□□□。鄭觀衷，字□□，□□人。錢光夔，字……

曝書亭詩錄卷之十終

〔註57〕此係自注。

〔註58〕「百」，《孔叢子·儒服第十三》作「十」。

〔註59〕「騰」，《儀禮·燕禮第六》作「媵」。

曝書亭詩錄卷之十一

梭鞵**聯句**

五兩來江市，《詩》：「葛屨五兩。」千毛結海梭。彝尊。　見前《二月》。澤蒲材較賤，《詩》：「彼澤之陂，有蒲與荷。」謝邁詩：「藜杖蒲鞵中一幅。」楚筍製徒工。坤。張籍詩：「楚筍結成鞵。」健許踏層碧，疎難入軟紅。坤。老夫還稱此，桐帽伴山中。彝尊。黃庭堅詩：「白頭不是折腰具，桐帽棕鞵稱老夫。」

藤枕

翦就蠻藤細，張籍詩：「蠻藤剪為杖。」方花織淺深。坤。香兼沉水木，《南方草木狀》：「沉香、雞骨香出於一樹也。木心與節堅黑沉水者為沉香，與水面平者為雞骨香。」涼勝鬥寒金。彝尊。　見《鴛鴦湖櫂歌》。只合青奴配，《黃庭堅集·趙子充示竹夫人詩，予以為憩臂休膝，似非夫人之職。而冬夏青青，又竹之所長。予為更名青奴，並以小詩紀之也》。〔註1〕何曾白汗侵。坤。　見上《苦熱》。一函容茉莉，《本草綱目》：「茉莉，原出波斯，移植南海。今滇廣人栽蒔之。初夏開小白花，秋盡乃止。花皆夜開，芬香可愛。」短髮不須簪。彝尊。

竹簟

六尺蘄春簟，《世說新語》：「王恭從會稽還，王大看之，見其坐六尺簟，因語恭：『可以一領及我。』恭即舉所坐者送之。」《一統志》：「黃州府蘄州，西漢為江夏蘄春縣，出蘄竹，以色瑩者為簟。」繩牀臥最便。彝尊。　見前《春日》。紋同曲

〔註1〕原題作《趙子充示竹夫人詩蓋涼寢竹器憩臂休膝似非夫人之職予為名曰青奴並以小詩取之二首》。

—289—

塵水，白居易詩：「春水曲塵波。」滑比研光箋。坤。　見前《題汪檢討乘風破浪圖》。攤飲宜三伏，《娛書堂詩話》：「東坡謂晨飯〔註2〕為澆書，李黃門謂午睡為攤飯。陸務觀詩：『澆書滿挹浮蛆甕，攤飯橫眠夢蝶床。』」「三伏」，見前《九言》。看棊判一年。彝尊。杜甫詩：「青〔註3〕簟疏簾看弈棋。」又，「相留可判年。」按：「判」字本去聲，亦讀平聲，音義與「拚」通。杜詩「拚」字都作「判」。此詩「可判年」，猶云可拚卻一年耳。又孫勔《唐韻》，「判」字收入二十三阮。《玉篇》：「拚一音伴。」則「拚」字正可從仄聲叶。物微休棄置，歸載潞沙船。坤。

風燈

暑愛當風坐，移燈趁晚涼。坤。紗繃扶寸闊，見前《竹爐聯句》。燭減一分長。彝尊。紫鳳垂垂結，《南史·王僧虔傳》：「僧綽採蠟燭珠為鳳凰。」飛蛾面面障。坤。何遜詩：「飛蛾拂夜火。」更宜單舸去，耶律楚材詩：「兩岸清風單舸穩。」留照露荷香。彝尊。

響竹

巧劃千絲竹，仍留一尺筒。彝尊。勁捎梭拂畔，見上《苦熱》。密置筍廚中。坤。《唐輦下歲時記》：「四月十五日，自堂廚至百司廚，通謂之櫻筍廚。」搖翅潛形速，《爾雅》：「蠅，醜扇。」《疏》：「青蠅之類好搖翅自扇。」先聲逐隊空。彝尊。莫因餘點墨，觸損畫屏風。坤。《白帖》：「曹不興誤點屏風成蠅，孫權謂是真蠅，以手彈之。」王維詩：「屏風誤點惑孫郎。」

冷布

秋月漚池罷，《詩》：「東門之池，可以漚麻。」炎風入市初。坤。暗怱塵繭換，蘇易簡《紙譜》：「吳人以繭為紙。」方格畫屏餘。彝尊。賤豈妍娥織，陳造詩：「會看妍娥前，妬婦付絕倒。」涼宜倦客居。坤。應逢麻紙笑，三葛更麁疏。彝尊。《古樂府》：「君行負憐事，那得厚相於。麻紙語三葛，我薄汝麁疏。」

油紙扇

本自錢唐製，猶存蜀府名。彝尊。　錢塘油帋扇，一名蜀府扇。雖殊白羽

〔註2〕「飯」當作「飲」。按：陸游《劍南詩稿》卷二十四《又》：「澆書滿挹浮蛆甕，攤飯橫眠夢蝶床。莫笑山翁見機晚，也勝朝市一生忙。」自注：「東坡先生謂晨飲為澆書，李黃門謂午睡為攤飯。」
〔註3〕「青」，《七月一日題終明府水樓二首》其二作「清」。

潔，《語林》：「諸葛武侯與晉宣帝戰於渭濱，著葛巾，捉白羽扇，指揮三軍。」**卻比素紈輕**。坤。班婕妤詩：「新裂齊紈素，皎潔如霜雪。裁為合歡扇，團團似明月。」**蓬勃塵難污**，「蓬勃」，見前《捉人行》。《世說新語》：「庾公權重，足傾王公。庾在石頭，王在冶城，坐大風揚塵，王以扇拂塵，曰：『元規塵污人。』」**清涼風易生**。彝尊。**翻嗤王內史，題字費真行**。坤。　見前《送毛檢討》。

瓦飲壺

　　舊制惟煎錫，新來器上陶。坤。《周禮》：「有虞氏上陶。」**最愁芳草歇**，謝靈運詩：「芳草亦未歇。」**頻課短僮操**。彝尊。杜甫詩：「課奴殺青竹。」李咸用詩：「短僮供捧杖。」**病葉分疏雨**，杜甫詩：「病葉先秋墮。」孟浩然詩：「疏雨滴梧桐。」**珍珠迸小槽**。坤。李賀詩：「小槽酒滴珍〔註4〕珠紅。」**連筒雖自苦**，杜甫詩：「連筒灌小園。」**不比漢陰勞**。彝尊。　見前《別杜濬》。

涼篷

　　平鋪一面席，高出四邊牆。查慎行。**雨似撐船聽，風疑露頂涼**。坤。**片陰停卓午**，李白詩：「頭戴笠子日卓午。」**仄景入斜陽**。彝尊。**忽憶臨溪宅，松毛透屋香**。慎行。陶弘景《名醫別錄》：「松葉別名松毛。」

竹簾

　　吳船初解縛，燕市喜重編。彝尊。**一線條條直，雙釘戶戶懸**。慎行。李商隱詩：「簾釘鏤白犀。」**鉤時教燕去**，魏澹詩：「出簾飛小燕。」**疏處恐蠅穿**。坤。**布幔旋催換，秋風又一年**。彝尊。

郎中弟儼歸自云居寺留飲春草堂漫賦〔註5〕 《畿輔通志》：「雲居寺在房山縣小西天石經山下。」

　　笨車纔見返僧坊，《詞林海錯》：「笨車，竹車也。顏延之嘗乘笨車徜徉自得。又東漢李膺與郭林宗共乘薄笨車，上大槐板，觀者數百人。」劉子翬詩：「卻寄僧坊宿。」**雜坐蠻藤六尺床**。張籍詩：「蠻藤剶為杖。」白居易詩：「六尺白藤床。」**恰喜市塵銷暮雨，盡捎風幔納新涼。吳醪乍至催開甕，津蟹初肥趂未糖。插架有書須更惜**，韓愈詩：「鄴侯家多書，插架三萬軸。」**笑人真似鼠唧薑**。

〔註4〕「珍」，李賀《將進酒》作「真」。
〔註5〕按：《曝書亭集》未收此書。

□□□〔註6〕《移居》詩：「襤襂自笑般篑鼠，堆積人嗤蟦蝛蟲。」注：「諺語鼠般篑，言其無用也。」褚人獲《堅瓠集》：「黃謙會試時，過書肆，有《菊坡叢語》四冊，持閱之。旁一人從黃借閱，黃視其貌寢甚，調之曰：『老鼠拖生薑。』譏其無用也。其人微笑，私問黃姓名。後與黃同第官刑部，會黃以貪緣事發，參送法司，其人坐黃受賄，削籍。過司日，大聲曰：『老鼠拖生薑。』黃始悟結怨之由。」〔註7〕

和韻送金檢討德嘉還黃州金字會公，黃州廣濟人。康熙壬戌會元。

謫居人海我未還，《抱朴子》：「許下，人物之海也。」蘇軾詩：「萬人如海一身藏。」張養浩詩：「雲山自笑頭將鶴，人海誰知我亦鷗。」君亦捐佩蛾眉班。見前《送梁孝廉》及《題汪贊善讀書秋樹根圖》。忽攜紅藤杖七尺，白居易詩：「南詔紅藤杖。」歸臥黃篾樓三間。皮日休詩：「黃篾樓中掛酒篘。」王禹偁《黃岡竹樓記》：「黃岡之地多竹，大者如椽。竹工破之，刳去其節，用代陶瓦。比屋皆然，以其價廉而工省也。」鯿肥筍香酒戶大，《襄陽耆舊傳》：「峴山下漢水中出鯿魚肥美，常禁人採捕，以槎斷水，謂之槎頭鯿。宋張敬兒為刺史，齊高帝求此魚，敬兒作轆轤船，置魚而獻，曰奉槎頭縮項鯿魚一千六百頭。」月明風熟漁舟閒。熊孺登詩：「水生風熟布帆新。」范成大詩：「月明風熟更重來。」有時橫江逐孤鶴，蘇軾《赤壁賦》：「適有孤鶴，橫江東來。」〔註8〕一聲長笛開心顏。趙嘏詩：「長笛一聲人倚樓。」李白詩：「使我不得開心顏。」

同諸君聖安寺餞曹檢討宜溥　曹字□□〔註9〕，湖廣黃岡籍，江西東鄉人。舉博學鴻詞，授檢討。張爵《五城坊巷衖衕集》：「白紙坊在新城廣寧門右安門西南角，五牌二十一鋪，有小聖安寺、大聖安寺。」周篔《析津日記》：「聖安寺金、元舊碑無一存者。向有金世宗、章宗、李宸妃像，今皆無之。殿前怪柏已盡，惟有兩楸樹

〔註6〕按：出錢謙益《移居八首》其二。
〔註7〕按：見褚人獲（1635～1682）《堅瓠餘集》卷二《老鼠拖薑》。實則早見顧起元（1565～1628）《客座贅語》卷六《鼠拖生薑》：
　　黃紫芝先生名謙，字扐之，舉成化壬辰科進士，授工部主事。初會試時，過書肆，有《菊坡叢話》四冊，持閱之。傍一人從公借閱，視其人貌寢甚，調之曰：「老鼠拖生薑。」譏其無用也。其人微笑，私從公從者問其姓名去，心深銜之，公初不知也。後與公同第官刑部，會公以鄉人上錢糧貪緣事發，參送過法司，其人當訊鞫，遂坐公受賕，削其籍。過司日，其人大聲曰：「老鼠拖生薑。」公始悟結怨之由也。
〔註8〕此係《後赤壁賦》。
〔註9〕楊謙《曝書亭集詩注》稱曹宜溥「子仁，號鳳岡」。

而已。其地名東湖柳村，匪獨湖湮，柳亦不見。蓋此寺圮而復修於正統十一年，易名普濟寺。內官營建欲侈己功，輒去故碣，既更新額，並毀舊碑，使考古者無足徵信，真可憾也。」

載酒入古寺，柳林東湖頭。將以送遠人，豈惟恣讌遊。精廬金源舊，《金史·地理志》〔註10〕：「上京路，即海古之地，金之舊土也，國言官營建欲侈己功，輒去故碣，既更新額，並毀舊碑，使考古者無足徵信，真可憾也。」〔註11〕

載酒入古寺，柳林東湖頭。將以送遠人，豈惟恣讌遊。精廬金源舊，《金史·地理志》：「上京路，即海古之地，金之舊土也，國言『金』曰『按出虎』，以按出虎水源於此。金源建國之號，蓋取諸此。」香乳塗白牛。《楞嚴經》：「若末世人願立道場，先取雪山大力白牛，食其山中肥膩香草。此牛惟飲雪山清水，其糞微細。可取其糞，和合栴檀，以泥其地。若非雪山，其牛臭穢，不堪塗地。又取白牛乳置十六器，乳為煎餅，並諸砂糖、油餅、乳糜、酥合、蜜、薑、純酥、純蜜，於蓮華外，各各十六，圍繞華外，以奉諸佛及大菩薩。」二帝一宸妃，遺像堂中留。更聞王萬石，辭榮返故丘。唐玄宗《送賀知章詩序》：「解組辭榮，志期入道。」傾城出祖餞，祖逖詩：「百壺開祖餞。」詳見前《送益都馮先生》。於此聚行輈。韓愈詩：「冰凍絕行輈。」《元史·王磐傳》：「磐字萬石〔註12〕。以年老，乞骸骨。行之日，公卿百官皆設宴以餞。明日，皇太子賜宴聖安寺，公卿百官出送麗澤門外，縉紳以為榮。」古來離別地，草木常先秋。火雷焚怪柏，陳敬宗《澹然居士集》：「聖安寺庭前有怪柏數枝。」〔註13〕霜葉鳴老楸。雖乏斷碣存，陳跡尚可求。曹子酒戶大〔註14〕，十榼飲不休。一朝忽言去，無以申綢繆。列席庭槐陰，日午風修修。韓愈詩：「涼風日修修。」窪匏截竹節，主客互勸酬。未知臨岐語，陰鏗詩：「臨岐憫聖情。」遠合古人不。坐久林鴉集，斜照忽已流。並馬歸道南，明發期登舟。《詩》：「明發不寐。」一帆掛楚澤，司馬相如《子虛賦》：「楚有七澤。」百尺臥竹樓。《魏志·陳登傳》：「許氾曰：『昔見元龍，元龍自上大床臥，使客臥下床。』劉備曰：『君求田問舍，言無可採。如小人，欲臥百尺樓上，臥君於地，何但上下床之間邪？』」「竹樓」，見上篇。川塗日以邈，何以寫

〔註10〕卷二十四《地理志上》，作「地史志」誤。
〔註11〕《欽定日下舊聞考》卷六十。
〔註12〕「字萬石」，《元史》卷一百六十《王磐傳》作「字文炳」。
〔註13〕按：《欽定日下舊聞考》卷六十、《欽定古今圖書集成·方輿彙編·職方典卷四十五》、《御定佩文韻府》卷六十三之十一：「聖安寺庭前有怪柏數株。」
〔註14〕「戶大」，《曝書亭集》作「大戶」。

我愁。夢為黃衣蝶，飛繞崢嶸洲。張謂詩：「崢嶸洲上飛黃蝶。」《一統志》：「崢嶸洲在黃岡縣，半屬武昌。」

九月八日天寧寺觀塔燈聯句

劉侗《帝京景物略》：「京師天寧寺塔建於隋開皇末，規制特異，實其中，無階級可上，蓋專以安佛舍利，非登覽之地也。其址為方臺，廣袤各十二丈，高可六尺，繚以周垣，南北有門鐍之。臺上為八觚壇，高可四尺，象如黃琮。塔建其上，觚如壇之數。塔之址略如佛座，雕刻錦文、華葩、鬼物之形。上為扶闌，闌四周架鐵燈三層，凡三百六十盞，每月八日注油然之。闌之內起八柱，纏以交龍，牆連於柱。四正琢為門，夾立天王像。四隅琢為牖，夾立菩薩像。皆陶瓦為之，仰望者疑為燕山奪玉石也。自塔址至柱楣為第一層，其高約全塔三分之一。自是以上，飛簷疊栱，又十二層。每椽之首綴一鈴，八觚交角之處又綴一大鈴，通計大小鈴凡三千四百有奇。風作時，鈴聲鳴，若編鍾編磬之相和也。最上一層其南有碑，不知何年所立。修塔時寺僧有拓本，索之不可得也。」〔註15〕《一統志》：「天寧寺在順天府西。」

秋風鳴枯槐，斜日薄西崦。徐善。《山海經》：「鳥鼠同穴，西南曰崦嵫。下有虞泉，日所入處。」並馬入寺門，客衣冒稀薟。朱茂暉。《本草》：「豨薟春生苗，葉似芥葉而狹，長文粗莖，高二三尺，秋初有花如菊。」於焉展嘉覿，杜甫詩：「逍遙展良覿。」一笑輟鉛槧。高佑釲。《西京雜記》：「揚子雲好事，常懷鉛提槧，從諸計吏，訪殊方絕域四方之語，以為裨補。輶軒所載，亦洪意也。」巡廊禮紺塔，卓立大且儼。彝尊。《詩》：「碩大且儼。」陳丹和暗粉，古色剩渲染。魏坤。　見前《竹爐聯句》。蹟仍開皇舊，函並舍利埯。查慎行。《帝京景物略》：「釋家舍利珠八斛四斗，其三之一住人間也。阿育王置塔八萬四千，東震旦得塔十九，其粒不可得計也。康僧會懇佛七日，得七。曇榮懇之，自三粒至三百粒。隋文帝遇阿羅漢，授舍利一，裹與法師曇遷數之，數多數少莫能定，乃七寶函致雍岐等三十州，州各一塔，天寧寺塔其一也。」《涅槃經》：「佛般涅槃，荼毘既訖，一切四眾收取舍利，置七寶瓶，當於拘尸那城四衢道中起七寶塔。」註：「舍利，身骨也，焚後五色如珠，光瑩堅固。」《正韻》：「埯，土覆物也。音揜。」一十三重簷，簷簷風鐸颭。善。《帝京景物略》：「天寧寺塔高十三尋，四周綴鐸萬計。風定風作，音無斷時。」宋之問詩：「風鐸喧行漏。」蟠楹蛟躨跜，見前《東甌王廟》。負礎鬼痀貶。茂暉。飛梯截階級，白石奪琬琰。佑釲。司馬相如《上林賦》：「晁采琬琰，和氏

〔註15〕按：引文見《欽定日下舊聞考》卷九十一，注出「《泠然志》」。又見《欽定古
今圖書集成・方輿彙編・職方典卷四十六》，稱「《燠志》」。

—294—

出焉。」《注》：「琬琰，美玉名。」**鎔金范為燈**，《禮記》：「范金合土。」《注》：「范字當從竹。笵金為刑範，以鑄金器也。」《通俗文》：「規模曰笵，以土曰型，以金曰鎔，以木曰模，以竹曰笵。」**設砌架成廠**。彝尊。　見前《雪牖》。**累累仄蜂房，歷歷覆蟹厴**〔註16〕。坤。　《廣韻》：「厴，蟹腹下厴。」《字彙》：「厴，心甲。音黶。」**怖鴿棲未安**，孟浩然詩：「禪枝怖鴿棲。」**一夫突走險**。慎行。**綆缶牽膏油**，《左傳》：「陳畚挶，具綆缶。」韓愈《進學解》：「焚膏油以繼晷。」**豆火發星燄**。善。庾肩吾詩：「豆火欲燃薪。」《宋史》：「樂歌：青社分封，前星啟燄。」**初如螢尾炫，忽若獸目睒**。茂暡。郭璞《江賦》：「獱獺睒瞲乎廏空。」《說文》：「睒，暫視貌。音閃。」**或如爐枕**險平聲。**炭**，《玉篇》：「枕，鏊屬。」陸游詩：「紙閣磚爐火一枕。」**或如灶炊栝**。佑鉽。《說文》：「栝，炊竈木也。」**須臾環扶闌，散作四百點**。彝尊。按：燈凡三百六十盞。「四百點」，舉成數也。**虛堂鑒纖毫，老樹失掩冉**。坤。鮑照詩：「君不見蕣華不終朝。須臾奄冉零落銷。」蘇軾詩：「露濕醉巾香奄冉。」**氛煙看直上，樓閣時一閃**。慎行。**置身圓鏡中**，《首楞嚴經》：「立大圓鏡，空如來藏。」**交光不可掩**。善。**鼓鍾聲遠聞，來者紛禳**如羊切。**禰**。茂暡。《說文》：「禳，磔禳祀，除癘殃也。」《集韻》：「禰，禳也。音婸。」**提攜及童嬰**，紫微夫人詩：「萬椿愈童嬰。」**羅拜雜寺閹**。佑鉽。蘇軾詩：「農夫羅拜鴉飛起。」《詩》：「寺人之令。」《周禮》：「寺人掌王之內人。」《注》：「寺之言侍，取親近侍御之義。」《漢書‧敘傳》：「閹尹之呰。」《注》：「謂宮人為閹者，謂其精氣奄閉不洩也。一曰主奄閉門者。」**營營各有挾**，《莊子》：「無思慮營營。」**邀福毋乃諂**。彝尊。**禮義苟不愆**，《左傳》：「《詩》云：『禮義之不愆，何恤於人言。』」**寸心又何慊**。坤。**玩物隨所遭，誰能束崖檢**。慎行。《宋書‧朱齡石傳》：「少好武事，頗輕佻，不事崖檢。」韓愈詩：「落魄少崖檢。」**宵分梵放歇**，杜甫詩：「梵放時出寺。」**漏轉人散漸**。善。**茗盌坐屢遷**，韓愈詩：「茗盌纖纖捧。」**松關啟還扂**。茂暡。許渾詩：「欲乘春月訪松關。」韓愈《進學解》：「椳闑扂楔。」《集韻》：「扂，戶牡也。音簟。」**衰年疲倚徙，禪榻擁衾簟**。佑鉽。杜牧詩：「今日鬢絲禪榻畔。」李中詩：「漸添衾簟爽。」**弦月隨側輪**，見前《雪牖》。**濕雲俄渰**音閃。**渰**。彝尊。崔櫓詩：「濕雲如夢雨如塵。」　「渰渰」，見前《雪》。**驟驚山雨來，昏夢豁囈魘**。坤。《玉篇》：「囈，睡語。」《說文》：「魘，夢驚也。」**晨興矚林端，餘燼尚未斂**。慎行。　高字念祖，秀水人。餘已見前。

〔註16〕「厴」，《曝書亭集》作「厴」。

九日雨阻天寧寺聯句

仁王塔，祇樹林，李廻秀詩：「沙界仁王塔。」《金剛經》：「祇樹給孤獨園。」
注：「須達長者施園祇陀太子，施樹為佛說法之處，故後人名曰祇園，亦曰給孤園。」
李頎詩：「開山幽居祇樹林。」客九日，期登臨。彝尊。風蕭蕭，雨淫淫。《古
詩》：「其雨淫淫，河大水深，日出當心。」泥滑滑，杜甫詩：「兩腳泥滑滑。」愁人
心。慎行。馬毛縮，鮑照詩：「馬毛縮如蝟。」劉長卿詩：「風寒馬毛縮。」魚潦深。
行躑躅，坐沉吟。坤。《古詩》：「沉吟聊躑躅。」日月逝，衰遲侵。去者昔，
來者今。善。別苦易，曹植詩：「別易會難，當各盡觴〔註17〕。」思難任，曹植
詩：「離思故難任。」尊有酒，且酌斟。佑釪。陶潛詩：「有酒斟酌之。」程嘉燧
詩：「脫衣貰酒君斟酌。」脫我帽，李白詩：「脫我帽，向君笑。」披我襟。宋玉《風
賦》：「王乃披襟而當之。」折黃花，試共簪。茂晭。杜牧《九日》詩「菊花須插滿
頭歸。」

給事弟雲宅席上觀倒剌四首

雪後風燈餤餤寒，雲韶舊部走伶官。《宋史·樂志》：「雲韶部者，黃門樂
也。開、寶中平嶺表，擇廣州內臣聰警者，得八十人，令於教坊習樂藝，賜名簫韶部。
雍熙初，改曰雲韶。」《〈詩·簡兮〉序》：「仕于伶官。」《注》：「伶氏世掌樂官，故後
世號樂官為伶官。」一雙手技從容入，勝舞銀貂小契丹。《澉水亭雜識》：「遼
曲宴宋使，酒一行，觱篥起歌。酒三行，手技入。酒四行，琵琶獨彈，然後食入。雜
劇進，繼以吹笙、彈箏、歌擊、架樂、角觝。王介甫詩云：『涿州沙上飲盤桓，
看舞春風小契丹』，蓋紀其事也。至范致能北使，有《鷓鴣天》詞，亦云：『休舞銀貂小契丹，
滿堂賓客盡關山』，則金源〔註18〕宴賓，或襲為故事，未可定耳。」

洞庭橘酒注雙餅，老去繁絃不厭聽。為語參軍休打鵲，《五代史·吳世
家》：「徐氏之專政也，隆演幼懦，不能自持，而知訓尤凌侮之。常〔註19〕飲酒樓上，
命優人高貴卿侍酒，知訓為參軍，隆演鶉衣髽髻為蒼鶻。知訓常〔註20〕使酒罵坐，語
侵隆演。」《輟耕錄》：「唐有傳奇，宋有戲曲、唱諢、詞說，金有院本、雜劇、諸公調。
院本，雜劇，其實一也。國朝院本、雜劇始釐而二之。院本則五人：一曰副淨，古謂

〔註17〕 「當各盡觴」，曹植《當來日大難》作「各盡杯觴」。
〔註18〕 「源」，《欽定日下舊聞考》卷一百五十九作「元」。
〔註19〕 「常」，《新五代史》卷六十一作「嘗」。
〔註20〕 「常」，《新五代史》卷六十一作「嘗」。

之參軍；一曰副末，古謂之蒼鶻。鶻能擊禽鳥，末可打副淨，故云。」《延州筆記》：「五代徐知訓狎侮吳王，無復君臣之禮。嘗與王為優，自為參軍，使王為蒼鶻。予嘗讀此，不得其說。及觀陶九成《輟耕錄》，曰：『副淨為參軍，副末為蒼鶻。』以副末能擊副淨也，知訓與王作優相戲擊，故舊史載之，以著其下陵上替之甚耳。」**衝筵喚出李青青。**皮日休詩：「取次衝筵隱姓名。」《樂府雜錄》：「箏者，蒙恬所造。元和至太和中，李青青及龍佐。大中以來，有常述本，亦妙手也。」

杯柈暢舞踏紅綃，《晉書·樂志》：「杯柈舞。按：太康中，天下為晉世寧舞，矜手以接杯柈，反覆之。此則漢世惟有柈舞，而晉加之以杯也。」《齊拂舞歌》：「暢飛暢舞氣流芳。」皇甫松詩：「漢女踏紅綃。」按：今弄盌戲即古杯柈舞之遺法也。**高下冰瓷燭一條。**陳師道詩：「價重十冰瓷〔註21〕。」**不是羊家張靜婉，如何貼地轉纖腰。**《南史·羊侃傳》：「姬妾列侍，窮極奢靡。有舞人張淨婉，腰圍一尺六寸，時人咸推能掌上舞。又有孫荊玉能反腰貼地，銜得席上玉簪。」按：《世說新語》「淨婉」作「靜婉」。張衡《思玄賦》：「舒沙婧之纖腰。」

琵琶鐵撥自西涼，《酉陽雜俎》：「古琵琶，用鵾雞筋作弦，石為槽，鐵撥彈。」**十四箏絃三足牀。**顧瑛詩：「錦箏彈盡鴛鴦曲，都在秋風十四絃。」歐陽修《見楊直講侍女彈琵琶》詩：「嬌兒兩幅青布裙，三腳木床坐調曲。」**街鼓鼕鼕催不去，更翻一曲玉娥郎。**見前《同劉侍郎入大房山》。

查上舍慎行弟將南還過寓舍話別同魏二坤小飲賦六言

江郎南浦欲別，江淹《別賦》：「送君南浦，傷如之何！」**小謝西陵未來。**自注：「謂嗣瑮弟也。」鍾嶸《詩品》：「小謝才思富捷，秋懷擣衣之作，雖靈運銳思，何以加焉！」**細草巴溝乍綠，**順天府西北海淀有巴溝。**堅冰潞水寧開。骰翻李郜新格，**《唐書·藝文志》：「李郜《骰子選格》三卷。」**酒瀉烏巾舊醅。**見前《送王贊善》。杜甫詩：「樽酒家貧只舊醅。」**款語且留十日，**王建詩：「卿使到來常款語。」**看花同上豐臺。**先生《日下舊聞》：「金時郊臺在南城外。豐宜門者，金之南門也。豐臺疑即拜郊臺，因門曰豐宜，故目為豐臺云耳。」孫承澤《春明夢餘錄》：「今右安門外西南，泉源湧出，為草橋河，接連豐臺，為京師養花之所。」王士禛〔註22〕《香祖筆記》：「京師蒔花者，以豐臺芍藥為最。」

〔註21〕「瓷」，陳師道《次韻蘇公獨酌試藥玉滑盞》作「磁」。
〔註22〕「禛」，底本作「正」。

積雨寄賀秀才

堂坳階面蔟青莎，《莊子》：「覆杯水於坳堂之上。」庾信《小園賦》：「水有堂坳。」杜甫詩：「階面青苔先自生。」《楚辭》：「青莎雜樹兮，薠草靃靡。」《注》：「莎草根名香附子。」**鳩婦呼來又出窠。**按：俗謂鳩聲天陰逐婦，曰出子窠，晴則呼曰入子窠，故先生拈用之。**說與江南賀梅子，**《中吳紀聞》：「賀鑄有小築在姑蘇盤門內十餘里，地名橫塘，往來其間，作《青玉案》詞，云：『凌波不過橫塘路，但目送，芳塵去。錦瑟華年誰與度？月臺花榭，瑣牕朱戶，惟有春知處。碧雲冉冉蘅皋暮，彩筆新題斷腸句。試問閒愁都幾許？一川煙草，滿城風絮，梅子黃時雨。』後山谷有詩云：『解道江南斷腸句，只今惟有賀方回。』」周少隱云：「方回有『梅子黃時雨』之句，人皆謂之賀梅子。方回寡髮，郭功父指其髻曰：『此真賀梅子也。』」**今年暑雨者邊多。**蜀王衍《醉粧詞》：「者邊走，那邊走，只是尋花柳。那邊走，者邊走，莫厭金杯酒。」

牽牛花十二韻《群芳譜》：「牽牛生苗，作藤蔓，繞籬牆，高者二三丈，葉青花碧。」

小草無心蔓，疎籬到處延。梅堯臣《牽牛花》：「花蔓相連延。」**涼分銀漢水，**《白帖》：「天河謂之銀漢。」**曉映碧羅天。**劉禹錫詩：「游絲撩亂碧羅天。」楊萬里《牽牛花》詩：「素羅笠頂碧羅簷。」**絆地三秋早，含苞七夕先。**《唐本草》：「牽牛三月生苗，七月開花，八月結實。」**風吹長嫋嫋，露洗更娟娟。冷翠蕉林外，**歐陽炯詞：「笑指芭蕉林裏住。」**新黃豆葉邊。日高翻自斂，**《本草衍義》：「牽牛花，日出開，日西萎。」**夜久愈生妍。月影銷衣後，蟲聲攪夢前。捎溝香驛路，墮雨滴罾船。**陸游詩：「臨溪旋喚罾船渡。」**螢火黏常濕，蛛絲密易緣。子多拋藥臼，根不費花錢。舊入桐君錄，**見前《食采玉山藥》。**宜篸**同簪。**織女鈿。憑誰描竹尾，**《宣和畫譜》：「滕昌祐《竹枝牽牛圖》一。」先生父茂曙《牽牛花》詩：「金飆初動露華滋，最愛娟娟竹尾垂。」**幽思轉翛然。**《莊子》：「能翛然乎？能侗然乎？」《注》：「翛然，無所累也。」陸游詩：「拔宅翛然上碧虛。」

題汪祭酒霦詩卷〔註 23〕

金馬紛紛著作家，緇塵日日走箯音鞭。**車。**見前《庾嶺》及《七月晦日》。《初學記》：「秘書郎與著作郎自置以來，多起家之選。在中朝，或以才授。歷江左，多仕貴遊，而梁世尤甚。當時諺曰：『上車不落為著作，體中何如則秘書。』言其不用

〔註 23〕按：《曝書亭集》原題有「三首」。

才也。」誰如國子先生暇，韓愈《進學解》：「國子先生晨入太學。」吟到棠梨日影斜。《金臺集》：「國子監侯日影到堂後梨樹散學。」虞集詩：「坐後棠梨過夕暉。」注：「成均堂東有棠梨樹，日影至則師生散。」

　　庭闈眷戀賦歸難，束晳《補亡詩》：「循彼南陔，言采其蘭。眷戀庭闈，心不遑安。」　張衡有《歸田賦》。酒伴相逢強自寬。杜甫詩：「走覓南鄰愛酒伴。」又：「老去悲秋強自寬。」只合宅西添小閣，秋山且當故園看。自注：「祭酒詩卷中有『記得年時重九日，全家登閣看秋山』之句。」

題周編修金然雲松雪瀑圖自注：「編修與予有結鄰洞庭山之約。」　周，上海人。康熙壬戌進士。

　　越縑八尺誰所畫，無名氏詩：「凝冰笑越縑。」雪瀑亂灑長松梢。中有科頭人，王維詩：「科頭箕踞長松下。」蔣一葵《箋釋》：「科頭謂不冠也。魏管寧云：『吾嘗一朝科頭，三日晏起。』」獨坐磐石坳。注目一疋練，舀遙聲。泉一勺匏。音袍。《說文》：「舀，抒臼也。」挹彼注此謂之舀。《廣韻》：「匏瓠可為飲器。」斯人豈宜在巖壑，或者避俗憎喧譊。音鐃。杜甫詩：「喧卑方避俗。」劉子翬詩：「宜知喧譊中，有此一快無。」我生山水性夙嗜，十年誤把田園拋。溫庭筠詩：「未展干時策，徒拋負郭田。」移家欲果洞庭約，擬先縛屋三重茅。朱子詩：「縛屋臨溪灣。」杜甫詩：「捲我茅屋三重茅。」毛公壇高踏月上，范成大《吳郡志》：「毛公壇福地在洞庭山，劉根得道處。根既仙，身生綠毛，故名毛公。」王世貞《洞庭山記》：「包山寺里許毛公壇，其所鍊丹處也。」靈威洞古探書鈔。《靈寶要略》：「吳王闔閭遊包山，見一人自言姓山名隱居，入洞庭，取素書一卷，文不可識。令人齎之問孔子。孔子曰：『聞童謠曰：吳王出遊觀震澤〔註 24〕湖，龍威丈人山隱居。北上包山入靈墟，乃入洞庭竊禹書。君王所得，毋乃是乎？』」按：唐陸廣微《吳地記》「龍威」作「靈威」。又云：「丈人姓毛名萇，號曰毛公。」今洞庭有毛公宅、石室並壇存焉。是毛公即靈威丈人，非劉根也。范《志》當別有所據耳。楊梅滿村鶴頂賤。陸游詩：「壓擔稜梅鶴頂殷。」橘柚落樹筠籠包。陸游詩：「筠籠露濕手親開。」茲山從無蛇虎雉，《吳郡志》：「晉琅琊王彪二女，姊聖姑，妹素姑，著木屐涉水而行，折蘆而坐，邑人神之。沒後，立祠練瀆之西。有雉

〔註24〕按：「澤」字衍。孫轂《古微書》卷三十二、卷三十五、陳耀文《天中記》卷七、《欽定古今圖書集成·博物彙編·神異典卷二百六十三》、《御定駢字類編》卷四、《御定佩文韻府》卷十二之一均無「澤」，亦無「君王所得，毋乃是乎」。

塘，聖姑常省其兄於此，為雉所驚，因而禁絕，自是西洞庭遂無雉。古稱洞庭無三班，蛇、虎、雉也。」**但有魚蟹蝦登庖。雨前茶牙舌比雀**，見前《送曹郡丞》。《夢溪筆談》：「茶芽，古人謂之雀舌、麥顆，言其至嫩也。」**籬下竹筍頭如貓。**《桂海虞衡志》：「貓頭竹質性類筋竹。」陸游詩：「貓頭突兀想穿籬。」范成大詩：「貓頭髡筍尖，雀舌剝茶粒。」**閒房恣意任選擇，樂土不用分肥磽。先生方充記言史，**《禮記》：「動則左史書之，言則右史書之。」《唐書·于志寧傳》：「左有記言之史，右有記事之官。」王士禛〔註25〕《池北偶談》：「起居注即古左右史之分職，至明而合為一，今仍之耳。」**朵殿直入穿雲斿。**張衡《西京賦》：「棲鳴鳶，曳雲斿。」《注》：「雲斿謂旌旗之旒，飛如雲也。」**曰歸正恐歸未得，磨錢枉費占羲爻。**《物原》：「伏羲始造龜卜，京房始以錢卜。」賈公彥《儀禮注》：「以三少為重錢，重錢，九也；三多為交錢，交錢，六也；兩多一少為單錢，單錢，七也；兩少一多為拆錢，拆錢，八也。」陸游詩：「不用磨錢卜〔註26〕卦爻。」**耕田定須沮溺耦，開徑可少求羊交。**見前《沈上舍南還》。**終當乞取鑑湖曲**，《浙江通志》：「鏡湖在紹興府城南三里，亦名鑑湖。」《唐書·隱逸傳》：「賀知章天寶初病，夢遊帝居，數日寤，乃請為道士，還鄉里。詔許之，以宅為千秋館而居。又求周宮湖數頃為放生池，有詔賜鏡湖剡川一曲。」蘇軾詩：「欲問君王乞鏡湖。」〔註27〕**庶免怨鶴驚猿嘲。**見前《竹爐聯句》。

為魏上舍題水村第二圖二首先生《鄉貢進士魏君墓誌》：「君諱坤，字禹平，別字水村，世居嘉興之魏塘，今之嘉善縣也。」又，《水村琴趣序》：「水村者，孝廉之居，因以為字。元趙子昂常〔註28〕為錢處士以水墨寫為圖者也。」王士禛〔註29〕《居易錄》：「門人魏坤持水村圖求題，予為作四絕句。朱竹垞詩云：『綠蘋不礙板橋椿，紅葉空〔註30〕堆老樹腔。他日相過任風雨，抽帆直到讀書窗。』又跋云：『通川錢德鈞居魏塘，趙承旨為作水村圖。予嘗見其真蹟，信墨寶也。禹平以水村為〔註31〕號。吳江徐虹亭檢討亦為作水村圖，予題之云：鷗波亭子趙王孫，曾為錢郎畫水邨。

〔註25〕「禛」，底本作「正」。
〔註26〕「卜」，陸游《初歸雜詠七首》其二作「擲」。
〔註27〕按：此處牽混蘇詩。《金門寺中見李西臺與二錢唱和西絕句戲用其韻跋之》其二：「欲問君王乞符竹，但憂無蟹有監州。」《次韻子由使契丹至涿州見寄四首》其三：「那知老病渾無用，欲向君王乞鏡湖。」
〔註28〕「常」，《曝書亭集》卷四十《水村琴趣序》作「嘗」。
〔註29〕「禛」，底本作「正」。
〔註30〕「空」，《居易錄》作「長」。
〔註31〕「為」，《居易錄》作「自」。

過眼雲煙難再見〔註32〕，披圖彷彿筆蹤存；斜插魚標颺酒旗，柳陰小犬吠笆籬。歸田最是分〔註33〕湖好，我亦相期作釣師。』既而禹平復至京師，屬李南溟上舍又作此卷。』按：德鈞當日亦有二圖，承旨作之於前，薊丘李息齋為之於後，何古今人事之相類也。」〔註34〕

　　江鄉最好是分湖，先生《題趙子昂水村圖》：「水村即今之分湖，明宣德中，析嘉興一府為縣七，遂隸嘉善。」詳見《鴛鴦湖櫂歌》。**紫蟹紅蝦雪色鱸**。羅隱詩：「盈盤紫蟹千巵酒。」許渾詩：「紅蝦青鯽紫芹脆。」《大業拾遺記》：「吳郡鱸魚白如雪。」**眯眼塵沙歸未得**，《莊子》：「簸糠眯目。」**倩人重寫水村圖**。

　　綠蘋不礙板橋椿，紅葉空堆老樹腔。陸游詩：「樹經野火有空腔。」**異日相過任風雨，抽帆直到讀書牕**。李賀詩：「抽帆歸來一日功。」

送吳御史震方還里二首吳字青壇，石門人。康熙丙辰進士。

　　去年兮上書，拜手兮青蒲。《漢書·史丹傳》：「丹以親密臣得侍視疾，候上間獨寢，時丹直入臥內，頓首伏青蒲上。」《注》：「以青規地曰青蒲。自非皇后不得至此。」白居易詩：「議高通白虎，諫切伏青蒲。」**今春兮未暮，乘白駒兮下通潞**。《詩》：「皎皎白駒，食我場苗。縶之維之，以永今朝。」「通潞」，見前《讀葉司城嵩遊草》。**酌酒兮臨風，攬子袪兮城東**。宋玉《登徒子好色賦》：「遵大路兮攬子袪。」**申之兮款曲**，謝靈運詩：「款曲洲渚言。」**客無為兮匆匆。泛湢河兮千里，不如子之車兮莫或敢柅**。《易》：「繫於金柅。」**望江關兮兩旗**，韓愈《柳州羅池廟碑》：「侯之船兮兩旗。」**不如子之馬兮莫或敢維。囊無一物兮旋故土**，杜甫詩：「囊無一物獻尊親。」**將津吏兮無怒**。李白詩：「橫江館前津吏迎。」《詩》：「將子無怒。」

　　瞻衡宇兮欣欣，陶潛《歸去來辭》：「乃瞻衡宇，載欣載奔。」**數鄉樹兮歷歷**。李昌符詩：「忽驚鄉樹出，漸識路人多。」**慰慈母兮倚閭**，見卷一《送屠爌》。《戰國策》：「王孫賈事齊湣王。其母曰：『汝朝去而晚來，則吾倚門而望；汝暮出而不還，則吾倚閭而望。』」**御輕軒兮布席**。潘岳《閑居賦》：「太夫人乃御板輿，升輕軒，遠覽王畿，近周家園。」**妾埽蠶兮臂筐**，梅堯臣詩：「三月將掃蠶，蠶妾具其器。」**童呼牛兮腰笛**。於濆詩：「牧童披短蓑，腰笛期煙渚。」**麥秋兮梅暑煙**，《禮記》：「孟夏之月，麥秋至。」盧從願詩：「槐路清梅暑。」詳見《鴛鴦湖櫂歌》。

〔註32〕「見」，《居易錄》作「睹」。

〔註33〕「分」，《居易錄》作「汾」。

〔註34〕卷九。

煙舟兮雨屐。鄭谷詩：「煙舟撐晚浦，雨屐剪春蔬。」**罷遠遊兮屈平**，屈平有《遠遊》篇。**師近遊兮束皙**。束皙有《近遊賦》。**逝將歸兮由拳**，見前《喜羅浮屈五過訪》。**樂與子兮晨夕**。陶潛詩：「樂與數晨夕。」

送蔡中允假還省親蔡名升元，字方麓，德清人。康熙壬戌狀元。禮部尚書。

記聽句臚已十年，朱仲芸注：「《漢書‧叔孫通傳》：『大行設九賓臚句傳。』韋昭注：『大行掌賓客之禮，今之鴻臚也。』蘇林注：『上傳語告下為臚，下告上為句。』」先生曾祖國祚詩：「往事句臚成夢寐。」按：《廣韻》「句」字有平仄二音。**詞頭草罷擘宮箋**。白居易詩：「病對詞頭慚綵筆。」蘇軾詩：「詞頭夜下攬衣忙。」《北夢瑣言》：「羅紹威擘箋起草，下筆成文。」韓偓詩：「宮司持玉硯，書省擘香箋。」**不知才子循陔後**，束皙《補亡詩》：「循彼南陔，言采其蘭。眷戀庭幃，心不遑安。」《序》云：「《南陔》，孝子相戒以養也。」**鎖院何人下水船**。《文獻通考》：「故事，以雙日鎖院，隻日降麻。」高啟詩：「捧函當殿曉進史，秉燭鎖院宵書麻。」《摭言》：「裴廷裕乾寧中在內廷，文書敏捷，號為下水船。梁祖受禪時，姚洎為學士，嘗從容問及廷裕，曰：『頗知其人思敏。』洎曰：『向在翰林，號下水船。』梁祖曰：『卿便是上水船也。』洎微笑，深有慚色。議者以洎為急灘頭上水船。」

寄題新城王上舍啟深園居二首〔註35〕按：啟深，士禛之子。

石丈《石林燕語》：「米芾知無為軍，見立石頗奇，喜曰：『此足以當吾拜。』命取袍笏拜之，每呼曰石丈。」

種橘號作奴，《襄陽記》：「李衡於武陵、龍陽、氾州上作宅，種甘橘千株。臨死，敕兒曰：『汝母惡吾治家，故窮如是。然吾州里有千頭木奴，不責汝衣食，歲上一匹絹，亦可足用耳。』吳末，衡甘橘成，歲得絹數千匹，家道殷足。」**種花呼作后**。《群芳譜》：「魏紫出魏相仁溥之家，姚黃出民姚氏家。錢思公嘗曰：『今謂牡丹為花王，姚花真可為王，魏乃后耳。』」**山礬以為兄**，《正字通》：「山礬花，俗名椗花，花白而香。」黃庭堅《水仙花》詩：「礬是弟，梅是兄。」**海棠以為友**。都卬《三餘贅筆》：「宋曾端伯以十花為十友，各為之詞。荼蘼，韻友。茉莉，雅友。瑞香，殊友。荷花，浮〔註36〕友。岩桂，仙友。海棠，名友。菊花，佳友。芍藥，豔友。梅花，清友。梔子，禪友。」**羅置石丈前，丈應開笑口**。

〔註35〕按：《曝書亭集》原作作「十二首」。
〔註36〕「浮」字疑誤，《欽定古今圖書集成‧博物彙編‧草木典卷十一》引作「淨」。

石帆亭

我昔鏡湖曲，見前《題周編修圖》。曾對石帆山。《一統志》：「石帆山在紹興府城東一十五里，望如張帆臨水。」婀娜層雲外，《古樂府》：「布帆婀娜起。」迢迢不可攀。何如一片影，移置戶庭間。

題沈上舍洞庭移居圖六首

沈郎歸興及秋風，擬學煙波笠澤翁。《唐書·張志和傳》：「居江湖，自稱煙波釣徒。」《揚州記》：「太湖一名笠澤，一名洞庭。」不戀湖莊收紫茜，愛他千樹洞庭紅。

銷夏灣頭五月涼，《一統志》：「消夏灣在洞庭西山。吳王避暑處。」堂成面面納湖光。楊梅線紫批杷白，《格物總論》：「楊梅五月中熟，以紫者為佳。」陸游詩：「楊梅線紫開園晚。」郭義公《廣志》：「枇杷四月熟，白者為上。」買斷閒園自在嘗。王建詩：「買斷竹溪無別主。」蘇軾詩：「借與匏尊自在嘗。」

才微歲晚畏譏彈，杜甫詩：「才微歲晚尚虛名。」井社年來欲住難。只合全家太湖去，免教小吏侮鄉官。

洞府曾傳第九天，《江南通志》：「洞庭西山在蘇州府城西一百三十里太湖中，一名包山，道書以謂第九洞天。林屋洞、毛公壇、桃花塢、銷夏灣、崦里諸跡尤為奇勝。」況聞崦里足良田。皮日休《崦里》詩注：「傍龜山，下有良田二十頃。」陸龜蒙《崦里》詩：「川中水木幽，高下兼良田。」煩君唉我鮎魚口，《江南通志》：「鮎魚口在太湖之北，去吳江縣十八里。」並載吳江赤馬船。《釋名》：「輕疾者，赤馬舟，其體正赤，疾如馬也。」韓翃詩：「吳江赤馬船。」

濕銀三萬六千頃，「濕銀」，見前《題龔主事圖》。《越絕書》：「太湖周三萬六千頃。」兩點青螺髻子濃。劉禹錫詩：「遙望洞庭山水翠，白銀盤裏一青螺。」皮日休《縹緲峰》詩：「似將青螺髻，撒在明月中。」生怕東山鵁鴨鬧，林逋詩：「生怕梨花晚不禁。」杜甫詩：「不教鵝鴨惱比鄰。」輕帆徑度莫釐峰。《江南通志》：「洞庭東山即莫釐山，在蘇州府城西，相傳莫釐將軍居之。以洞庭在西，故今稱為東洞庭。」

橘田薑稜散租符，杜甫詩：「輒抵公畦稜。」注：「京師農人指田遠近，多云幾稜。」稜，岸也。音去聲。施樞詩：「付與租符曉夕忙。」西舍東鄰興不孤。他日相逢王潑墨，謂王翬也。《宣和畫譜》：「王洽能潑墨成畫，時人皆號為王潑墨。」

也礬生絹索橫圖。《輟耕錄》:「寫山水訣,好絹用水噴濕,石上槌眼匾,然後上幀子。礬法:春秋膠礬停勻,夏月膠多礬少,冬月礬多膠少。」

冬日同鹿明府祐錢廣文瑞徵遊爛柯山二十韻

鹿,潁州人。康熙壬戌進士。錢,海鹽人。康熙癸卯舉人。《浙江通志》:「爛柯山在衢州府西安縣南二十里,道書所謂青霞第八洞天爛柯福地也。晉樵人王質伐木於此山,見二童子對奕,置斧於坐觀之。局終,斧柯已爛。因以名山。」

　　道書詮洞天,青霞居第八。流傳負薪翁,披榛入坱音泱。圠,音軋。《楚辭》:「坱兮圠,山曲弟。」賈誼《鵩賦》:「坱圠無垠。」揚子《方言》:「坱圠,不測也。」中有兩青童。棊聲暗相戞,俄驚斧柯爛。逝節等奔鶴,此事知有無。特書在琳札,我來太音獺。末墟。《衢州志》:「春秋為越西鄙姑蔑地,秦曰太末,唐曰衢州。」十月方納秸,《書》:「三百里納秸服。」曉出通仙門,緣溪碎石滑。拂林風騷騷,張衡《思玄賦》:「寒風淒其永至兮,拂雲岫之騷騷。」《注》:「騷騷音修修,風動貌。」鳴碓音對。水汕槎轄切。汕。見後《水碓》。《集韻》:「汕汕,水流貌。」明府政不煩,《賓退錄》:「明府,漢人以稱太守,唐人以稱縣令。」廣文俗能拔。見前《蔣廣文留飲》。仲長統詩:「聖人能變,達士拔俗。」於焉齊喚渡,次第栀車轄。《易》:「繫於金栀。」飛梁忽在望,相視笑且呾。音恒。《集韻》:「呾,相呼聲。」靈境茲最奇。造物亦太黠,胡八切。揚子《方言》:「黠,慧也。」《後漢書・劉盆子傳》:「兒大黠。」疑經百蟲焚。《水經注》:「九山南據崧嶽,北帶洛澁。有《百蟲將軍顯靈碑》。碑云:『將軍姓伊氏,諱益,字隤敳,帝高陽之第二子伯益者也。晉元康五年七月七日,順人吳義等建立堂廟。永平元年二月二十日,刻石立頌讚,示後賢矣。』」或受五丁摣,《方輿勝覽》:「秦伐蜀而不知道,作五石牛,以金置於尾下,言能糞金,欲以遺蜀王。蜀王負力而貪,乃令五丁開道引之,秦因引兵滅蜀。」連蜷音權。虹霓偃。楊雄《甘泉賦》:「蛟龍連蜷於東厓兮。」《注》:「連蜷,長曲貌。」垢膩神鬼刮,傾崖穿一線。斷塔盤禿鬝,客八切。韓愈詩:「或赤若禿鬝。」注:「鬚禿貌。」丹楓露已彫。《埤雅》:「楓葉霜後色丹,謂之丹楓。」瑤草霜未殺,江淹詩:「瑤草正翕芭。」《春秋》:「隕霜不殺草。」剗烏丸切。苔讀遺碑。《說文》:「剗,削也。」韓愈詩:「剗苔剔蘚露節角。」先生《唐衢州刺史嗣江王褘〔註37〕石橋寺詩跋》:「石橋寺在衢州府西安縣南三十里,道書第八青霞洞天也。康熙壬申冬,知縣事鹿君祐邀予往遊。

〔註37〕「褘」,底本誤作「褘」。據《曝書亭集》卷四十九《跋唐衢州刺史嗣江王褘石橋寺詩》改。

從寺登山，尋仙人對奕所。前後洞豁，有碑峙其右，則唐嗣江王褘〔註38〕所題五言詩，以貞元三年正月上石。」**汲井恣拭刷。昔賢鬭茶地**，見《鴛鴦湖櫂歌》。**昧者莫之察。日斜洗行廚**，庾信詩：「行廚半路待。」杜甫詩：「竹裏行廚洗玉盤。」**得食鳥嘎**音戞。嘎。杜甫詩：「得食階除鳥雀馴。」《廣韻》：「嘎嘎，鳥聲。」**徘徊雙松陰，惆悵別香剎。**綦毋潛詩：「香剎夜忘歸。」」

光孝寺觀貫休畫羅漢同陳恭尹〔註39〕賦

《廣州通志》：「光孝寺，本南粵王建德故宅。三國吳虞翻居此，以為圃，多植蘋婆訶子樹，名曰虞苑。晉隆和中，僧罽賓始創為王園寺。劉宋永初間，陀羅三藏飛錫至此，指訶子樹曰：『此西番訶梨勒果之林，宜曰訶林。』」《益州名畫錄》：「釋貫休，字德隱，婺州金溪人。俗姓姜氏，天福年入蜀，王賜紫衣，號禪月大師。詩名高節，宇內咸知。善草書圖畫，時人比諸懷素。師閻立本，畫羅漢十六幀，龐眉大目者，朵頤隆鼻者，倚松石者，坐山水者，胡貌梵相，曲盡其態。或問之，云：『休自夢中所睹爾。』」〔註40〕

貫休手寫一十六羅漢，其二乃在南海訶子林。見卷二《過光孝寺》。**昔遊真蹟未得見，念之三十五載縈人心。白頭重作嶺南客，故人期我虞翻宅。**見《過光孝寺》。**僧廊亂後花木猶瓏璁，蕹**音雍。**菜春生滿池碧。**《南方草木狀》：「蕹菜如落葵而小。南人編葦為筏，作小孔，浮水上。種子水中，如萍根浮水面。及長莖葉，出葦筏孔中，隨水上下。」王士禛〔註41〕《皇華紀聞》：「廣州僧寺池沼皆種甕菜，《南方草木狀》所謂蕹也，碧綠如萍可愛。」**循廊轉入精廬深，一幅居然掛東壁。古綃尚白石轉青，恰於石罅安疎櫺。**張耒詩：「風簷送雨入疎櫺。」**一僧俛首力寫經，自準**音拙。以下祇半形。《史記·高祖本紀》：「隆準而龍顏。」《注》：「服虔曰：『準，頰權也。文穎曰：『準，鼻也。』」**芬陀利花貝多葉**，《翻譯名義集》：「芬陀利花，此云白蓮花。」《皇華紀聞》：「貝吉多樹枝幹皆左旋，甚奇古，望之如畫枯木。二月葉始生，三月作花五出，如木筆，邊白，內黃外紫，氣馥郁，略如梔子瓣，亦左旋。其葉較菩提尖而大，紋理如繡，可作書。《酉陽雜俎》云貝多有三種，即《西域記》之多羅樹也。」**梭欄筆管毛猩猩。**見前《送陳舍人》。**不知金天之西**，李白詩：「金天之西，白日所沒。」注：「西方為金，故西曰金天。」**何處得石硯，毋乃昆吾玉切新出硎。**見前《孫少宰蟄室觀劍》。《莊子》：「刀刃

〔註38〕 「褘」，底本誤作「褘」。
〔註39〕 「恭尹」，底本作「某」，據康熙本《曝書亭集》補。四庫本《曝書亭集》無此四字。
〔註40〕 （宋）黃休復《益州名畫錄》卷下。
〔註41〕 「禛」，底本作「正」。

若新發於硎。」一僧卻立侍巾缾，《五燈會元》：「秀州長水子璿講師聞琅邪望〔註42〕重當世，願侍巾缾。」靜如沙鷺翹涼汀。王岩詩：「沙翹白鷺非真靜。」熒燈不竛信明滅，桫欏樹底風泠泠。《廣韻》：「桫欏木似桄榔，出蒻。」《格物要論》：「欏木出湖廣及南安，謂之倭羅。」熒前千歲老猿拱，雙臂平扠兩肩聳。箬鞵桐帽木葉衣，見前《題李檢討圖》。想見霜濃寒到踵。精誠能令感金石，《家語》：「至〔註43〕誠感之，通於金石，而況人乎！」何況群生知怖恐。禪月師，流傳三絕畫書詩。詩編巨嶽集，書有姜體，《全唐詩話》：「貫休有《西嶽集》十卷。」《圖畫見聞志》：「休公有詩集行於世。兼善書，謂之姜體，以其俗姓姜也。」遠本周之史籀秦相斯，見前《贈許容》。《唐詩紀事》：「僧貫休工篆隸。」未若畫品更崛奇。即如此幅遠出意匠表，杜甫《丹青引》：「意匠慘澹經營中。」或疑入定真容髣髴親見之，不然調鉛殺粉能爾為。馮硯祥詩：「調鉛殺粉繼前人。」王季友詩：「小弟丹青能爾為。」訶林僧，神物藉汝能世守。不見宣和舊譜遺跡久云亡，《宣和畫譜》：「僧貫休羅漢像一十六。」豫章西山雲堂院中亦何有。《一統志》：「江西，漢置豫章郡。」《江西通志》：「南昌府城西，大江之外三十里，西山梅嶺有雲堂院，唐僧貫休居此。休嘗畫羅漢，已畢十五身，忽從禪定起身，寫本身以足之，今第十六身是。」我欲賺汝去，莫飲我缸面酒。見前《奉題徐副相祝園修禊卷》。我欲奪汝歸，玉鴉叉不在手。李商隱詩：「展障玉鴉叉。」注：「玉鴉叉謂畫叉。」世間豈少珊瑚鐵網珍珠船，鈕世楷注：「《鐵網珊瑚》，朱存理撰。《珍珠船》，胡侍撰。皆論儲藏法書名畫。」自今貯之伏梁閣檻庶可全。見前《題徐副相祝園修禊卷》。

梁吉士以羅浮蝴蝶繭二枚贈行曲江道中一蝶先出篷底聯句成三十韻□□□□〔註44〕：

「大蝴蝶，惟羅浮蝴蝶洞有之。嘗止花樹間，見人弗動。即動亦依依不遠。採者連枝持出，輒飛復故處，不他之。其生以繭，繭中一卵，小於雞子，重胎沁紫，包以烏桕木葉，絡以綵絲。山中人嘗以冬月往採，好事者購取藏之。明年二月，以繭置梧柳間，輒有一大蝴蝶，展翅徑尺，飛來就繭，不飲不食，抱伏纏綿。經七日，繭破子出，大可六七寸許。越數日，挾之飛去。其出繭絕不使人見，雖晝夜伺之，弗覺也。雌雄不離，千里外必相尋覓，至則繞籠翔舞，不得入，以翅觸籠，金翠委損。放之，兩兩相逐，翩然高舉，蓋羽族之至神者。精氣相通，無間遠邇，所謂仙靈之使令，非人間所得而覊也。」

〔註42〕「望」，《五燈會元》卷第十二《南嶽下十世》作「道」。
〔註43〕「至」，《孔子家語·六本第十五》作「志」。
〔註44〕按：出屈大均《廣東新語》卷二十四《蟲語》。

故人贈我行，方物當所選。彝尊。笛發詫駢羅，潘岳《閑居賦》：「絲竹駢羅。」中有蝴蝶繭。沈名蓀。兩兩折枝掛，一一檽葉卷。昆田。動搖槌懸風，《南史·王湛傳》：「帝每與對弈，從夕達旦，或復失寢，加以低睡。帝詩嘲之曰：『狀若喪家狗，又似槌懸風〔註45〕。』當時以為笑樂。」妥貼纊綴冕。彝尊。陸機《文賦》：「或妥帖而易施。」《書》：「厥篚纖纊。」《傳》：「纊，細綿。」《說文》：「冕：邃延、垂瑬、纊紞。」《注》：「纊紞，黃色也。以黃綿綴冕，兩旁下繫玉瑱。」厥包同米囊，《群芳譜》：「罌粟，一名米囊花。」其文比竹篆。名蓀。見其《題王給事詩集》。末如蟬翼輕，齊女鬢垂髟。昆田。《古今注》：「齊王后忿而死，變為蟬，登庭樹，嘒唳而鳴，王悔恨。故世名蟬曰齊女。」《說文》：「髟，女鬢垂貌。音翯。」詩朋爭愛惜，寘之黃篋筤。彝尊。《正韻》：「篋，竹皮也。」《廣韻》：「筤，大篋。」薄寒巾密覆，遲日牕始展。名蓀。隔籠頻摩抄，《古樂府》：「一日三摩抄。」並掉迭窺覘。昆田。形隨秋燕蟄，《爾雅》：「蟄，靜也。」《疏》：「藏伏靜處也。」候早春蛹蝀。彝尊。《說文》：「蛹，繭蟲也。」《正韻》：「蠶化為蛹，蛹化為蛾。」《說文》：「蝀，動也。」 蛹音勇，蝀音頓。我夢為莊周，栩栩興匪淺。名蓀。《莊子》：「昔者莊周夢為蝴蝶，栩栩然蝴蝶也。自喻適志與！不知周也。」俄然一繭破，有若子初娩。昆田。《廣韻》：「娩，生也。」停橈疾招呼，急走忘足跣。彝尊。蝙斕五采錯，《廣韻》：「蝙斕，色雜也。」的皪音瀝。九光焜。名蓀。《魏都賦》：「丹藕凌波而的皪。」《注》：「的皪，光明也。」《十洲記》：「末霞九光。」《真誥》：「九光霞裏宿仙壇。」《廣韻》：「焜，顯明也。音錕。」層層金泥塗，韋氏子詩：「惆悵金泥簇蝶裙。」屑屑雲母碾。昆田。《荊南志》：「華容方台山出雲母，土人採之，先候雲所出之處，於其下掘取，往往有長五六尺，可為屏風。」絲絲春江濯，見前《汪舍人以丁娘子布見贈》。幅幅朝霞翦。彝尊。李賀詩：「輕綃一幅〔註46〕染朝霞。」孔鸞一毛截，瑇瑁片甲輭。名蓀。《正字通》：「瑇瑁生南海，狀如龜鱉，殼稍長，背有甲十二片，黑白斑文。煮其甲，柔如皮，因以作器。」眉過粉蛾長，《韻會》：「蛾以黃蝶而小，其眉句曲如畫。」翅類仙鼠扁。昆田。 《爾雅》：「蝙蝠服翼。」《注》：「齊人呼為蟙䘃，或謂之仙鼠。」繰繡變周官，《爾雅》：「一染謂之縓，三染謂之纁。」《周禮·天官·染人》：「夏纁玄。」繪繡備虞典。彝尊。《虞書》：「日月星辰、山龍華蟲、

〔註45〕 「槌懸風」，《南史》卷二十五《到溉傳》作「懸風槌」。按：此處作《王湛傳》，
　　　　 誤。
〔註46〕 「幅」，《南園十三首》其十二「四」。

作會，宗彝、藻、火、粉米、黼、黻、絺繡，以五采彰施於五色，作服，」**曾聞朱明洞**，見前《寒夜》。**大者如輪轉。**名蓀。**悠揚千花叢，**薛逢詩：「王孫草上悠揚蝶。」**下上百丈纚。**昆田。**或云麻姑裙，裂之在蒼蘚。**彝尊。　見前《喜羅浮屈五過訪》。**或云葛翁衣，貯之在丹甋。**名蓀。《南海志》：「羅浮山蝴蝶洞四時出綵蝶，世傳葛仙遺衣所化。」揚子《方言》：「甋自關而東謂之甀。甀，語塞切。」**紛綸辭各異，無乃傳者舛。**昆田。**夢想四百峰，**見前《題王給事詩集》。**有約末由踐。**彝尊。**未逢採雀靈，徒說啞虎善。**名蓀。　俱見前《題王給事詩集》。**名山應見笑，竦誚豈能免。**昆田。孔稚圭《北山移文》：「列壑爭譏，攢峰竦誚。」**觀茲鳳凰子，**《古今注》：「蛺蝶大者名鳳子。」**髣髴列仙遣。**彝尊。**入山夫何難，歸與面有靦。**名蓀。《詩》：「有靦面目。」**明當放汝還，華首恣游衍。**昆田。吳震方《嶺南雜記》：「遊羅浮者先至華首寺。」《詩》：「及爾游衍。」　沈名蓀。　字碻芳，仁和人。順天庚午舉人。

池上編籬偶成〔註47〕

槐汃音判。**菱池水一窐，**《廣韻》：「汃，曲水厓也。」**好編六枳作籬笆。**馮衍《顯志賦》：「揵六枳而為籬兮，築蕙若而為室。」**客來與乞平安竹，**《酉陽雜俎》：「李衛公言北都惟童子寺有竹一窠，長數尺，相傳其寺綱維，每日報竹平安。」**老去思栽頃刻花。**《唐小說》：「韓湘，退之姪孫，自言能開頃刻花。愈曰：『子豈能奪造化乎？』湘乃聚土，以盆覆之。俄而舉盆，開碧牡丹二朵。』《列仙傳》：「周寶謂殷七七曰：『鶴林寺杜鵑花天下奇絕，常聞汝能開頃刻花，此花可副重九乎？』曰：『可也。』」**農丈人唯知避俗，村夫子更嬾移家。**《宣和畫譜》：「韓滉《村夫子移居圖》一。」**試添隔岸香茅屋，**見前《柳巷》。**眼見南垞勝北垞。**見前《題王叔楚墨竹》。

耳疾示王周二上舍

我齒未七十，恒苦兩耳充。《詩》：「褎如充耳。」**患此已三年，入秋輒內訌。**《詩》：「蟊賊內訌。」**始焉輪濕濕，**王建詩：「萬事風吹過耳輪。」**既乃氣燻燻。**音蟲。《爾雅》：「燻燻，炎炎，薰也。」**牀下駭鬥牛，**《世說新語》：「殷仲堪父病虛悸，聞牀下蟻動，謂是牛鬥。」**門前失吠狋。**《本草》：「狋似猿而大，毛黃赤色。」**有如兩豆塞，**《鶡冠子》：「兩豆塞耳，不聞雷霆。」**難使五藥攻。**《周

〔註47〕按：《曝書亭集》題下有「二首」。

禮》：「以五藥療之。」《疏》：「五藥：草、木、蟲、石、穀也。」因之日靜坐，物理究初終。是非始聽聞，褒貶將安窮。屬垣第自苦，《詩》：「耳屬于垣。」察察爾何功。《老子》：「其政察察，其民缺缺。」讒柄變白黑，杜甫詩：「結口〔註48〕防讒柄。」《詩·青蠅篇》注：「青蠅，污穢能變白黑。」治道淆污隆，《禮記》：「道隆則從而隆，道污則從而污。」君子天地閉，《易》：「天地閉，賢人隱。」小人地天通。《書》：「乃命重黎絕地天通。」《注》：「絕地天之通也。」世事付一聵，《國語》：「聾聵不可使聽。」《注》：「生而聾曰聵。」葆我以太沖。《莊子》：「此之謂葆光。」《注》：「葆，藏也。」《淮南子》：「聰明雖用，必反諸神，謂之太沖。」《注》：「沖，調也。」免愗音牒。喪匕雷，《易》：「震驚百里，不喪匕鬯。」免驚搷〔註49〕音田。《正字通》：「搷，擊也。」鷁風。人勞我則逸，美疢丁我躬。《左傳》：「臧孫曰：『美疢不如惡石。』」《詩》：「寧丁我躬。」相法十七家，鄭樵《通志·藝文志》：「《十七家集相書》一卷。」不容麥者豐。《樊氏相法》：「耳門不容麥，壽百歲。」《相書》：「耳門小，富而悋。」況若封丸泥，寧非富家翁。比鄰有二子，相憐病適同。《吳越春秋·河上歌》：「同病相憐，同憂相救。」褒如顧我笑，子論詎發蒙。《易》：「發蒙。」耳者心之候，《春秋元命苞》：「耳者，心之候。」其穴名聽宮，其神字幽田，《黃庭經》：「耳神空閒字幽田。」其用在司空。子今勤著書，不異五經笥。有時議紛綸，《後漢書·井丹傳》：「丹字大春。少受業太學，通五經，善談論，故京師為之語曰：『五經紛綸井大春。』」《注》：「紛綸，猶浩博也。」講席相磨礱。說詩匡丞相，《漢書·匡衡傳》：「諸儒為之語曰：『無說《詩》，匡鼎來；匡說《詩》，解人頤。』建元三年，代韋玄成為丞相。」解經戴侍中。《後漢·戴憑傳》：「憑為侍中，正旦朝賀，帝令群臣能說經者更相難詰，義有不通，輒奪其席，以益通者。憑遂重坐五十餘席，故京師為之語曰：『解經不窮戴侍中。』」無人為畫字，杜甫詩：「耳聾須畫字。」子將焉折衷。《史記·孔子世家》：「折衷於夫子。」《注》：「折，斷也。衷，當也。」主人作而歎，何術返我聰。客云古方法，社酒能治聾。來朝海燕歸，陌上賽社公。見前《社日》。伐鼓聲淵淵，《詩》：「伐鼓淵淵。」割肉飽蓬蓬。《漢書·陳平傳》：「里中社，平為宰，分肉甚均。」《注》：「宰主切割肉也。」高誘《淮南解敘》：「淮南民歌：『一尺繒，好童童。一升粟，飽蓬蓬。兄弟二人不能相容。』」吾儕試往祈，泥飲等暍〔註50〕

〔註48〕 「口」，《秋日荊南述懷三十韻》作「舌」。
〔註49〕 「搷」，《曝書亭集》作「擷」。
〔註50〕 「暍」，四庫本《曝書亭集》作「渴」。

音謁。**虹**。杜甫有《遭田父泥飲》詩。《說文》:「暍,傷暑也。」《夢溪筆談》:「虹嘗下澗飲,兩頭皆垂澗中。」〔註51〕《述異記》:「晉時晉陵薛願家有虹飲其釜中水,須臾而竭。願因以酒祝而益之,虹復飲盡,吐金滿釜而去。」**按節舞麗娟**,《雞跖集》:「武帝所幸宮人麗娟,於長生殿內唱回風之曲,庭樹為之翻落。」**安歌走明童**。見前《送少詹王先生》。**三人共顧曲**,《吳志·周瑜傳》:「瑜少精意於音樂,雖三爵之後,其有闕誤,必知之,知之必顧,時人謠曰:『曲有誤,周郎顧。』」**其樂也融融**。《左傳》:「其樂也融融。」

斑魚三十韻《嘉興縣志》:「斑魚狀似河豚。」按:吾鄉所食之斑魚長止二三寸,似河豚而無毒,非《本草》所載「大而毒」者也。

吾衰薄滋味,意不在粱肉。第苦藜莧羹,《韓非子》:「糲糧之飯,藜藿之羹。」韓愈詩:「腸肚習藜莧。」**精力易消縮**。蘇軾詩:「氣節消縮今無幾。」**以茲盤中饌,往往供水族**。張衡《西京賦》:「操鯤鮞,殄水族。」**持螯疑蟚蜞**,《世說新語》:「畢茂世云:『一手持蟹螯,一手持酒杯,拍浮酒池中,便足了一生。』」又:「蔡司徒渡江,見蟚蜞,大喜曰:『蟹有八足,加以二螯。』令烹之。既食,吐下委頓,方知非蟹。後向謝仁祖說此事,謝曰:『卿讀《爾雅》不熟,幾為勸學死。』」**握鱓近蜫蝮**。《顏氏家訓》:「《後漢書》云:『鸛雀銜三鱣魚。』多假借為『鱣鮪』之『鱣』。按:魏武《四時食制》:『鱣魚大如五斗奩,長一丈。』郭璞注《爾雅》:『鱣長二三丈。』安有鸛雀能勝一者?況三頭乎!鱓魚長者不過三尺,大者不過三指。《續漢書》及《搜神記》亦說此事,皆作『鱣』字。孫卿云『魚鱉鰍鱣』,及《韓非》、《說苑》皆曰『鱣似蛇』,並作『鱣』字。假『鱣』字為『鱓』字,其來久矣。」《楚辭》:「蝮蛇蓁蓁。」《注》:「蝮,大蛇也。」按:「蜫蝮」當作「蛇蝮」。《爾雅》:「蝝,蝮蜪。」《注》:「蝮蜪,蝗子未有翅者。」今詩本用蝮蛇之蝮,若帶用《爾雅》蜪字便非。**可怪黿脂垂**,《淮南子》:「黿脂得火,可以然鐵。」**生憎鱟尾蠹**。駱賓王詩:「生憎燕子千般語。」屠粹忠《三才藻異》:「鱟魚尾乘風,豎腹下十二足。雌常負雄而躍。血碧,酒醉味美。」吳震方《嶺南雜記》:「鱟魚,其血綠色。烹鱟並血則味更佳。」**所欲庶其魚,又無**

〔註51〕 王士禛《瞿山畫松歌寄梅淵公》「倒飲萬丈疑雄虹」,惠棟注:「沈括《筆談》:『虹嘗下澗飲,兩頭皆垂澗中。』」(《漁洋精華錄集注》卷九,第1397頁)
　　　　按:《欽定古今圖書集成·曆象彙編·乾象典卷七十六》、《御定佩文韻府》卷一之四錄此語,稱《筆談》。
　　　　檢《夢溪筆談》卷第二十一《異事》:「世傳虹能入溪澗飲水,信然。熙寧中,予使契丹,至其極北黑水境永安山下卓帳。是時新雨霽,見虹下帳前澗中,予與同職扣澗觀之,虹兩頭皆垂澗中。」

取乾鱐。《周禮》：「夏行腒鱐。」《注》：「鱐謂乾魚。」河豚昔最嗜，恒用井華
瀹。塵遠烹於庭，血去抉其目。刈楚然豆萁，《詩》：「翹翹錯薪，言刈其楚。」
曹植詩：「煮豆然豆萁。」務使〔註52〕湯火熟。瓊乳挏西施，但恨不盈匊。
《詩》：「不盈一匊。」誰能罷饞扠，韓愈詩：「饞扠飽活臠。」《正韻》：「扠，挾
取也。」對此食指搐。救六切。《漢書‧賈誼傳》：「一二指搐，身慮亡聊。」《注》：
「搐謂動而痛也。」自從十年來，不敢恣口腹。酖毒安可懷，《左傳》：「宴
安酖毒，不可懷也。」《注》：「酖與鴆通。」災生慮薄祿。庾亮《讓中書令表》：
「小人祿薄，福過災生。」 餘見前《河豚歌》。斑魚乃具體，秋深出洄洑。《廣
韻》：「洑，洄流也。一曰伏流。」木華《海賦》：「洄洑萬里。」小大雖云殊，一
氣同化育。其形亦彭亨，《韓文公集‧石鼎聯句》：「豕腹漲彭亨。」其性齊忿
憪。救六切。《玉篇》：「憪，恨也。」此時釣魚師，杜荀鶴詩：「五湖閒作釣魚師。」
香餌素所畜。杜甫詩：「魚饑費香餌。」籊籊三竹竿，《詩》：「籊籊竹竿，以釣
于淇。」朱芸注：「庾信《小園賦》：『三竿兩竿之竹。』」編簿音牌。坐踆伏。王
延壽《魯靈光殿賦》：「狡兔踆伏柎側。」垂綸韌音刃。且弱，《說文》：「韌，柔而
固也。」沉鉤曲而復。有時十數輩，黃庭堅《送蟹》詩：「寒蒲束縛十六輩。」
戢戢歸罿麗。杜甫詩：「小魚脫漏不可記，半死半生猶戢戢。」張衡《西京賦》：
「設罿麗。」《注》：「罿麗，小網也。」安砧剖瓜刀，盧延讓詩：「饞犬舐魚砧。」
「瓜刀」，見《鴛鴦湖櫂歌》。汲水浮柹音肺。俗「柿」字。木。《後漢書‧楊由傳》：
「風吹削柹。」《晉書‧王濬傳》：「造船木柹蔽江而下。」於焉救中廚，《古樂府》：
「左顧救中廚。」慎勿覆我餗。《易》：「鼎折足，覆公餗。」排泥剔其羽，起
肝淘以麴。法使甘不噮，縈絹切。《呂氏春秋》：「甘而不噮。」《集韻》：「噮，
甘甚也。」瑩白類新沐。和之以蟹胥，見《鴛鴦湖櫂歌》。其汁轉濃鬱。韓
愈《進學解》：「沉浸醲鬱。」既異齒鎩鋣，陸機《豪士賦序》：「文子懷忠敬而齒
劍。」注：「枚叔上書諫吳王曰：『腐肉之齒，利劍也。』齒，觸也。」梅堯臣《河
豚》詩：「烹調〔註53〕苟失所，入喉為鎩鋣。」兼免愁慘黷。范成大詩：「彭亨強
名魚，殺氣孕慘黷。」因思膳夫經，珍未窮水陸。《周禮‧天官》：「膳夫珍用八
物。」設鱠姜侯曾，杜甫詩：「姜侯設鱠當嚴冬。」思鱸張翰獨。《晉書‧張翰
傳》：「翰字季鷹。齊王冏辟為大司馬東曹掾。翰因見秋風起，乃思吳中蒓羹、鱸魚
膾，曰：『人生貴得適志，何能羈宦數千里外以要名爵乎！』遂命駕而歸。俄而冏敗，

〔註52〕「使」，《曝書亭集》作「候」。
〔註53〕「烹調」，梅堯臣《范饒州坐中客語食河豚魚》作「庖煎」。

人皆謂之見機。」〔註 54〕**俊味恥自饗**，陸雲《答車安茂書》：「東海之俊味，餚膳之至妙。」**有客至不速**。《易》：「有不速之客三人來。」**亟須問前村，侑以酒一斛**。杜甫詩：「共給酒一斗。」

萬年藤杖歌贈尤檢討侗先生《翰林院侍講尤先生墓誌》：「先生姓尤氏，諱侗，字同人，更字展成，別字悔菴，晚自號西堂老人。西堂者，先生讀書之所也。先世家無錫，遠祖袤以政事文學著南渡初，詩家所稱尤、蕭、范、陸是已。其後轉徙長洲之斜塘。先生少日，博聞強記，補學官弟子。貢於廷，謁選，除永平府推官。康熙十七年春，天子仿古制科取士。或薦先生於朝，召試體仁閣下，上親擢五十人，悉除翰林，纂修《明史》。先生最長，以齒序四十九人皆坐其下，留史局。三年，子珍以進士出身改庶吉士，先生乃告歸家居。予嘗以天台萬年藤杖奉先生，並作歌以贈。先生喜劇，然猶未窘於步，不藉扶持也。」

我有天台萬年藤，持贈吳下遂初翁。《晉書·孫綽傳》：「少與高陽許詢俱有高尚之志。居於會稽，遊放山水，十有餘年，乃作《遂初賦》，以致其意。」**想當李明柏碩跡未到，此藤久已生山中，偶然拾自金庭宮**。葉良佩《遊天台山記》：「直南為桐柏岡，又五里抵桐栢宮，道書稱為金庭洞天。」**攜歸曉夜但拂拭，重之不異長生桐**。《禮斗威儀》：「君乘火而王，其政平，梧桐長生。」**翁昔史館文最雄，南狐東馬卓有前賢風**。見前《曹先生輓詩》。**即如詩篇也壓蕭范陸**，先生《梁溪遺稿序》：「宋南渡後，以詩齊名者四家，楊廷秀詩所稱尤、蕭、范、陸是已。千岩詩曾刊於永州，歲久散失，而尤公《梁溪集》五十卷，公之孫藻鋟木新安，焚於兵火，故范、陸詩盛行，而尤公之作流傳者寡，蕭特僅見其數首而已。蕭，西江人，諱德藻，字東夫，別字千岩。」**長城笑把偏師攻**。見前《送田少參》。**歐陽黃九柳秦七**，歐陽修、黃庭堅皆行九，柳惲、秦觀皆行七。**新詞往往傳歌童**。《悔菴年譜》：「順治十五年，有以予《讀〈離騷〉樂府》獻者，上讀而善之，令教坊內人播之管絃，為宮中雅樂，聞者豔之。」**翁今歸來雙耳聰，歷頭六十更二十**，施樞詩：「歷頭只有金朝臘。」**顏貌卻如四十同**。徐凝詩：「顏貌只如三二十。」王昌齡詩：「至今八十如四十。」**況有才子籍早通**，《左傳》：「高陽氏有才子八人，謂之八愷。高辛氏有才子八人，謂之八元。」《漢書·元帝紀》：「令從官給事宮司馬門中者，得為父母兄弟通籍。」《注》：「籍者，為尺二〔註 55〕竹牒，記其年紀名字物色，掛之

〔註 54〕按：《世說新語·識鑒第七》：「張季鷹辟齊王東曹掾，在洛見秋風起，因思吳中菰菜羹、鱸魚膾，曰：『人生貴得適意爾，何能羈宦數千里以要名爵！』遂命駕便歸。俄而齊王敗，時人皆謂其見機。」

〔註 55〕「尺二」，《漢書》卷九《元帝紀》顏師古《注》引「應劭曰」作「二尺」。

宮中，案省相應，乃得入也。」兼珍之膳潔且豐。《後漢書・仲長統傳》：「養親有兼珍之膳。」人生快意亦已足，豈必入海求方蓬。見前《觀海行》。西堂日暖花滿櫳，楊梅漸紫櫻桃紅。翁來期我花下酌，清晨扶技蔎門東。《江南通志》：「蘇州府城門，東曰蔎、曰婁。」繭紙戢戢抽詩筒，蘇易簡《紙譜》：「吳人以繭為紙。」　「詩筒」，見前《贈許容》。看翁遊覽興未窮。水循練瀆山穹窿，《一統志》：「練瀆在蘇州府城西南八十五里。」《吳縣志》：「穹窿山於吳山為最高。」長松樹底芝草叢，四方上下與翁逐，韓愈詩：「吾願身為雲，東野變為龍。四方上下逐東野，雖有離別無由逢。」杖兮杖兮藉汝功。杜甫詩：「杖兮杖兮，爾之生也甚正直。」

仙遊茅筆歌酬徐檢討釚

君不用鐵梳梳秋兔毫，王羲之《筆經》：「兔毫須用仲秋月收之。孟秋去夏近，毫焦而嫩。季秋去冬近，毫脆而禿。惟八月寒暑，調乃中用。」亦不用束青羊毛。韋仲將《筆墨方》：「筆法以鐵梳梳兔毫及青羊毛，去其穢毛。訖，各別，用梳掌痛正毫，齊其鋒端，各作扁，極令均調平好，用衣青羊毛。羊毛去兔毫頭下二分許，然後合扁，卷令極固。痛頡之，訖，以所正青羊毛截，用衣筆心，名為筆柱。復用青毫，外如作柱法，使心齊。痛頡，內管中。」別搜凡材逞妙技，鼠鬚虎僕非爾曹。「鼠鬚」，見前《豐題徐副相修禊卷》。《博物志》：「有獸緣木，文似豹，名虎僕。毛可取以為筆。」皇甫松《大隱賦》：「書抽虎僕，射用牛蜔。」吾聞仙遊郭外山最高，仙人九鯉雲中遨。《列仙傳》：「何九仙。世傳兄弟九人居於山修道，又居河側煉丹。丹成，各乘鯉仙去。後因名其縣曰仙遊，山曰九仙，湖曰九鯉。」紫鱗三百二十四，左思《蜀都賦》：「鮮以紫鱗。」《許彥周詩話》：「段成式與溫庭筠《雲藍紙詩》云：『三十六鱗充使時，數番猶得表相思。』蓋龍八十一鱗，鯉三十六鱗。至宋景文詩云：『君軒結戀蕭蕭馬，尺素愁憑六六魚。』又使六六三十六也。」按：此則總三九二十七、六九五十四，共三百二十四也。白蝦蟆吠黃雞號。有時懸厓忽題科斗字，《尚書序》：「皆科斗文字。」《疏》：「科斗，蝦蟆子也。書形似之。」是豈不律人閒操。《爾雅》：「不律謂之筆。」《說文》：「楚謂之聿，吳人謂之不律，燕謂之弗，秦謂之筆。」茅田深深野火燒未盡，白居易《春草》詩：「野火燒不盡，春風吹又生。」樵夫薧豎赤腳騰磽嶅。《說文》：「嶅，山多小石也。」黃公度詩：「山程數驛更磽嶅。」拔茅連茹縛作將指節，《易》：「拔茅連茹。」《左傳》：「子公之食指動。」《疏》：「一巨指，二食指，三將指，四無名指，五小指。」又：「闔廬傷將指。」《注》：

「足大指也。言其將領諸指。足之用力，大指居多。手之取物，中指為長。故足以大指為將，手以中指為將。」**六寸之體兼頭尻。考平聲。**《法書考》：「虞世南云：筆長不過六寸。」《增韻》：「尻，脊骨盡處。」蘇軾詩：「頭尻軒昂腹脅低。」**桃枝竹罷火熨帖，**郭璞《爾雅注》：「桃枝竹節短者不兼寸，長者或踰尺。豫章徧有之。」杜甫：「美人細意熨帖平。」**鹿角菜免膏煎熬。**《本草綱目》：「鹿角菜生東南海中石厓間，久浸則化如膠狀。」杜甫詩：「置膏烈火上，哀哀自煎熬。」**誰與智者剏此物，**《周禮》：「智者剏物。」**將毋九何一範授以刻髓之蘆刀。**庾信詩：「成丹須竹節，刻髓用蘆刀。」**垂虹亭長嗜奇癖，**《江南通志》：「垂虹橋在吳江縣東門外。橋中有垂虹亭。」**一牀載得還吳艭。**《樹萱錄》：「南朝呼筆管為牀。又筆四管為一牀。」詳見前《題顧夫人畫蘭》。周邦彥《汴都賦》：「越舲吳艭。」**分我一管已足豪。**《列仙傳》：「里諺曰：『得綏山一桃，雖不得仙，亦足以豪。』」**當其運腕大稱意，筆頭公喜長堅牢。**《北史·古弼傳》：「弼頭尖，帝常名之曰筆頭，時人呼為筆公。」**人生知己隨所遭，良工對之但駭邅，**音邅。《廣韻》：「心不欲見而見曰邅。」**足使李展汗走屠希逃。**先生《書黃山谷試李展筆真蹟》：「涪翁試李展筆作書，有如張顛蘸醉中發，觀其曲折如意，匪特書法通神，並想見展製筆之妙。」陸游詩：「屠希一筆價必千。」

曝書亭詩錄卷之十一終

曝書亭詩錄卷之十二

嘉興江浩然孟亭箋注

男壎聲先校

水碓四十韻《通俗文》:「水碓曰轓車。」《注》:「今俗依水涯壅上流,設水車,轉輪與碓身交激,使自舂,即其遺制。」

百灘趨漸江,《水經》:「漸江出三天子都,北過餘杭,東入於海。」《集韻》:「浙,或作漸。《水經》漸江即浙江也。」昏旦鳴不息。彝尊。大波恣奔放,小波回汩㶁。查慎行。嵇康《琴賦》:「㶁汩澎湃。」〔註1〕居人擅水利,審曲引使直。彝尊。《周禮》:「審曲麵勢,以飭五材,以辨民器。」其長走蛟蛇,其廣納溝洫。慎行。《詩》:「築城伊淢。」《注》:「淢,城溝也。」《史記·夏本紀》:「卑宮室,致費於溝淢。」遏防激之怒,徑隘流轉急。彝尊。夫豈水性然,適來遭勢逼。慎行。於焉扼其吭,見前《平蜀詩》。壘石添橛杙。彝尊。《爾雅》:「橛謂之杙。」《注》:「橛也,蓋直一段之木也。」貢師泰詩:「或卓若橛杙。」掾茅架小屋,度地隨偃仄。慎行。斲木為巨輪,當沖立樞極。彝尊。旁安三十輻,《周禮》:「輪輻三十以象日月也。」輻輻緣斤墨。慎行。《周禮》:「宋之斤。」《正字通》:「斤以鐵為之,曲木為柄,剖劂之總稱。」《小爾雅》:「五尺謂之墨。《周語》:『不過墨丈尋常之間。』《注》:『五尺為墨,倍墨為丈。』今木工各用五尺以成宮室,其名為墨。則墨者,工師之五尺也。」白居易詩:「匠人執斤墨。」龜文交兩兆,《周禮》:「太卜掌三兆之法,一曰玉兆,二曰瓦兆,三曰原兆。兆謂灼龜發火,而形可占,其象似玉。瓦,原之釁。」《注》:「玉兆,顓頊;瓦兆,帝堯;原兆,周之兆也。」鱉甲支九肋。彝尊。《格物論》:「鱉,介蟲,九肋者勝。」括張等虞機,《書》:

〔註1〕按:《文選》卷三十四枚乘《七發》:「㶁汩潺湲,披揚流灑。」李善《注》:「㶁,泌㶁,波相揳也;汩,蜜汩,水流疾也。」

「若虞機張，往省括於厥度，則釋。」璿同璿。**運就圜則**。慎行。《書》：「在璿璣玉衡，以齊七政。」《易》：「乾為天為圜。」《說文》：「圜，天體也。」《楚辭》：「圜則九重，孰營度之。」**江心鏡欲躍**，《國史補》：「揚州舊貢江心鏡，五月五日，揚子江中流所鑄也。」**海底月半蝕**。彝尊。盧仝《月蝕詩》：「爛銀盤從海底出。」《釋名》：「日月虧曰蝕，稍小侵虧，如蟲食草木之葉。」**滅頂泅人騰**，《易》：「過涉滅頂，凶。」泅同汓。《說文》：「汓，浮行水上也。」《列子》：「習於水而勇於泅。」**升陑**音而。**壯士蹈**。慎行。《書序》：「伊尹相湯伐桀，升自陑。」《廣韻》：「陑，地名，又夔險也。」**尻高首或下**，見上篇。**後湧前乃匿**。彝尊。**團團牛旋磨**，蘇軾詩：「團團如磨牛。」**匝匝鴉翻翼**。慎行。**棗軸貫中央**，《史記‧田敬仲世家》：「狶膏棘軸，所以為滑也。」**有如著在扐**。彝尊。《易》：「歸奇於扐以象閏。」」**循環觸牙動，揚者必先抑**。慎行。**石臼質本頑，甘為杵所賊**。彝尊。**昂然馬騰槽**，韓愈《平淮西碑》：「馬騰於槽。」**俛若鶴啄食**。慎行。**砅披冰切。砰**普耕切。**應關栿**，韓愈詩：「瓵〔註2〕豎輾砅砰。」《正字通》：「關栿，機栿也。」**次第符漏刻**。彝尊。《說文》：「漏似銅壺，受水刻節，晝夜百刻。」**搗紙十萬箋，取禾三百億**。慎行。《詩》：「胡取禾三百億兮？」**穣秕除未盡，藤竹需孔急**〔註3〕。彝尊。 見下篇《觀造竹紙》。**一為機事牽**，見前《別杜濬》。**焉得休汝力**。慎行。**先王昔製器，取象配卦德**。彝尊。《易》：「以製器者尚其象。」又：「卦之德，方以知。」**舟楫涉大川**，《易》：「刳木為舟，剡木為楫，舟楫之利，以濟不通，致遠以利天下，蓋取諸渙。」又：「利涉大川。」**耒耜徂畛域**。慎行。《易》：「斲木為耜，揉木為耒，耒耨之利，以教天下，蓋取諸《益》。」《詩》：「徂隰徂畛。」《莊子》：「泛泛乎若四方之無窮，其無所畛域。」**養生務佃漁**，《易》：「以佃以漁。」**分壤別動植**。彝尊。劉允濟《天賦》：「沾廣惠於無窮，其無所畛域。」**鄰歌答舂相**，《禮記》：「鄰有喪，舂不相。」**作苦爰稼穡**。慎行。《漢書‧楊惲傳》：「田家作苦。」《書》：「土爰稼穡。」〔註4〕**俾習四體勤，群黎無懈忒**。彝尊。《後漢書‧傅毅傳》：「契闊夙夜，庶不懈忒。」**後世技巧繁，淫奇難忖測**。慎行。《書》：「作奇技淫巧以悅婦人。」鮑照詩：「東歸難忖測〔註5〕。」**桔槹轆轤作**，《韻會》：「桔槹，汲水機。」《名義考》：「轆轤，井上圓轉木，收綆者。」**便利成典式**。彝尊。**紛紛鑿渾沌**，

〔註2〕「瓵」，《城南聯句》作「競」。
〔註3〕「急」，四庫本《曝書亭集》作「棘」。
〔註4〕《洪範》。
〔註5〕「測」，《望水詩》作「惻」。

《莊子》：「南海之帝曰儵，與中央之帝渾沌善。謀報其德，曰：『人皆有七竅，以視所〔註6〕食息，此獨無有，試鑿之。』日鑿一竅，七日而渾沌死。」一一逞胸臆。慎行。能令蠢者靈，通者忽以塞。彝尊。即此水碓論，用意略可識。慎行。居然役造化，安坐無怍色。彝尊。乃知天生民，若苗之有螣。慎行。《詩》：「去其螟螣。」夜來山雨驟，趙音拍。漲漫澤國。彝尊。郭璞《江賦》：「趙漲截洞。」《注》：「趙猶越也。」《周禮》：「澤國用龍節。」沙崩岸漂沉，有械施不得。〔註7〕慎行。　見前《別杜濬》。彝尊。逸豫安可貪，民勞宜率職。慎行。韓愈《平淮西碑》：「群臣震懾，奔走率職。」

觀造竹紙五十韻

信州入建州，江西廣信府，唐曰信州。福建建寧府，唐曰建州。篁竹冗於篠。彝尊。居人取作紙，用稺不用老。慎行。〔註8〕遑惜簫笛材，緣坡一例倒。彝尊。黃香《髽奴文》：「離離若緣坡之竹。」束縛沉清淵，殺青特存槁。慎行。《後漢書·吳祐傳》：「殺青簡以寫經書。」《注》：「以火炙簡，令汗，取其青易書，復不蠹，謂之殺青。」五行遞相賊，伐性力揉矯。彝尊。出諸鼎鑊中，復受杵臼搗。慎行。不辭身糜爛，素質終自保。彝尊。汲井加汰淘，盈箱費旋攪。慎行。層層細簾揭，餤餤活火燺〔註9〕。彝尊。　見前《竹爐聯句》。燺音考。《廣韻》：「燺，火乾。」捨麤乃得精，去濕忽就燥。慎行。《易》：「火就燥。」擘來風舒舒，韓偓詩：「書省擘香箋。」暴之日杲杲。彝尊。《詩》：「杲杲出日。」箬籠走南北，蘇軾詩：「箬籠寄新馥。」適用各言好。慎行。緬維遂〔註10〕古初，《楚辭》：「遂古之初。」《注》：「遂，往也。」書契始蒼皞。彝尊。《易》：「上古結繩而治，後世聖人易之以書契。」許慎《說文序》：「黃帝之始，倉頡初造書契。」孔安國《書序》：「伏羲作書契以代結繩。」　蒼謂蒼頡，皞謂太皞氏伏羲也。自從史記煩，方冊〔註11〕布豐鎬。慎行。《史記·周本紀》〔註12〕：「豐在京師鄠縣東。鎬在上林昆明，北去豐二十五里。皆在長安南數十里。」中經祖龍燔，《史記·秦

〔註6〕「所」，《應帝王》作「聽」。
〔註7〕按：《曝書亭集》下有「物成久則毀，茲理復何惑」二句。
〔註8〕《曝書亭集》作「查慎行」。
〔註9〕「燺」，《曝書亭集》作「熇」。
〔註10〕「遂」，《曝書亭集》作「邃」。
〔註11〕「冊」，《曝書亭集》作「策」。
〔註12〕引文係《史記·周本紀》裴駰《集解》引「徐廣曰」。

始皇本紀》：「三十六年秋，使者從關東夜過華陰道，有人持璧遮使者曰：『為我遺滈池君。』因言曰：『明年祖龍死。』使者問其故，忽不見。」《注》：「滈池，水神。秦水德王，其君將亡，故先告之。祖，始也。龍，君象。謂始皇也。」　燔書，見前《酬閻若璩》。**埶敢撲原燎。**彝尊。《書》：「若火之燎於原，不可向邇，其猶可撲滅。」**漆簡及韋編，**《晉書·束皙傳》：「太原元年〔註13〕，汲郡民盜發魏安釐王冢，得竹書數十車。漆書皆科斗字。武帝以其書付秘書校綴次第，尋考指歸，而以今文寫之。」《史記·孔子世家》：「孔子讀《易》，韋編三絕。」**殘灰跡同埽。**慎行。**當時禍得脫，賴爾生不早。**彝尊。**漢代崇師儒，家各一經抱。**慎行。**截緝蒲柳姿，**《漢書·路溫舒傳》：「取澤中蒲，截以為牒，編用寫書。」《世說新語》：「顧悅對簡文曰：『蒲柳之姿，望秋而落。』」**刀削詎云巧。**彝尊。《周禮》：「鄭之刀，宋之斤，魯之削，吳粵之劍。」**如何剙物智，**《周禮》：「智者創物。」**乃出寺人造。**慎行。《詩》：「寺人之令。」詳見前《九月八日》。《後漢書·宦者傳》：「蔡倫造意，用樹膚、麻頭及敝布、魚網以為紙，莫不從用焉。」**麻頭魚網布，棄物收豈少。**彝尊。**後來逾爭奇，新制越意表。**慎行。**山苗割藤芨，**謝靈運《山居賦》：「剝芨岩椒。」《注》：「芨皮可為紙。」《負暄雜錄》：「扶桑國出芨皮紙。」**水滋採苔藻。**彝尊。蘇易簡《紙譜》：「蜀人以麻，閩人以嫩竹，北人以桑皮，剡溪以藤，海人以苔，浙人以麥麷稻稈，吳人以繭，楚人以楮。」**桑根斧以斯，**《文房四譜》：「雷孔章曾孫穆之猶有張華與祖書，乃桑根紙也。」《詩》：「斧以斯之。」**蠶繭機不絞。**慎行。《世說新語》：「王羲之書《蘭亭序》，用蠶繭紙。」蘇伯玉妻《盤中詩》：「急機絞，杼聲催。」**澄心光緻緻，**《圖畫見聞志》：「李後主有澄心堂紙，以供名人書畫。」韓偓詩：「六寸膚圓光緻緻。」**鏡面波皛**胡了切。**皛。**彝尊。陶潛詩：「皛皛川上平。」注：「皛皛，明也。」**研宜金粉膏，**《正韻》：「研，碾研也。」趙汝茪詞：「小研紅綾箋紙。」**繪作龍鸞爪。**慎行。**桃花注輕紅，**《桓玄偽事》：「玄詔令平淮作桃花箋。」李商隱詩：「浣花箋紙桃花色。」**松花染深縹。**彝尊。《資暇錄》：「元和初，薛濤尚松花箋。」《牧豎閒談》：「元積使蜀，與薛濤相見。洎登翰林，濤作小幅松花紙，因寄獻元百餘幅。」**鴉青蜜**〔註14〕**香色，**《圖畫見聞志》：「高麗使人每至中國，或用摺疊扇為私覿物。其扇用鴉青紙為之。」高士奇《天祿識餘》：「蜜香紙以蜜香樹皮、葉作之。微褐色，有紋如魚子。極香而堅韌，水漬之，不潰爛。晉太康五年，大秦國獻三萬幅，

〔註13〕　「太原元年」，《晉書》卷五十一作「太康二年」。
〔註14〕　「蜜」，《曝書亭集》作「密」。

帝以萬幅賜杜預，寫《春秋釋例》。」疑即今之蜜蒙花，其皮可為紙。**一一隨浣澡。**
慎行。**十樣益部箋，**《成都記》：「十樣鸞箋，有深紅、粉紅、杏紅、明黃、深青、淺
青、深綠、淺綠、銅綠、淺紅。」韓浦詩：「十樣鸞箋出益州。」《一統志》：「四川，
古梁州地，漢置益州郡。」**萬番傳癖橐。**彝尊。《拾遺記》：「張華《博物志》成，
晉武賜側理紙萬番，南越所貢也。」**紛然輸館閣，**《宋史‧真宗紀》：「詔近臣並知
雜御史、尚書省五品及帶館閣三司職者，各舉升朝官有武幹堪邊任一人。」**逖矣來
海島。**慎行。**要為日用需，若黍稷粱稻。**彝尊。**惜哉俗暴殄，**《書》：「暴殄天
物。」**塗抹太草草。**慎行。《篇海》：「苟簡曰草草。」**俗詩蛙蝘鳴，**《漢書‧王莽
傳‧贊》：「紫色蛙聲。」《注》：「蛙聲，淫蛙之聲。」《禮記》：「螻蟈鳴。」**俗書蛇蚓
繞。**彝尊。　見前《蘭亭行》。**俗學調必俳，**韓愈《答崔立之書》：「禮部有以博學
宏詞選者，乃類於俳優者之詞。」〔註15〕**俗文說多勦。**慎行。《禮記》：「毋勦說。」
流傳人有集，刷印方未了。彝尊。**積穢堆土苴，**音鮓。《莊子》：「其土苴以治
天下。」《注》：「土苴，和糞草。」**餘殃毒梨棗。**慎行。**或污瓜牛涎，**見前《瞻
許容》。**或供蠹魚飽。**彝尊。**或為肉馬踏，**《齊民要術》：「望之大，就之小，筋馬
也。望之小，就之大，肉馬也。」**或被饑鼠齩。**慎行。**黏**〔註16〕**憁信兒童，覆
瓿付翁媼。**彝尊。陸機《與弟雲書》：「此間有傖父，欲作《三都賦》，須其成以覆酒
瓿耳。」〔註17〕蘇軾詩：「菽水媚翁媼。」**遭逢幸不幸，所繫豈纖杪。**慎行。**平
生嗜奇古，卷帙事研討。**彝尊。**秘笈藉爾鈔，篋金匱我寶。**慎行。《漢書‧
韋賢傳》：「遺子黃金滿籯，不如一經。」**響搨溯籀斯，**見前《西峪寺》及《贈許容》。
斷碑拓洪趙。彝尊。洪适《隸釋序》：「本朝歐陽公、趙明誠好藏金石刻。漢隸之著
錄者，歐陽氏七十五卷，趙氏多歐陽九十三卷，而闕其六。自中原厄於兵，南北壞斷，
遺刻耗矣。予三十年訪求，尚闕趙錄四之一。而近歲新出者亦三十餘，趙蓋未見也。
既法其字，為之韻，復辨其文，為之釋，使學隸者藉書以讀碑，則歷歷在目，而咀味
菁華，亦翰墨之一助。」趙明誠《金石錄序》：「予自少小喜從當世學士大夫，訪問前

〔註15〕《陳檢討四六》卷十《觀槿堂詞集序》「勿俳優畜我」注。按《答崔立之書》：
　　　　「聞吏部有以博學宏詞選者，人尤謂之才，且得美仕，就求其術，或出所試文
　　　　章，亦禮部之類，私怪其故，然猶樂其名。因又詣州府求舉。凡二試於吏部，
　　　　一既得之，而又黜於中書。雖不得仕，人或謂之能焉。退自取所試讀之，乃類
　　　　於俳優者之辭。」
〔註16〕「黏」，四庫本《曝書亭集》作「糊」。
〔註17〕按：《漢書》卷八十七下《揚雄傳下》：「吾恐後人用覆醬瓿也。」楊謙《曝書
　　　　亭集詩注》正引《漢書》。

代金石刻辭。後得歐陽公《集古錄》，思欲廣而成書，以傳學者。於是益訪求藏蓄，凡二十年，而後粗備。上自三代，下訖隋唐五季，內自京師，達於四方遐邦絕域夷狄，所傳倉、史以來古文奇字，大小二篆、分隸、行草之書，鍾鼎、簠簋、尊敦、甗鬲、盤杅之銘，詞人墨客詩歌、賦頌、碑誌、敘記之文章，名卿賢士之功烈行治，至於浮屠老子之說，凡古物奇器豐碑巨刻所載與夫殘章斷畫磨滅而僅存者，略無遺矣。」**提攜白刺史，著錄庶可考。**慎行。《龍鬚志》：「唐薛稷為紙封九錫，拜楮國公、白州刺史，統領萬字軍界道中郎將。」**由拳法失傳，**《吳地記》：「嘉興縣本號長水縣，秦改由拳縣。」《太平寰宇記》：「故由拳縣出好紙。」**將樂槽苦小。**彝尊。　將樂縣屬福建延平府。**楚產肌理疎，晉產膚澤槁。**慎行。**物情相倍蓰，美噁心洞曉。**彝尊。**非無雲霞膩，愛此霜雪皎。**慎行。**小疊熨帖平，**韓偓詩：「小疊紅箋書恨字。」杜甫詩：「美人細意熨帖平。」**捆載赴遠道。**彝尊。韓愈《答竇秀才書》：「捆載而往。」**預恐壓歸裝，又滋征榷擾。**慎行。　見前《畢上舍止酒》。

武夷沖祐宮藍陳略《武夷山紀要》：「武夷山在崇安縣南三十里。」又：「萬年宮在大王峰下，先名武夷觀。漢設壇墠。唐始為屋。明皇天寶間，即洲渚創建。宋咸平間，太宗書沖祐二字為額。元天曆間，改觀為宮，扁曰敕賜沖祐萬年宮。」

　　武夷君，異哉世所傳。或云筊〔註18〕**鏗之二子，**白玉蟾《止止菴記》：「武夷之為山，考古秦人《列仙傳》，蓋筊鏗於此鍊丹焉。鏗有子二人，其一曰武，次曰夷，因此遂名武夷山。」**或云是魏王子騫。**《武夷山紀要》：「魏王子騫本閩之延津人，相傳為魏國王子。又云魏時人，姓王，名子騫。皆不可考。入山修行。時張湛等十二人求道武夷，依子騫為地主，遇控鶴仙人，授以丹訣，後皆仙去。」**當時結侶高宴幔亭前，**《方輿勝覽》：「幔亭峰在大王峰北。舊記云：秦始皇二年八月十五日，武夷君置酒肴，會鄉人於峰上，初召男女二千餘人，如期而往，乃見山徑平坦，虹梁架空，體輕心喜，不覺其倦。至山頂，有幔亭，北壁中間設一寶床，謂太極〔註19〕玉皇座；北壁西廡設一寶床，謂之〔註20〕魏真人座；北壁東廡設一寶床，謂之武夷君座。悉施紅雲裀、紫霞褥。初，鄉人至幔亭外，聞擊鼓聲。少頃，空中有呼鄉人為曾孫。男由東序，女由西序進。既而聞讀者云：『汝等曾孫可拜。』又聞讀者云：『命鼓師張

〔註18〕「筊」，《曝書亭集》作「篯」。
〔註19〕「極」，《方輿勝覽》卷十一作「姥」。
〔註20〕《方輿勝覽》此處有「太姥」。

安陵打引鼓，趙元奇拍副鼓，劉小禽坎鈴鼓，曾少重攞韶鼓，喬智滿振嘈鼓，高子春持短鼓，管師鮑公希吹橫笛，板師何鳳兒拊節板。』於是東崿奏賓雲左仙之曲。次命弦師董嬌娘彈坎篌，謝英妃撫長琴，呂荷香戛圓鼓、琴瑟〔註21〕，管師黃次姑噪悲慄、篳篥。秀淡鳴洞簫，朱小娥運居巢、笙。金師羅妙容揮鈍鉦、銅鈸。於是西崿奏賓雲右仙之曲。行酒進食，百味珍奇皆非世俗之所有。乃令歌師彭令昭唱人間可哀曲。詞曰：『天上人間兮，合會稀〔註22〕。日落西山兮，夕鳥歸飛。百年一餉兮，志與願違。天宮咫尺兮，恨不相隨。』歌罷，彩雲四合，環佩車〔註23〕馬之音互空而至。聞讚者云：『曾孫可再拜而別。』乃下山，則風雨暴至，虹橋倏而。回顧山頂，無復一物，但蔥翠峭拔如初耳。鄉人感幸，因名其峰為幔亭，相與立祠山下，歲修祀事，號同亭，今會真廟是也。」**此挹衣袖彼拍肩。**郭璞《遊仙詩》：「左挹浮丘袖，右拍洪厓肩。」**坎鈴鼓，急管絃，賓雲妙曲左右仙。一從彩雲散，虹橋斷絕上無懸**〔註24〕。**琳宮建何時**，《空洞靈章經》：「眾聖集琳宮，金母命清歌。」**傳是天寶年，後王因之禱水旱，金龍玉簡投深淵。**熊禾《昇真觀記》：「武夷山，閩之鎮也。宋紹聖二年，觀錫額沖祐〔註25〕武夷君，始有封號。端平元年，十二〔註26〕仙亦列封焉。凡祈雨暘，則遣使縋金龍玉簡於洞，靡不響答。」 詳見前《蔣廣文留飲》。**我來謁祠下，取徑芝術田。**白玉蟾《雲窩記》：「武夷山錢鏗餌紫芝，能乘風御氣。神姥採黃尤，能呼風檄雨。」**入門高樹雄且妍，藤蔓曲似蛟龍纏。殿古石礱仙鼠穿**，《爾雅》：「蝙蝠服翼。」《注》：「齊人呼為蟙蟻，或謂之仙鼠。」**陳丹暗粉蝸吐涎。十二栗主配君像**，《正字通》：「神主宗廟立以棲神，用栗木為之。」**中間名字或已湮。乾魚祭後祀典歇**，《史記・封禪書》：「祠武夷君，用乾魚。」**但有村翁腰臘率社錢。**見前《甘池》及《杭州水利》。**縛草為輪，翦紙為船。**韓愈《送窮文》：「結柳作車，縛草為船。」**不知仙人倏而來兮忽而逝**，《楚辭》：「倏而來兮忽而逝。」**雲車風馬電作鞭。**傅玄詩：「雲為車兮風為馬。」揚雄《河東賦》：「奮電鞭，驂雷輜。」**胡用是物東西懸，長廊曲曲通迴旋。**李白詩：「日晚可迴旋。」**旁有道士館，房房戶戶相錯連。甘蕉綠搖漾，修竹青便娟。**謝莊《雪賦》：「初便娟於墀廡。」**竹雞聲中摘茶葉**，見前《送十一叔》

〔註21〕 「琴瑟」，《方輿勝覽》作「琵琶」。
〔註22〕 《方輿勝覽》「稀」前有「疏」。
〔註23〕 「車」，《方輿勝覽》作「人」。
〔註24〕 「懸」，《曝書亭集》作「緣」。
〔註25〕 「祐」，熊禾《勿軒集》卷三作「佑」。
〔註26〕 「二」，熊禾《勿軒集》卷三作「三」。

及《苦熱聯句》。石榴樹底交茶煙。吾思此地洵勝絕，道書名之曰洞天。阿誰屈置一十六，何山可以居其先。杜光庭《洞天記》:「第十六洞武夷山，名昇真化玄之天。」昔年禹平水土名山川，至今嶽瀆垂虞編，徐彥伯詩:「虞編紀省方。」不聞議者糾其偏。若茲次第逞胸臆，毋乃偽託非真詮。盧藏用《衡嶽高僧序》:「真詮緬微，後生何述。」試質武夷君，吾言然不然。

十月二十一日喪子老友梅君文鼎歸自閩中扁舟過慰攜別後所著書見示部帙甚富余亦以經義考相質並出亡兒撼韻遺槀觀之成詩百韻次日送之還宣城兼寄孝廉庚方苞《梅徵君墓表》:「徵君姓梅氏，諱文鼎，字定九，江南宣城人也。康熙辛未至京師，抱曆算之說，好者甚希。君博覽群書，於天文地理莫不究切，得其所以云之意。所為記序書論，亦有異於人。李文貞以君曆算書進呈。召見，命坐賜食，御書『積學參微』以賜。年八十有九。著《曆算叢書》八十六種。」

老夫初失子，痛若遭鞭刑。《書》:「鞭作官刑。」騷騷理喪具，《禮記》:「喪事雖遽，不陵節。騷騷爾則野。」《注》:「騷騷，急疾貌。」裂布帷兩楹。《禮記》:「尸未設飾，故帷堂。小斂而徹帷。」又:「殷人殯於兩楹之間。」本為共命鳥，《阿彌陀經》:「迦陵頻伽，共命之鳥。二鳥同身二首，晝夜六時出和雅音。」卒然翦其翎。天乎獨何罪，《禮記》:「子夏喪其子而喪其明，曾子弔之。子夏哭，曰:『天乎!予之無罪也。』」此禍丁我躬。姑弘切。《詩》:「寧丁我躬。」有叟褐裘來，《禮記》:「子游褐裘而弔。」扶杖叩我扃。袖中出誄辭，書之鵠紋綾。謝靈運詩:「贈我鵠紋綾。」既以悼逝者，且用慰頹齡。陶潛詩:「菊為制頹齡。」申言賢聖阨，難免造化憎。西河授詩義，《禮記》:「退而老於西河之上。」《注》:「西河，子夏所居。」不聞子在甖。尼父成春秋，不聞鯉趨庭。遺恨古則爾，所以尚達生。《莊子》有《達生》篇。叟言我瞿然，《禮記》:「公瞿然失席。」旋收淚一升。陸游詩:「儲淚一升悲世事。」延之西牕坐，試話暌離情。李商隱詩:「何當共剪西窗燭，卻話巴山夜雨時。」與叟別八霜，蹤跡如蓬萍。杜甫詩:「萍蓬無定居。」或淹津門居，見前《送喬舍人》。或棲皖口城。見前《春暮》。北書鴈翩蒼，見前《明妃曲》。南書魚尾頳。《詩》:「魴魚頳尾。」蔣一葵《唐詩選箋釋》:「《古樂府》:『尺素如殘雪，結成雙鯉魚。要知心裏事，看取腹中書。』楊用修謂據此詩，古人尺素結為鯉魚形，即緘也，非如今人用蠟。《文選》:『客從遠方來，遺我雙鯉魚』，即此事也。下云『呼童烹鯉魚，中有尺素書』，亦譬況之言，非真烹也。《夷白齋詩話》:『魚腹中安得有書，古人以喻隱密耳。』蓋魚沉潛之物，故云。五臣

及劉履謂古人多於魚腹寄書，引陳涉罩魚倡禍事為證，謬。」〔註27〕**茲從閩江至，始獲遂合併。**王粲詩：「人慾天不違，何懼不合併。」**青猨長五尺，**陸游詩：「拾樵煎茗有青猨。」注：「青猨，王元之童。」李密《陳情表》：「內無應門五尺之童。」**一袟書手拎。**音零。《玉篇》：「拎，手懸撚物也。」**持籌計長歷，製器窺圓靈。**謝莊《月賦》：「柔祗雪凝，圓靈水鏡。」注：「圓靈，天也。」**削木驗日晷，**《正字通》：「晷，日影之差度也，曆數所自出。其法：望高處為體，立長短二竿為用，二竿與高齊等，度三物兩閒修短若干句股而求之。寒暑短長，瞭然自見。」**繪圖準方程。**《後漢書·鄭玄傳》注：「《九章算術》，周公作也。方田一，粟米二，差分三，少廣四，均輸五，方程六，傍要七，盈不足八，鉤股九。」《荀子》：「程者，物之準也。」《說文》：「十髮為程，十程為分，十分為寸。」《注》：「程者，權衡、斗斛、律曆也。」**我思古帝治，七政齊璣衡。**《書》：「在璇璣玉衡，以齊七政。」**下及周女士，咸知列宿名。束楚抱衾裯，**《詩》：「綢繆束薪，三星在天。今夕何夕？見此良人。」**觀象乃宵征。**《詩》：「嘒彼小星，維參與昴。肅肅宵征，抱衾與裯。」**畢雨箕風揚，**《詩》：「月離于畢，俾滂沱矣。武人東征，不遑他矣。」《書》：「星有好風，星有好雨。」《注》：「箕星好風，畢星好雨。」**武人解辨形，後世秘其術。張眼同晦盲，**《荀子》：「列星隕墜，旦暮晦盲。」**瑣瑣靈臺郎。**《易》：「旅瑣瑣。」《詩》：「瑣瑣姻亞。」《爾雅注》：「瑣瑣，才器細陋。」《天皇會通》：「靈臺，所以時登，眺望雲物，察災祥，宣壅蔽而舒鬱滯者也。」《唐六典》：「魏太史有靈臺丞，主候望郎。隋有天文博士。唐初因之。長安二年，改為靈臺郎。」**曷能測穹冥，下學理帖括。**《唐書·選舉制》：「楊綰上疏言：為進士者皆誦當代之文，而不通經史，明經者但記帖括。」唐制：帖試士曰試帖，舉人總括經文以應帖試曰帖括。**怠棄夏小正，**《書》：「有扈氏咸侮五行，怠棄三正。」《史記·夏本紀》：「孔子正夏時，學者多傳《夏小正》云。」《索隱》：「《夏小正》，《大戴記》篇名。」正，正、徵二音。先生《跋大戴禮記》：「《大戴禮記》本無甚躑駁，自小戴之書單行，而《大戴記》遂束之高閣。世儒明知《月令》為呂不韋作，乃甘棄《夏小正》篇不用，殊不可解。」**百翻兔園冊。**《文獻通考》：「《兔園冊》十卷，唐虞世南撰。奉王命，纂古今事為四十八門，皆偶麗之語。至五代時行形於民間，村墅以授學童，故有『遺下兔園冊』之誚。」《五代史·劉岳傳》：「馮道入朝，

〔註27〕楊慎《丹鉛餘錄》卷三：「《古樂府》詩：『尺素如殘雪，結成雙鯉魚。要知心裏事，看取腹中書。』據此詩，古人尺素結為鯉魚形，即緘也，非如今人用蠟。《文選》：『客從遠方來，遺我雙鯉魚』，即此事也。下云烹魚得書，亦譬況之言耳，非真烹也。五臣及劉履謂古人多於魚腹寄書，引陳涉罩魚倡禍事證之，何異癡人說夢邪！」

數反顧，任贊問：『道顧何為？』岳曰：『遺下兔園冊耳。』」足致公孤卿。昏昏軫
蓋中，《周禮》：「軫之方也，以象地也。蓋之圜也，以象天也。」莫辨一點星。居
然爕陰陽，《書》：「惟茲三公，論道經邦，爕理陰陽。」上應中臺明。見前《曹先
生輓詩》。三才昧其一，《易》：「有天道焉，有人道焉，有地道焉。兼三才而兩之，
故六。」庶績何由凝。《書》：「撫於五辰，庶績其凝。」先生《張氏定曆玉衡序》：
「古之人龍見而雩，駟見而隕，霜火見而戒寒，日北陸而藏冰，莫不有候。繁星之麗
天，武夫憚人以及束紲抱衾之女子皆能晰其形象。今也居軫蓋之中，三垣列宿躔次之
不分，天位淹速之莫辨。未通乎天地人而自名曰儒，其亦小人儒也已。」叟書析微
茫，該洽純粹精。《易》：「剛健中正，純粹精也。」惜乎時不用，歲月老笠簦。
見前《沈上舍南還》。我亦志述作，緬懷三代英。陶淵明《扇上畫贊》：「緬懷千
載，託契孤遊。」《禮記》：「孔子曰：『大道之行也，與三代之英，丘未之逮也，而有
志焉。』」流俗是末師，《漢書·劉歆傳》：「信口說而背傳記，是末師而非往古。」
立心壞先型。埽除詩書序，先生《詩論》：「《毛詩》之《序》，本乎子夏。子夏習
《詩》而明其義，又能推原國史，明乎得失之故。試稽之《尚書》、《儀禮》、《左氏內
外傳》、《孟子》，其說無不合。《毛詩》出學者，捨《齊》、《魯》、《韓》三家而從之，
以其有子夏之《序》，不同乎三家也。惟其《序》作於子夏，子夏授《詩》於高行子，
此《絲衣》序有高子之言。又，子夏授曾申，申授李克，克授孟仲子，此《維天之命》
注有孟仲子之言。皆以補師說之未及，毛公因而存之不廢。若夫《南陔》六詩有其義
而亡其辭，則出自毛公足成之。所謂『有其義』者，據子夏之《序》也。」又，《書論》：
「說《書序》者不一，謂作自孔子者，劉歆、班固、馬融、鄭康成、王肅、魏徵、程
顥、董銖諸儒是也；謂歷代史官轉相授受者，林光朝、馬廷鸞也；謂齊魯諸儒次第附
會而作者，金履祥也。至朱子持論，謂決非夫子之言、孔門之舊。由是九峰蔡氏作《書
傳》，從而去之。按：古者《書序》自為一篇，列於全書之後，故陸德明稱『馬、鄭之
徒，百篇之序，總為一卷』。至孔安國之傳出，始引小序分冠各篇之首，後人習而不察，
遂謂伏生今文無序，序與孔氏傳並出。不知漢孝武時即有之，此史遷據以作夏、殷、
周《本紀》。而馬氏於書小序有注，見於陸氏《釋文》。又鄭氏注《周官》，引書序文以
證保傅，故許謙云：『鄭氏不見古文而見百篇之序。考馬、鄭傳注本漆書古文，是孔傳
未上之時，百篇之序先著於漢代，初不與安國之書同時而出也。』自愚論之，周官外
史之職，掌達書名於四方。此書必有序，而今百篇之序即外史所以達四方者，其由來
也古矣。」又，《齋中讀書》詩：「書名達四方，掌之周外史。曷言乎書名，毋乃小序
是。馬鄭注漆經，大義已及此。古文雖未見，序先暢厥旨。云何宋諸儒，深文共排毀

《書序》非孔子作,其說始林之奇。吾聞國史言,序書自孔子。哀哉秦火後,未亡亦僅爾。苟屬聖人言,亦當存其似。不見小戴文,禮家以取士。何獨詩書序,攻者後先起。」區別義文經。先生《齋中讀書》詩:「周官掌三易,以通天下志。卦名或不齊,旅占本一致。豈有先後天,仳離異方位。斯言偽且堅,足以亂神智。演為方圓圖,申以河洛義。儀象卦已陳,相錯六十四。圖中迭相生,十六三十二。請問安樂翁,正名名焉寄。」客或立異義,黨附紛譏評。蘇軾詩:「何為譏評不少借。」恨不漢晉儒,驅納咸陽坑。《史記・秦始皇本紀》:「三十五年,使御史悉案問諸生,諸生傳相告引,乃自陳犯禁者四百六十餘人,皆坑之咸陽。」以茲經義廢,勦說徒相承。《禮記》:「毋勦說。」於焉考史籍,旁綜墓碑銘。下及稗官說,《漢書・藝文志》:「小說者流,蓋出於稗官,街談巷語,道聽途說者之所造也。」《注》:「王者欲知閭巷風俗,故立稗官。」也復掇華菁。百川趨四瀆,導之入滄溟。百穀播三農,見前《嘉禾篇》。獲之聚坻京。《詩》:「曾孫之庾,如坻如京。」先民可不死,《詩》:「先民有言。」身後留名稱。書成五鳳子,《古今注》:「蛺蝶大者如鳳子。」來集軒牕欞。蓮有並蒂實,蘭有同心莖。先生《綺羅香》詞注:「康熙丁丑六月,捨南池上紅蓮作並頭花。年時蕙作同心花,今夏又開並蒂。」按之瑞應圖,《隋書・經籍志》:「《瑞應圖》二卷。」僉謂斯祥禎。況記洗兒時〔註28〕,熱湯盆中盛。有文在其背,《左傳》:「成季之生,有文在其手曰友,遂以命之。」曰壽似可徵。云何凶短折,《書》:「六極:一曰凶短折。」我心滋不平。兒兮洵聰慧,閭鄰誇寧馨。《晉書・王衍傳》:「何物老嫗,生寧馨兒!」程大昌《演繁露》:「寧馨猶言恁地也。《晉書》『寧』字相傳多作去聲。如張謂詩『家無阿堵物,門有寧馨兒』是也。劉禹錫詩『為問中原學道者,幾人雄猛得寧馨』,則又作平聲。要之,平仄雖殊,其意一也。」九齡善學書,楷法工撥鐙。林韞《撥鐙法序》:「盧肇曰:『子學吾書,但求其力耳。吾昔授教於韓史部,其法曰撥鐙。今將授子,子勿妄傳。推、拖、撚、拽是也。』」《唐詩紀事》:「古之善書鮮有得筆法者,陸希聲得之。凡五字,擫、押、鉤、格、抵,謂之撥鐙。希聲自言昔二王皆傳此法。」《書苑菁華》:「唐林韞《撥鐙四字法》曰推、拖、撚、拽。鐙,馬鐙也。蓋以筆管著中指名指尖,令圓活,易轉動。筆管既直,則虎口間空,圓如馬鐙也。足踏馬鐙,淺則易轉運。手執筆管,亦欲其淺,則易於撥動矣。南唐後主李煜七字法:擫、壓、鉤、揭、抵、導、送。擫者,擫大指骨上節,下端用力,欲直如提千鈞。壓者,捺食指,著中節旁。鉤者,鉤中指,著指尖,鉤筆令向下。揭者,揭名指,著指爪肉之際,揭筆令向上。抵者,名指揭筆,中

〔註28〕「時」,《曝書亭集》作「初」。

指抵住。導者,小指引名指過右。送者,小指送名指過左。」按:撥鐙鐙字,昔人皆以馬鐙為喻,惟《楊升庵集》云:「後主撥鐙法。鐙,古燈字。撥鐙畫沙,懸針垂露,皆喻言。撥鐙如挑燈,不急不徐也。楊鐵崖與顧玉山聯句云『書成撥鐙侵繭帖』,可證其音讀。」此詩作平聲,從楊說也。**十五嫺詞賦,下筆人皆驚。視不眩邪色,聽不惑奸聲。清心薄嗜欲,生產絕勿營。**《漢書·高帝紀》:「不事生產。」**性亦勤著書,席研希留停。**《漢書·張湯傳》:「安世兄賀無子,子安世,小男彭祖。彭祖又小,與上同席研書,指欲封之,先賜爵關內侯,」**請看所排韻,力欲闢榛芳。**音仍。《玉篇》:「舊草不芟,新草復生曰芳。」**涼花帶風露,哀玉明瓏玲。**杜甫詩:「清文動哀玉。」揚子《法言》:「玲瓏其聲者,其質玉乎?」**又如食俊味,**陸雲《答車安茂書》:「東海之俊味,餚膳之至妙。」**盡洗官庖腥。比於回溪諷,獵史尤縱橫。**自注:「宋日鄉人錢諷篹《回溪史韻》。」先生《回溪史韻跋》:「回溪錢諷,字正初,吾鄉人也。所撰《史韻》四十九卷,予嘗見宋時鏤本於京師,僅存七冊。從琴川毛氏、長洲何氏訪其所藏,合之才十七卷,亟寫而存之笥。宋人《兔園冊類》,摘雙字,編四聲,以便簡閱。回溪獨採成語,有多至三四句者,未嘗割裂原文,信著書之良法矣。」《漢書·賈山傳》:「涉獵書記,不能為醇儒。」(師《注》:「言若涉水獵獸,不專精也。」**憶當病少間,**去聲。《禮記》:「旬有二日乃間。」《疏》:「病重之時,病恒在身,無少間空隙。病今既損,不恒在身,其閒有空隙。故謂病為閒也。」**黏紙連門屏。儲書八萬卷,剔蠹捎乾螢。**杜甫詩:「案頭乾死讀書螢。」**陳言委時夫,**韓愈《答李翊書》:「惟陳言之務去。」《南昌志》:「陰時夫,字勁絃。編《韻府群玉》。**秀句羅元兢。良由深意苦,甘使定命傾。先猶木支廈,**《文中子》:「大廈之顛,非一木所支。」**俄而緪脫鉼。恒幹不久留,**《楚辭》:「魂兮歸來!去君之恆幹,何為乎四方些。」《注》:「恒,常也。幹,體也。」**所惜目未暝。吾家太傅公,清德逾冰凌。**《風俗通》:「積冰曰凌。」**王父守滇郡,**《爾雅》:「父之考曰王父。」**得歸賴贈行。**自注:「先祖知楚雄府事,聞曾祖姒何太夫人訃,奔喪,囊無貫錢,巡按御史贈行,乃得歸。」**先人失舊業,恥為塵垢攖。負郭無遺田,**見前《送十一叔》。**八口一豆羹。雖嘗役婢僕,五世罷笞搒。**音彭。《漢書·張耳傳》:「吏搒〔註29〕笞數千。」陸游詩:「始讀法律親笞搒。」**人言積善家,降殃顧匪輕。**《易》:「積善之家,必有餘慶。積不善之家,必有餘殃。」**念此腸九回,**《史記》太史公《報任安書》:「腸一日而九回。」**孤憤氣填膺。**江淹《恨賦》:「悲來填膺。」**俗傳老婦祭,**

〔註29〕「搒」,《史記》卷八十九《張耳傳》、《前漢書》卷三十二《張耳傳》作「榜」。

《禮記》：「夫奧者，老婦之祭也。」《注》：「奧讀為爨。」《家語》：「夫竈者，老婦
之所祭。」**不修禍所嬰。我貧無黃羊，何以媚竈陘。**《後漢書・陰興傳》：「宣
帝時，陰子方者至孝，有仁恩。臘日晨炊，竈神形見，子方再拜受慶。家有黃羊，
因以祀之。自是以後，暴至巨富。故後常以臘日祀竈而薦黃羊焉。」《爾雅》：「麆，
麋屬，亦謂黃羊。」《禮記》：「其祀竈，祭先肺。」《注》：「東面設主於竈陘。」《疏》：
「竈陘謂竈邊承器之物，以土為之。」**或者童男女，**自注：「竈神有銅童驕孫六
女。」**讒口上告天。**他經切。陳繼儒《群碎錄》：「竈神己丑日卯時上天，白人罪
過。此日祭祀之得福。」**又聞道士言，夜必守三彭。**《中山玉櫃經》：「道士言人
身有三尸蟲，常以庚申日夜上告天帝，記人罪過。上尸名彭琚，中尸名彭質，下尸
名彭矯。」《酉陽雜俎》：「凡庚申日，三尸言人過。七守庚申三尸滅，三守庚申三尸
伏。」柳宗元《罵三尸文序》：「道士言人皆有尸蟲三，處腹中，伺人隱微失誤日，
庚申出讒於帝。」**我嬾動堅臥，尸蟲釋拘囹。**韓愈詩：「守官類拘囹。」**或者
請於帝，奪我才子年。**奴京切。　　見前《興化壽詩》。**魂笯掌巫陽，**見前《于
忠肅公祠》。**鬼律著女青。**鄭樵《通志》：道家符籙有《女青鬼律》十卷。**寧期意
所向，務俾才者懲。將無太山籙，**《古樂府》：「齊度遊四方，各繫太山籙。人
間樂未央，忽然歸東獄。」《博物志》：「太山，天帝孫也，主召人魂。東方萬物始，
故知人生命。」**明神未式憑。**梁簡文帝《改元詔》：「式憑宰輔，以弘庶政。」**第
假鬼伯權，**《古樂府》：「鬼伯一何相催促。」**好惡初無恒。修短雖有定，我
心終怦怦。**音烹。《楚辭》：「心怦怦兮諒直。」**叟也驗歷數，消息可立成。試
為窮九厄，**王湜《太乙肘後備檢》：「凡四百五十六年而一陽九，二百八十八年而
一百六。陽九，奇數也，乃陽數之窮。百六，偶數也，乃陰數之窮。皆所謂厄會也。」
《漢書・律曆志》：「初入元，百六，陽九。」《注》：所謂陽九之厄，百六之會也。初
入元百六歲有厄者，則前元之餘氣也。〔註30〕四千五百歲為一元。一元之中有九度，
陽厄五，陰厄四。陽為旱，陰為水。〔註31〕九七五三，皆陽數也，故曰陽九之厄。
〔註32〕**因之推八紘。**《淮南子》：「九州之外有八埏，八埏之外有八紘。**山何戴斷
鼇，**《列子》：「東海有岱輿、員嶠、方壺、瀛洲、蓬萊，根無所連，隨波上下。帝命

〔註30〕按：以上見《漢書》卷二十一上《律曆志上》「易九厄曰：初入元，百六，陽
　　　九；次三百七十四，陰九」顏師古《注》引「孟康曰」。
〔註31〕按：以上見《後漢書》卷一百二《董卓傳》：「贊曰：百六有會」章懷太子《注》
　　　引《前書音義》曰」。其中，「九度」作「九厄」。
〔註32〕按：以上見《漢書》卷二十一上《律曆志上》「次四百八十，陰三；次四百八
　　　十，陽三」顏師古《注》引「孟康曰」。

策彊〔註33〕使巨鼇十五戴之。」《楚辭》:「鼇戴山抃,何以安之?」《史記·三皇本紀》:
「女媧氏斷鼇足以立四極。」**地何震死鯨。楓何以膠折**,庾信詩:「枯楓乍落膠。」
《漢書·晁錯傳》:「欲立威者,始於折膠。」《注》:「秋氣至,膠可折,弓弩可用,匈
奴以為候而出軍。」**栗何以芽萌。蓂莢何以落**,《竹書紀年》:「帝堯在位,有草
夾階而生,月朔始生一莢,月半而生十五莢,十六日以後,日落一莢,及晦而盡;月
小則一莢焦而不落;名曰蓂莢。」**桐葉何以增**。《遁甲書》:「梧桐可知月正閏。歲
生十二葉,一邊六葉,從下數一葉為一月。有閏則十三葉。視葉小者,則知閏何月也。」
律何吹黍轉,蔡邕《銅龠銘》:「龠,黃鐘之宮,長九寸,空圍九分,容秬黍一千二
百粒,稱重十二銖。兩之為一合,三分損益,轉生十二律。」**鐘何應霜鳴**。《山海
經》:「豐山有九鐘,是知霜鳴。」《注》:「霜降則鐘鳴,故言知也。」**此何亡也忽,
彼何勃焉興**。《左傳》:「禹、湯罪己,其興也勃焉;桀、紂罪人,其亡也忽焉。」**鄰
里皆多男,我何獨孤惸**。蘇軾詩:「誰使掩抑啼孤惸。」**叟宜指我迷,喚我夢魘
醒**。《說文》:「魘,夢驚也。」**答云萬品殊,二氣互陶蒸。舒慘物不齊**,張
衡《西京賦》:「夫人在陽時則舒,在陰時則慘,此牽乎天者。」**五曹算未能**。《小學
紺珠》:「五曹算經:田曹、兵曹、集曹、倉曹、金曹。」〔註34〕先生《五曹算經跋》:
「《五曹算經》五卷,唐太史令李淳風注,而博士梁述、助教王真儒等校定之書也。地
利生人之本,故首田曹。田疇必資人功,故次兵曹。人家必用食飲,故次集曹。會集
必務儲蓄,故次倉曹。倉廩必資貿易,故以金曹終焉。」**呼童開瓷菹**,《周禮》「七
菹」注:「全物若牒為菹,細切為虀。」**飲叟酒一觥。冬春煮粗飯**,陸容《菽園
雜記》:「吳中民家計一歲食米若干石,至冬月春白以蓄之,名冬春米。聞之老農曰:
『春氣動則米芽浮起,米粒亦不堅,此時春者多碎而為秕,折耗頗多。冬月米堅,折
耗少,故及冬春之。』」**寒燭燒短檠**。韓愈詩:「短檠二尺便且光。」**卓午詎忍去**,
李白詩:「頭戴笠子日卓午。」**徘徊曝書亭**。先生《曝書亭著錄序》:「池南有亭,曰
曝書。」**吳船闊三板**,錢起詩:「三板順風船。」陸游詩:「簟蒢作帆三板船。」**送
之還宛陵**。見前《贈別梅庚》。**我詩倘垂和,兼語猶子庚**。《禮記》:「兄弟之子,
猶子也。」

周上舍〔註35〕**崑招飲晨過昭慶**田汝成《西湖志》:「昭慶律寺,晉天福間吳越王
建。」《浙江通志》:「昭慶寺在杭州府城西。」**僧舍雨霽偕諸君登舟循孤山沿**

〔註33〕「策彊」,《列子·湯問》作「禹彊」。
〔註34〕卷一。
〔註35〕按:《曝書亭集》「周上舍」前有「十日」。

蘇公隄至定香橋尋杖策歷大小南屏觀磨崖家人卦舟回席上賦六十韻

崧字層岩，杭州人。丙子副榜貢生。《浙江通志》：「孤山在裏外湖之間，一峰獨立，為湖山勝絕處。」《錢塘縣志》：「定香橋在裏六橋之西。」《咸淳臨安志》：「南屏山在興教寺後，上有石壁，若屏障然。小南屏山在廣教院後，怪石玲瓏，亦類屏障。」先生《南屏題名》：「葉紹翁《四朝聞見錄》、吳自牧《夢粱錄》皆云石壁刊字出司馬溫公筆，獨周密謂『是唐人遺跡，後人於石旁刊右司馬溫公書六字』，其實非也。家有《宋鑒》，稱紹興六年十一月庚辰，上諭大臣曰：『司馬光隸字真似漢人，朕有五卷，日夕置座右，所書乃《中庸》與《家人卦》，皆修身治國之道，不特玩其字而已。』今磨崖所刊《家人卦》後，雜以《樂記篇》『禮樂不可斯須去身』至『舉而措之』百九十二言，《中庸》『道不遠人』至『無入而不得焉』百九十七言，合乎《宋鑒》所載，當是諸大臣聞思陵面論，請刊於石者。此王參洧詩有云『涑水崖碑半綠苔，春遊誰向此山來』也。」

山行有前期，晨起風雨惡。周郎衝泥過，促赴開沽約。車從酒庫來，航近寺門泊。同調六七人，畢來踐宿諾。俄頃濕雲收，周遭露岩崿。韓愈《聯句》：「秦關束岩崿。」絃如津鼓動，見前《夢硯歌》。解我青絲絆。見前《採蓮曲》。隄緣水仙祠，《杭州圖經》：「湖上有水仙王廟，在錢塘門外二里。」王象之《輿地紀勝》：「水仙王廟即錢塘龍君廟也。」柂轉巢居閣。《成化杭州府志》：「林處士居有巢居閣。」已枯宅邊梅，《浙江通志》：「孤山多梅，為林逋放鶴地。」何況墓上鶴。自注：「徐集孫《謁林和靖墓》詩：『高風留塑鶴，殘雨暗荒碑。』」《詩話總龜》：「林逋隱於武林之西湖，不娶無子，所居多植梅畜鶴，泛舟湖中。客至則放鶴致之，因謂梅妻鶴子云。」舍之度西泠，見前《贈吳明府》。椒壁乍圬堊。歐陽修詩：「金缸〔註36〕瑩椒壁。」長廊面積水，華搆織新箔。云何丹粉外，團焦用綺索。《草木志》：「草舍曰團焦。」《北齊書·神武帝紀》：「庬蒼鷹止團焦中。」得毋法堯階，茅茨罷翦削。《帝皇世紀》：「堯階三尺，茅茨不翦。」循此溯上洄，尋復步薜薄。曹植《洛神賦》：「步蘅薄而流芳。」雙樹繚簷楹，層樓敞櫨栱。司馬相如《長門賦》：「施塊木之欂櫨。」《注》：「欂櫨，拱斗之屬。」倒影碧重巒，殘英紅一萼。抽梭白魚跳，杜甫詩：「翻藻白魚跳。」拂鏡翠羽掠。《增韻》：「青羽曰翠。翠小如魚。」十亭此為最，西湖十景各有亭。奇豈緣棧壑。同遊興未闌，我心亦有託。思訪磨崖書，剔蘚試摹拓。篙師欹舟誤，失道墮蕭藿。盧諶詩：「遊原採蕭藿。」俄聞南屏鐘，《浙江通志》：「西湖十景，一曰南屏曉鐘。」扶杖強趞音掉。趠。音躍。《類篇》：「趠趠，謂疾走。」到院風滿林，松栝雜楊柞。韓愈《聯句》：「三改宿楊柞。」客過僧不迎，去疾走矍矍。《易》：

〔註36〕「缸」，《和聖俞聚蚊》作「釭」。

「震索索，視矍矍，征凶。」柳宗元《姜君墓誌銘》：「不矍矍於進取。」**此輩廢耕畚，安坐享齋饟。**王安石詩：「虹垂齋饟午還晴。」**何不勒歸農，驅使荷銚鎛。**馬祖常詩：「銚鎛每親荷。」**夕曛斷塔明，**陸次雲《湖壖雜記》：「雷峰塔，五代時所建。嘉靖時，東倭入寇，疑塔中有伏，縱火焚塔，故其簷級皆去赤立童，然反成異致。」《浙江通志》：「西湖十景，一曰雷峰夕照。」**仰見飛鳥霍。**音霍。《說文》：「霍，飛聲也。」**起行十畮間，柔桑已沃若。**《詩》：「十畮之間兮，桑者閑閑兮。」「桑之未落，其葉沃若。」**修修綠筠竿，**李商隱詩：「綠筠遺粉籜。」**濕粉脫鮮籜。曲木橫為橋，中以石填廓。**《廣韻》：「廓，空也。」**苔磴側未安，賴有藤婁絡。**韓愈詩：「有藤婁絡之。」注：「婁音縷。」《莊子》有卷婁者。《注》：「卷婁，猶拘攣也。」**頹齡苦足繭，**陶潛詩：「菊為制頹齡。」**十步九引卻。賈勇始一登，**《左傳》：「欲勇者賈余餘勇。」**履險漸寬綽。石經早淪亡，餘者日銷鑠。家人卦六爻，何年此甓**音讒。**鑿。曩偕鉏菜翁，**自注：「曹侍郎溶。」**相攜共盤礴。**《莊子》：「解衣盤礴。」**彈指四十春，**《翻譯名義集》：「二十瞬名一彈指。」《維摩經》：「度百千劫猶如彈指。」**重過感今昨。流傳迂叟題，**《聞見後錄》：「司馬公在洛陽，自號迂叟。」**所喜未闕落。威鳳臆騰騫，**見前《謁劉文成公祠》。顧雲詩：「麟鬐鳳臆直相似。」杜甫詩：「志在必騰騫。」**乖龍爪挐攫。**見前《兜率院》。張衡《西京賦》：「熊虎升而挐攫。」**黿宜響搈回。**見前《西塔寺》。**悔失攜竹膜，**梅堯臣詩：「斜封一幅竹膜紙，上有文字十七行。」**字仿婁機箋，**《宋史·婁機傳》：「機字彥發，嘉興人。」洪邁《漢隸字源序》：「《漢隸字源》，檇李婁君彥發所輯也，合蔡中郎諸人筆力。通神之妙，皆聚此編。」**手學蔡邕摸。**《後漢書·蔡邕傳》：「邕讀《曹娥碑》，後能手摸其文讀之。」**坐久暝色催，出谷下危礿。**梅堯臣詩：「危礿獨行時。」詳見前《秋杪》。**平湖水悠悠，遠岫山漠漠。喚渡無緩聲，舉釂有逸爵。**殷仲文詩：「逸爵紆勝引。」**廚勅江庖烹，**《古樂府》：「左顧勅中廚。」**盤飣**音訂。**海物錯。**《玉篇》：「飣貯食。」《書》：「海物惟錯。」**紛綸算觥籌，**歐陽修《醉翁亭記》：「觥籌交錯。」**稠疊進羹臛。**見前《食鐵腳》。**吾衰僅兩齒，**韓愈詩：「憶昔太公仕進初，口含兩齒無贏餘。」注：「太公兩齒，事見古本《荀子》。」**笑比牛軟嚼。**韓愈詩：「合口軟嚼如牛呞。」**於禮去煩苛，既醉忘嗢乙骨切。噱。**《〈魏志·鍾繇傳〉注》：「執書嗢噱，不能離手。」**邇來數近遊，**束皙有《近遊賦》。**今日樂上樂。**《古樂府》：「今日樂上樂，相從步雲衢。」**雖殊梓澤敘，**《晉書·石崇傳》：「崇有別館在河陽之金谷，一名梓澤。」**合繼蘭渚作。**《海錄碎事》：「山陰西南二十里，有蘭渚。渚有亭，曰蘭亭。」詳見前《蘭亭行》。**於焉迭觴詠，**

王羲之《蘭亭序》：「一觴一詠，亦足以暢敘幽情。」**詩排硬語各**。韓愈詩：「橫空盤硬語。」**且當梔我車**，《易》：「繫于金梔。」**入市趁櫻酪**。《高齋詩話》：「牧之《和裴傑新櫻桃詩》云：『忍用烹騂酪，從將玩玉盤。』知唐人已用櫻桃薦酪也。」**主人洵好奇，語客君且莫。茲遊縱可娛，所見但塗膧**。《書》：「惟其塗丹膧。」**詎足契真情，要必遠城郭。須為裹飯交**，《莊子》：「子輿與子桑為友。霖雨十日。子輿曰：『子桑殆病矣！』裹飯而往食之。」**選勝窮寂寞。兩峰躡晨梯**，《浙江通志》：「西湖十景，一曰兩峰插雲。」 曰南高峰、北高峰也。**九鎖開夜鑰**。《浙江通志》：「餘杭縣有九鎖山，縈紆凡九折，曰天關，曰藏雲，曰飛鸞，曰凌虛，曰通真，曰龍吟，曰洞微，曰雲璈，曰朝元。」**行逢鹿銜花**，梅堯臣詩：「銜花鹿女香。」**臥聽禽搗藥**。《焦氏類林》：「葛仙公嘗於西峰石壁上石臼中搗藥，因遺一粟許，有飛禽遇而食之，遂得不死。至今夜靜，猶作丁當杵臼之聲。名曰搗藥鳥。」**暇看樗子棊**，見前《冬日》。**雄對仙人博**。見前《董逃行》。韓愈詩：「呼博騁雄快。」**子言我獨哂，其奈筋力弱。後遊倘可陪，閉戶養腰腳**。《梁書·何胤傳》：「但比腰腳大，惡此心不遂也。」杜甫詩：「年侵腰腳衰，未便陰崖秋。」

七夕詞二首〔註37〕

照面微虧半月輪，經年別緒暫相親。見前《五遊篇》。**奔龍控鶴緣何事**，《列仙傳》曰：「劉〔註38〕安公，六安冶師也。有赤雀止冶上，曰：『安公安公，冶與天通。七月七日，迎汝以赤龍。』至期，赤龍來，安公騎之上昇。」又：「王子喬，周靈王太子晉也。好吹笙，作鳳鳴。遊伊洛間，道士浮丘公接以上嵩山。四十餘年後，於山中見桓良，曰：『告我家，七月七日待於緱氏山。』至是，果乘白鶴至山頭，望之不得到，舉手謝時人而去。」謝惠連詩：「遙心逐奔龍。」孫綽《遊天台山賦》：「王喬控鶴以衝天。」**天路翻多襪襪人**。見前《苦熱聯句》。

中庭兒女上駝鉤，夏果秋瓜列案頭。《風土記》：「七月七日，夜灑掃於庭露。施几筵，設酒脯、時果、散香粉於筵上，以祀河鼓、織女，言此二星辰當會。少年守夜者咸懷私願。或云：見天漢中奕奕，正白氣有耀五色。以此為徵，便拜而乞願。」《荊楚歲時記》：「七夕陳瓜果於庭中以乞巧，有喜子網於瓜上者，則以為符應。」**若使天孫有餘巧**，《史記·天官書》：「織女，天女孫也。」**只應先乞自癡牛**。盧仝詩：「癡牛與騃女，不肯勤農桑。徒勞含淫思，旦夕遙相望。」

〔註37〕按：《曝書亭集》原為六首。
〔註38〕按：「劉」當作「陶」。

玉帶生歌並序張憲《玉帶生歌序》:「玉帶生,端人也。事文山丞相,為文墨賓,與同館謝先生翱友善。宋革,丞相殉國死。訃聞,生與翱哭於西臺之下。復憫宋諸陵暴露,私相蓋覆,識以冬青木而去。後翱道卒,生今歸會稽,抱遺老人與秋聲子輩為僚中七客。初,宋上皇以丞相恩,賜生紫衣玉帶,至今不改其舊服。生為人端厚,強記默識,不妄開口,丞相素重之,呼召不以名,但曰玉帶生。故作《玉帶生歌》。」歌云:「鸞刀夜割黑龍尾,碾作端溪蒼玉砥。花鑱鐵面一尺方,紫霧紅光上書幾。銀絲雙纏玉腰圍,翡翠青斑繡紫衣。金星鴝眼不敢現,案上墨花皆倒飛。景炎丞相魁龍牓,撫玩不殊珠在掌。背銘刻骨四十四,血錄至今猶可想。謝公古文今所師,西臺一慟神血垂。獨持老瓦出門去,冬青樹邊書憤詞。天翻地覆神鬼怒,九廟成灰陵骨露。盧陵忠魄上騎箕,流落端生何所寓。抱遺老人生計拙,愛把文章寫忠烈。霜毫一夜電光飛,不必矮桑重鑄鐵。」注:「《文山硯銘》,丹書小篆四十四字云:『紫之衣兮綿綿,玉之帶兮磷磷。中之藏兮淵淵,外之澤兮日宣。烏乎?磨爾心之堅兮,壽吾文之傳兮。盧陵文天祥造。』」

玉帶生,文信國〔註39〕遺硯也。《宋史·文天祥傳》:「天祥,字宋瑞,又字履善,吉之吉水人也。拜右丞相,加少保、信國公。」予見之吳下,既摹其銘而裝池之,《楊升庵外集》:「《唐六典》有『裝潢匠』,注:『潢,光上聲,謂裝成而以蠟潢紙也。』今制賤法猶有潢漿之說,人多不解作平音讀,又改為裝池。其謬甚矣。」且為之歌,曰:先生《書拓本玉帶生銘後》:「玉帶生,宋文丞相硯名也。石產自端州,未為絕品,其修扶寸,廣半之,厚又微殺焉。帶腰玉而身衣紫,丞相寶惜,旁刻以銘,書用小篆,凡四十有四字。歲甲申,觀於商丘宋節使坐上,因請以硬黃紙摹之,不敢響拓也。生之本末,略見玉笥生詩,其銘辭亦附注於詩編。按:金華胡翰作《謝翱傳》,稱天祥轉戰閩廣,至潮陽,被執。翱匿民間,流離久之,間行抵勾越。是信公軍敗後,硯即歸翱可知。其寓浦陽、永康,閱祐、思諸陵,登釣壇,度必攜生偕往。懷古之君子,可以深長思矣。」

玉帶生,吾語汝:汝產自端州,汝來自橫浦。《唐書·地理志》:「大庾嶺有橫浦關。」《南安志》:「橫浦有關,大庾有嶺,通道交廣,此其襟喉。」幸免事降表,僉名謝道清,鄭明德詩:「花底傳籌殺六更,風吹庭燎滅還明。侍臣奏罷降元表,臣妾僉名謝道清。」〔註40〕「道清」,宋謝太后也。亦不識大都承旨趙孟頫。《元史·地理志》:「大都路,唐幽州范陽郡。遼改燕京。金遷都,為大興府。元世祖至元元年,中書省臣言:『開平府闕庭所在,加號上都,燕京分立省部,亦乞正

〔註39〕《曝書亭集》此處有「所」字。
〔註40〕按:非鄭明德詩,出汪元量《醉歌》其五。

名。』遂改中都，其大興府仍舊。四年，始於中都之東北置今城而遷都焉。九年，改大都。二十一年，置大都路總管府。」又，《趙孟頫傳》：「孟頫，字子昂，宋太祖子秦王德芳之後。湖州人。年十四，用父蔭補官，試中吏部銓法曹，調真州司戶參軍。至元二十三年，行臺侍御史程鉅夫奉詔搜訪遺逸於江南，得孟頫，以之入見。二十四年六月，授兵部郎中。二十七年，遷集賢直學士。延祐三年，拜翰林學士承旨、榮祿大夫。」**能令信公喜，辟汝置幕府。**見前《將之永嘉》。**當年文墨賓，代汝一一數。參軍誰？謝皋羽。**宋濂《謝翱傳》：「翱字皋羽，福之長溪人。文天祥開府延平，長揖軍門，署諮事參軍。」**僚佐誰？鄧中甫。弟子誰？王炎午。**王炎午《生祭文丞相文》：「維年月日，里學生舊太學觀化齋生王炎午謹採西山之薇，酌汨羅之水，哭祭於文山先生未死之靈」云云。天祥死後，王又有《望祭文丞相文》。**獨汝形軀短小，風貌樸古，步不能趨，口不能語。既無鸜之鵒之活眼睛，**見《和程篷龍尾硯》。《左傳》：「鸜之鵒之，公出辱之。」**兼少犀紋彪紋好眉嫵。**《歙硯譜》：「眉子色青或紫，短者簇者如臥蠶而犀紋立理，長者闊者如虎紋而松紋從理。」《漢書·張敞傳》：「敞為婦畫眉，長安中傳張京兆眉嫵。」《注》：「嫵音嫵。」**賴有忠信存，波濤孰敢侮。**《列子》：「孔子自衛反魯，息駕於呂梁而觀焉，有懸水三十仞，流沫三十里，魚鱉弗能遊，黿鼉弗能居。有一丈夫方將厲之，孔子使人止之。丈夫不以錯意，遂渡而出。孔子問之，曰：『巧乎？有道術乎？』丈夫曰：『始吾之入也，先以忠信。及吾之出也，又從以忠信。措吾軀於波流，而吾不敢用私，所以能入而復能出也。』」**是時丞相氣尚豪，可憐一舟之外無尺土。**宋端宗景炎二年，車駕航海。**共汝草檄飛書意良苦，四十四字銘厥背，愛汝心堅剛不吐。**《詩》：「剛亦不吐。」**自從轉戰屢喪師，天之所壞不可支。**《左傳》：「天之所支，不可壞也。」**驚心柴市日，慷慨且誦臨終詩，**《續通鑑綱目》：「元至元十九年十二月，詔殺文天祥於都城之柴市。」孫承澤《春明夢餘錄》：「郡學西乃元之柴市，文信國授命所。」《宋史·文天祥傳》：「元帥張弘範兵濟潮陽。天祥方飯五坡嶺，弘範兵突至，眾不及戰，皆頓首伏草莽。天祥倉皇出走，千戶王惟義前執之。天祥吞腦子，不死。至潮陽，見弘範，左右命拜之，不拜。弘範遂以客禮見之，與俱入厓山。厓山破，弘範曰：『國亡，丞相忠孝盡矣。能改心以事宋者事皇上，將不失為宰相也。』天祥泫然出涕，曰：『國亡不能捄，為人臣者死有餘罪，敢逃其死而二其心乎？』弘範義之，遣使護送天祥至京師。在燕凡三年，上知天祥終不屈也。召入諭之曰：『汝何願？』對曰：『天祥受宋恩，為宰相，安事二姓？願賜之一死足矣。』從之。俄有詔使止之，天祥死矣。臨刑殊從容，謂吏卒曰：『吾事畢矣。』南鄉拜而死。數日，其妻歐陽氏收其

屍，面如生，年四十七。其衣帶中有贊曰：『孔曰成仁，孟曰取義。惟其義盡，所以仁至。讀聖賢書，所學何事。而今而後，庶幾無愧。』**疾風蓬勃揚沙時。**見前《捉人行》。劉岳申《文丞相傳》：「天祥將出獄，即為絕筆自贊，繫之衣帶間。過市剔剔〔註41〕，顏色不變。南面再拜而就死。是日大風，揚沙石，晝晦，咫尺不辨人。有十義〔註42〕士收葬於都城外。」**傳有十義士，表以石塔藏公屍，生也亡命何所之。**《漢書·張敞傳》：「便從闕下亡命。」《注》：「不還其本邑縣也。」**或云西臺上，**《方輿勝覽》：「釣臺在桐廬西南二十九里。東西二臺，各高百丈。」**晞髮一叟涕漣洏。**《楚辭》：「晞汝髮兮陽之阿。」方鳳《謝翱行狀》：「翱慕屈原懷郢，讀《離騷》二十五，託興《遠遊》，以『晞髮』自命其詩。」**手擊竹如意，**謝翱《登西臺慟哭記》：「謁子陵祠，登西臺，設主於荒亭隅，再拜跪伏，祝畢，號而慟者三復，再拜起，乃以竹如意擊石。作楚歌招之曰：『魂朝往兮何極，暮來歸兮關水黑。化為朱鳥兮有味〔註43〕焉食。歌闋，竹石俱碎。」**生時亦相隨。冬青成陰陵骨朽，**《輟耕錄》：「宋端宗景炎三年，元西僧總管楊璉真珈利宋殯宮金玉，奏發諸陵之在紹興者。山陰人唐鈺，字玉，聞之痛憤，貨家具，為酒食，召諸少年，收遺骸，葬蘭亭山後。又移宋故宮冬青樹植其上以識焉。羅有開撰《唐義士傳》，載鈺《冬青行》，云：『冬青花，不可折，南風吹涼積香雪。遙遙翠蓋萬年枝，上有鳳巢下龍穴。君不見犬之年、羊之月，霹靂一聲天地裂。』復有《夢中》詩四首，其二云：『一壞自築珠宮土，雙匣親傳竺國經。只有春風知此意，年年杜宇哭冬青。」」按：謝翱有《冬青樹引別玉潛》詩，張丁云：「翱，唐珏之故人也。至元丙戌入越，嘗登越臺慟哭丞相，故有斯作。自古忠臣義士所見略同，若唐、謝之為，豈《易》所謂『同聲相應』者耶？」詳見前《南鎮》。**百年蹤跡人莫知。會稽張思廉，**先生《明詩統》小傳：「張憲，字思廉，紹興山陰人。仕張士誠，為樞密院都事。吳平後，變姓名，走杭州，寄食報國寺以死。有《玉笥生集》。」**逢生賦長句。抱遺老人閣筆看，**先生《楊維楨傳》：「或自呼老鐵，亦曰抱遺老人。」**七客僚中敢吷**音坳。**怒。**《玉篇》：「吷，婬聲。」**吾今遇汝滄浪亭，**《江南通志》：「滄浪亭在蘇州府郡學東。」**漆匣初開紫衣露。海桑陵谷又經三百秋，**《神仙傳》：「麻姑云：『接待以來，已見東海三變為桑田。』」《詩》：「高岸為谷，深谷為陵。」**以手摩抄尚如故。洗汝池上之寒泉，漂汝林端之霏霧。**謝萬詩：「玄崿吐潤，霏霧成陰。」**俾汝長留天地間，**杜甫詩：「詩卷

〔註41〕「剔剔」，《申齋集》卷十三作「揚揚」。
〔註42〕「義」，《申齋集》卷十三作「二」。
〔註43〕「味」，《登西臺慟哭記》作「味」。

—334—

長留天地間。」**墨花忩灑鵝毛素**。李賀詩：「紗帷晝暖墨花春。」白居易賦：「染松煙之墨，灑鵝谿之素。」

送高佑釲之江寧〔註44〕

塵衫破帽獨支筇，徐渭詩：「破帽殘衫拜孝陵。」**重向金陵寄客蹤。試上風香層閣望**，江寧府鍾山明太祖孝陵前有風香閣。**至今猶剩幾株松**。周賀詩：「倚閣三松樹。」注：「風香閣存陵樹三株。」

高麗**薝歌賦謝納蘭院長揆敘**　揆字愷功，明相國次子。議政大臣、左都御史兼翰林院掌院學士。

若稽古帝伊耆，《書》：「曰若稽古帝堯。」鄭樵《通志》：「炎帝神農氏亦曰伊耆氏。」**穿九井**，盛弘之《荊州記》：「隨郡重山有一穴，父老相傳云：『神農所生地，有井。神農既育，九井自穿。』又云：『汲一井則眾井水皆動。』即以此為神農社，年常祀之。」**御六螭**。《淮南子》：「爰止羲和，爰息六螭。」注：「六螭，六龍也。」《易》：「時乘六龍以御天。」**百穀既播雨露滋**，《史記・三皇本紀》：「炎帝神農氏始教耕，故號神農。」**烝**〔註45〕**民乃粒無阻饑**。《書》：「蒸民乃粒。」又：「黎民阻饑。」**維帝念人壽之不永，稽首再拜就泰壹。小子而問之**，《本草經》：「昔神農受事於泰壹小子。」**小子前致辭，養生固有道，曷不施赭鞭鞭百草**。《三皇本紀》：「神農以赭鞭鞭草木，嘗百草，始有醫藥。」**嘗其平毒，審其寒燠**。烏皓切。**別君臣，異濕燥。或冬而萌，或夏而槁。豐者茀**，《詩》：「茀厥豐草。」**蔓者抱**。《古詩》：「抱蔓歸。」**鼎用飪，臼用擣。㕮咀三百六十五味，著為本草經**，陶隱居《名醫別錄》：「凡湯酒膏藥云㕮咀者，謂秤畢擣之，如大豆，又吹去細末。藥有易碎、難碎、多末、少末，令皆細切，如㕮咀。」注：「㕮咀，古制也，古無鐵刃，以口咬細，令如麻豆煎之。今人以刀剉細爾。」《神農本草經・名例》：「上藥一百二十種，為君；中藥一百二十種，為臣；下藥一百二十五種，為佐。使三品合三百六十五種。」《嘉祐本草》：「舊說《本草經》三卷，神農所作，而不經見，《漢書・藝文志》亦無錄焉。《淮南子》云：『神農嘗百草滋味，一日而七十毒，由是醫方興焉。』蓋上世未嘗文字，師學相傳，謂之本草。兩漢以來，名醫益眾，張機、華佗輩始因古學，附以新說，通為編述，本草繇是見於經錄。」**授諸醫師俾讎討**。《周禮注》：「醫

〔註44〕按：《曝書亭集》原為二首。
〔註45〕「烝」，《曝書亭集》作「蒸」。

師，眾醫之長。」劉向《別錄》：「一人讀書，校其上下，得謬誤，為校。一人持本，一人讀書，若怨家相對，為讐。」**山娟娟兮**蘇軾詩：「暮雲卷雨山娟娟。」**樹濛濛，爰有紫衣童子歌宵中。瑤光之宿帝車尾，**張衡《西京賦》：「睹瑤光與玉繩。」《注》：「瑤光，北斗第七星。」《春秋運斗樞》：「瑤光星散而為人蔘。人君廢山瀆之利，則瑤光不明，人蔘不生。」《史記·天官書》：「斗為帝車，運於中央，臨制四方。」**散為仙卉三椏五葉各一叢，人銜鬼蓋海腴名不同。是為土地精，肩股各具體。**《本草綱目》：「人蔘其成有階級，故曰人銜。其草背陽向陰，故曰鬼蓋。得地之精靈，故有土地精之名。」蘇軾《人參》詩：「上黨天下脊，遼東真井底。玄〔註46〕泉傾海腴，白露灑天醴。靈苗此孕毓，肩股或具體。」王士禛〔註47〕《居易錄》：「人蔘一名人銜，又名鬼蓋，又有神草、地精、海腴之名。」〔註48〕**有時黃口兒，**見《鴛鴦湖櫂歌》。**土中啼不已。**《廣五行記》：「隋文帝時，上黨有人宅後每夜聞人呼聲，求之不得。去宅一里許，見人蔘枝葉異常，掘之，入地五尺，得人蔘，一如人體，四肢畢備，呼聲遂絕。」《異苑》：「人蔘名土精，生上黨者佳。人形皆具，能作兒啼。」**高高羊頭岡，深深虎穴底。立苗團紫雲，**《漢書·地理志》：「上黨郡羊頭山世靡谷，沁水所出。」蘇軾《紫團參》詩：「舊聞人銜芝，生此羊腸嶺。」《唐本草》：「潞州太行紫團山所出人蔘，謂之紫團蔘。」**結子墮紅米。**《圖經本草》：「人蔘三月四月有花，細小如粟，蕊如絲，紫白色。秋後結子，或七八枚，如大豆，生青，熟紅自落。」蘇軾《人參》詩：「青椏綴紫萼，圓實墮紅米。」**晉上黨，趙邯鄲，遠而新羅百濟根結蟠，**杜佑《通典》：「新羅國，其先本辰韓種也。辰韓始有六國，稍分為十二，新羅則其一也。其國在百濟東南五百餘里。」又：「百濟，即後漢末夫餘王尉仇臺之後。初以百家濟海，因號百濟。」《本草綱目》：「上黨，今潞州也。民以人蔘為地方害，不復採取。今所用者，皆是遼參。其高麗、百濟、新羅三國，今皆屬於朝鮮矣，其蔘猶來中國互市。」**我昔於高麗圖經曾覽觀。**《高麗圖經》，宋徐兢撰。《元史·高麗傳》：「高麗本箕子所封之地，東至新羅，南至百濟。後闢地益廣，並新羅、百濟、高句麗三國而為一。」**胥餘啟宇後朝鮮，世世稱外藩。**《史記·宋世家》：「武王封箕子於朝鮮。」《索隱》：「司馬彪曰：『箕子名胥餘。』」**森羅三千七百島，四至八到提封寬。**東西南北所至為四至，東南、西南、東北、西北所到為八列。《漢書·刑法志》：「一同百里，提封萬井。」《注》：「提封者，大舉其封疆也。」**域中生蔘類**

〔註46〕「玄」，底本作「元」，據《小圃五詠》其一《人參》改。
〔註47〕「禛」，底本作「正」。
〔註48〕見《居易錄》卷四，稱「《紫桃軒雜綴》云」。

羊角，其上椴樹清陰攢。《本草綱目》：「高麗人作《人蔑讚》云：『三椏五葉，背陽向陰。欲來求我，椴樹相尋。』椴樹似桐，甚大，陰廣則多生。採作甚有法。」春州產尤嘉，堅白少垢瘢。柳貫詩：「直啟真源湔垢瘢。」聞諸遼陽土人，摺地先以熱湯野爐煮，何異都蔗去汁方登盤。《通雅》：「甘蔗亦曰都蔗。」此邦之人日炙風戾乾，《禮記》：「桑於公桑，風戾以食之。」《注》：「風至則桑葉乾，故以食蠶也。」元氣不損形神完。珍藥豈易得，恒愁致者難。王士禎〔註49〕《居易錄》：「今人蔑產遼東東北者最貴重，有私販入山海關者，罪至大辟。高麗次之。每陪臣至，得於館中貿易。至上黨紫團參，竟無過而問焉者。古今地氣之不同耶？抑物性有變易耶？」納蘭學士相於久，見前《送王贊善》。憶別重逢歲在酉。三面山臨一面江，自注：「學士遊輯光句也。」誦君清詩不去口。今春鳳艦復時巡，扈從依然八十一車後。司馬相如《上林賦》：「扈從橫行。」《留青日劄》：「扈從，言隨從天子也。」《後漢書·輿服志》：「古者諸侯二車九乘，秦滅九國，兼其車服，故大駕屬車八十一乘也，法駕半之。」朝來帳殿喜合併，見前《駕幸五臺山》。憫我形枯貌鼃醜。分我神草凡百莖，《東醫寶鑑》：「人蔑一名神草，如人形者有神。」投之几案鏗有聲。杜甫詩：「憐我老病贈兩莖，出入爪甲鏗有聲。」五加一把安足道，見前《贈鄭簠》。《楊升庵外集》：「王屋山人王常曰：『寧得一把五加，不用金玉滿車。』」愛玩不異懷中瓊。《左傳》：「濟之水贈我以瓊瑰，歸乎歸乎？瓊瑰盈我懷乎？」服之洗憂恚，定心氣，益神智，還精髓。蘇軾《人蔑》詩：「開心定魂魄，憂恚何足洗。」《本草經》：「人蔑補五臟，安精神，定魂魄，止驚悸，除邪氣，明目，開心，益智，久服輕身延年。」失笑頗類西域之駱駝，口不能嚼左右齼。音醯。戴良《失父零丁》：「食不能嚼左右齼，似西域駱駝〔註50〕。」《說文》：「齼，齒參差。」老眼秤星渾不辨，鈕世楷注：「《宋史·藝文志》：『唐昧《秤星經》三卷。』」刀圭約略付銼鑣。音贏。陶隱居《名醫別錄》：「丸散云刀圭者，十分方寸匕之一，準如梧桐子大也。」《注》：「匕即匙也。」《廣韻》：「銼鑣，小釜。」作詩報學士，奇觚急就，有媿盧仝馬異劉叉何。《急就章》：「急就奇觚與眾異。」先生《放膽詩序》：「唐人取士，拘以格律。至李、杜、韓三家，始極其變。由是劉叉、李賀、盧仝、馬異輩從而馳騁，極乎天而蟠乎地。叉之言曰：『詩膽大如天。』殆信然邪！」

〔註49〕「禎」，底本作「正」。
〔註50〕按：此句常作「□似西域□駱駝」，闕二字。一作「頗似西域脊駱駝」。

苦旱茗飲乏水戴秀才鍈以所蓄天泉見惠率爾賦詩

浮玉山，《山海經》曰：「浮玉之山，苕水出其陰，注於具〔註51〕區。」顧祖禹《方輿紀要》：「唐子霞云天目山一名浮玉山。其山連亙於杭、宣、湖、徽四州之界。」曈兩目。《元和志》：「天目有兩峰，峰頂各一池，左右相對如目。左屬臨安，右屬於潛，東西二瀑布潰流數里，下注成池，曰蛟龍池。即苕溪、桐溪之上源也。」《嘉興縣志》：「嘉禾之水自天目山來。」荊溪橋，《江南通志》：「荊溪在宜興縣南，以在荊南山之北，故名。」荊溪長橋即周處斬蛟處。斷百瀆。《江南通志》：「百瀆在宜興縣西，南七十五里為上瀆，北六十里為下瀆。舊以荊溪居數郡，下流遂於太湖濱疏百派，以分其勢。又開橫塘以貫之，瀕湖畎澮皆通焉。」吾家長水口，見《鴛鴦湖櫂歌》。夏至不沒狗。《齊民要術·種麻》：「夏至後十日為下時。諺曰：『夏至後，不沒狗。』匪惟短淺，皮亦輕薄。」按：此蓋借形水淺也。村農鳴鉦踏水車，有如赴壑之修蛇。蘇軾詩：「有似赴壑蛇。」又，《無錫道中賦水車》詩：「犖犖确确蛻骨蛇。」青天無雲赤日午，相與結隊撈魚鰕。王維詩：「草屩撈富春渚。」忽焉長水涸，水車無聲泥上閣。東皋種禾禾漸焦，江淹詩：「種禾〔註52〕在東皋。」南山種豆枯豆苗。《漢書·楊惲傳》：「田彼南山，蕪穢不治。種一頃豆，落而為萁。」紫茄黃瓜半灰朽，應璩歌：「離亂既普，殆為灰朽。」安得舊井寒泉澆。朝來約童子，越阡度陌汲湖水，《風俗通》：「南北曰阡，東西曰陌。」曹植詩：「東西經七陌，南北越九阡。」昨行五里今十里。斯時老夫出亦愁，入亦愁，《古樂府》：「秋風蕭蕭愁殺人，出亦愁，入亦愁。」躁類楚沐猴，《史記·項羽本紀》：「說者曰：『人言楚人沐猴而冠，果然。』」喘似吳耕牛。《風俗通》：「吳牛望見月則喘，使之苦於日，見月怖而喘焉。」《世說新語》：「滿奮謂晉武曰：『臣似吳牛，見月而喘。』」既不能喝三江五湖倏倒流，《周禮》：「其澤藪曰具區，其川三江，其浸五湖。」《疏》：「三江，《禹貢》謂婁江、東江、松江，季氏《圖》則以為大江、吳江、錢塘為三江。至五湖之說，尤不一。季氏《圖》云：『五湖：彭蠡、洞庭、巢湖、太湖、鑒湖。』或謂即太湖別名，周行五百餘里，故名五湖。其圖經，韋昭《義興記》種種所載各別。從季氏《圖》所稱，則彭蠡、洞庭宜屬荊州，具區既見，不宜五湖復列太湖。至以周行五百里專指太湖為五湖，尤非通論。」又不能使龍跳蛟舞拔老湫，杜甫詩：「龍怒拔老湫。」升斗之水何從求。《莊子》：「君豈有斗升之水而活我哉？」戴生前一言，家有泉兩甖。須臾擔僕來，范成大詩：「擔僕輿夫盡勞瘁。」打門遽相

〔註51〕 「具」，底本誤作「其」，據《山海經》卷一《南山經》改。
〔註52〕 「禾」，江淹《雜體詩三十首》其二十二《陶徵君潛田居》作「苗」。

—338—

送。樂莫樂，《楚辭》：「樂莫樂兮新相知。」且先嘗，何減三危之露九醞漿。
《呂氏春秋》：「水之美者，有三危之露。」《注》：「三危者，西極國也。」張衡《南都
賦》：「酒則九醞、甘醴、十旬、兼清。」《注》：「九醞、十旬，皆以釀法名酒也。」**竹
火爐，冰瓷盌**。陳師道詩：「價重十冰瓷。」**鷹觜長，雀舌短**。陳蓮菴《見聞
錄》：「蜀州茶名有雀舌、鷹觜、賣顆、片甲等名。」**飲罷北牕眠，月輪又新滿。
仰面問金波**，《漢書·郊祀志》〔註53〕：「月穆穆以金波。」《注》：「月光穆穆，如
金之波流也。」**那不麗天畢，雨滂沱**。《詩》：「月離于畢，俾滂沱矣。」**何辜今
之人**，《詩》：「何辜今之人。」**忍令禿髮女妭**與「魃」同。**市也來婆娑**。自注：
「生自柘湖還，言半妭見乍浦。」《山海經》：「蚩尤作兵伐黃帝，黃帝令應龍攻之冀州
之野。應龍畜水，蚩尤請風伯雨師，縱大風雨。黃帝乃下天女曰妭，雨止，遂殺蚩尤。
妭不能復上，所居不雨。」《文字指歸》：「女妭，禿無髮，所居處天不雨。」《詩》：「市
也婆娑。」

吳甥振武用指頭作畫花竹翎毛草蟲山水畢肖異而賦長歌張庚《國朝畫
徵錄》：「吳振武，字威中，秀水人。善花卉草蟲。官寶坻令。解任後賣畫以給。兼長
指頭墨竹，竹垞有長歌紀之。」

軒皇曾列素女圖，《古樂府》：「衣解金粉御，列圖陳枕張。素女為我師，儀態
盈萬方。眾夫所希見，天姆教軒皇。」**虞帝欲觀古人像**。《虞書》：「予欲觀古人之
象，日、月、星、辰、山、龍、華、蟲，作會、宗彝、藻、火、粉米、黼、黻、絺繡，
以五采彰施於五色作服。」**禹鑄神奸貢牧金**，見前《謁禹陵》。**康模酺酒豐侯相**。
見前《大牆上蒿行》。**周官設色之工五，畫繪由來有專尚**。《周禮·冬官·考工
記》：「設色之工五：畫、繢、鍾、筐、㡛。」《疏》：「畫、繢，二者別官同職，共其事
者，畫、繢相須故也。」**彼時蒙恬筆未製**，《史記》：「始皇令蒙恬與太子扶蘇築長
城，恬取中山兔毛造筆。」**安得中山管城樣**。韓愈《毛穎傳》：「秦皇帝使恬賜之湯
沐，而封諸管城，號曰管城子。」**不知渲染用何物**，見前《竹爐》。**藻火山龍授
師匠。指頭作畫舊譜希，巧者未述知者粉**。《周禮》：「知者粉物，巧者述之守
之，世謂之工。」**吾家賢甥罷官久，玉桂國中少倚仗**。《戰國策》：「蘇秦曰：
『楚國食貴於玉，薪貴於桂。』」李賀詩：「長安玉桂國。」**林泉高致頗軼倫**，《林
泉高致》，郭熙撰，皆論畫事。**往往得錢塓屏幛。入春放溜始歸來**，梁元帝詩：
「征人喜放溜。」**啜粟承歡北堂養**。見前《永嘉除日》。杜甫詩：「慈顏拜北堂。」

〔註53〕按：非出《漢書·郊祀志》，實出卷二十二《禮樂志·郊祀歌·天門》。

田園松菊縱荒蕪，陶潛《歸去來辭》：「田園將蕪，胡不歸？」又：「三徑就荒，松菊猶存。」且免折腰走俗狀。《晉書‧陶潛傳》：「為彭澤令，郡遣督郵至。縣吏曰：『應束帶見之。』潛歎曰：『吾不能為五斗米折腰，拳拳事鄉里小兒。』即解印去縣。」〔註54〕孔稚圭《北山移文》：「抗塵容而走俗狀。」蕭晨訪我梅會里，蕭晨謂秋日也。殷仲文詩：「哲匠感蕭晨。」　「梅會里」，見《鴛鴦湖櫂歌》。小艇恰乘新水漲。開顏並對竹垞竹，一技尤精難比伉。同抗。《莊子》：「夫子未嘗不分庭伉禮。」先施淡墨後濃墨，食指兼需巨擘將。見前《仙遊茅筆歌》。有時爪痕抽藥苗〔註55〕，《宣和畫譜》：「李靄之、黃居寀皆有《藥苗圖》。」有時指節成花當。杜甫詩：「危沙折花當。」注：「花當，花根也。」雪禽不數唐希雅，見前《題畫竹》。風蝶何殊秦友諒。《圖繪寶鑑》：「秦友諒，毗陵氏。善草蟲，其花卉未可言工。特於蟬蝶之類，傅色輕妙，人頗稱之。」少焉滌硯寫山水，茅屋苔磯雅清曠。斯須湧出八九峰，瀑布飛流樹穿浪。釘頭鼠尾信手效，見前《程侍郎江山臥遊圖》。程奕屠希見惆悵。《東坡集》：「近作《中山松醪賦》，取李氏澄心堂紙、杭州程奕鼠鬚筆、易水供堂墨，錄本以授吳傳正。」陸游詩：「屠希一筆價必千。」漆園以指喻非指，《史記‧莊子列傳》：「莊子者，蒙人也，名周。嘗為蒙漆園吏。」天地一指巧相況。《莊子》：「以指喻指之非指，不若以非指喻指之非指也；以馬喻馬之非馬，不若以非馬喻馬之非馬也。天地一指也，萬物一馬也。」覷爾新圖捫指成，使我衰年一神王。《莊子》：「神雖王，不善也。」《世說新語》：「庾文康云：『見子嵩在其中，當自神王。』」移家思避消夏灣，見前《題沈上舍洞庭移居圖》。歲旱湖田定無恙。甪里梨容客至嘗，《吳縣志》：「甪里即甪頭，在洞庭西山。」按：甪里產佳梨。毛公壇許人扶上。見前《題周編修圖》。橙黃橘綠及是時，蘇軾詩：「一年好景君須記，正是橙黃橘綠時。」十幅蒲帆趨所向。見前《送柯大》。甥能從我賦近遊，束晳有《近遊賦》。共醉山家隔年釀。

五言賦鴨餛飩

禾俗養鴨兒，嘉興，三國吳曰嘉禾。樂府歌阿子。見《鴛鴦湖櫂歌》。一雄挾五雌，楊維楨詩：「一雄挾一雌。」累百嗘長水。張籍《春水曲》：「鴨鴨觜嗘嗘。」　「長水」，見《鴛鴦湖櫂歌》。方春觳音卻。將出，見前《畢上舍止酒》。生意不可止。要術啄菢音暴。宜，韓愈詩：「鶴翎不天生，變化在啄菢。」《集韻》：

〔註54〕按：早見《宋書》卷九十三《隱逸列傳‧陶潛》。
〔註55〕「苗」，底本誤作「苖」。

「菢，鳥伏卵也。」币月雛定起。淺夫計欲速，王十朋詩：「公非淺夫相。」火攻迭運徙。半體形已呈，忽焉混沌死。見前《水碓》。他邦盡棄擲，吾黨獨見喜。自注：「鄉人目曰喜彈。」《嘉興縣志》：「浙東用火哺鴨，其未成者，嘉興用香鹽炮之，名喜蛋，為春月佳味。」釧童屑椒桂，見前《十月二十一日》。灶妾洗毛髓。郭憲《東方朔傳》：「吾生來已三洗髓，五伐毛矣。」色淆黃白斑，候斂漿汁滓。見前《河豚歌》。鴨簽哂東京，《東京夢華錄》：「飲食有羊頭簽、鵝鴨簽、雞簽。」鴨劗音嘯。屏南史。《南史‧茹法珍傳》：「宮中訛云：『趙鬼食鴨劗，諸鬼盡著調。』當時莫解。梁武平建鄴，東昏死，群小一時誅滅。故稱為諸鬼也。俗間以細剉肉糅以薑桂曰劗，意者以凶黨皆當細剉而烹之也。」既免治刀砧，袁宗道詩：「血色蝕刀砧。」兼弗齼牙齒。高士奇《天祿識餘》：「齼楚，去聲，齒怯也。今京師語謂怯皆曰齼。曾茶山有《和曾宏父餉柑》詩，云：『莫向君家樊素口，瓠犀維齼遠山顰。』以之號餛飩，莫審所自始。得非飲食人，桐江方萬里。顧嗣立《元詩選》小傳：「方回，字萬里，號虛谷，徽州歙縣也。有《桐江記》。」記取秀州門，竹杖扶入市。自注：「萬里《竹杖詩》：『跳上岸來須記取，秀州門外鴨餛飩。』」至今七十坊，自注：「《至元嘉禾志》載坊巷七十。」饌法傳伍氏。伍家喜蛋著名。物微愛憎殊，留賓姑舍是。二子下箸貪，自注：「桐城方世舉，嘉興李宗渭。」方字扶南。先生門人。李字秦川。先生同里。謂足勝羊豕。作詩賞逸味，虛谷同一揆。不知天地間，何者真好美。試問廚煙生，曾否動食指。見前《河豚歌》。

附錄一：江浩然相關資料

張忠綱、趙睿才、綦維、孫微等編著《杜集敘錄》〔註1〕

杜詩集說二十卷、附卷末一卷　〔清〕江浩然撰

江浩然（？～1750），字萬原，號孟亭。清嘉興（今屬浙江）人。康熙時諸生。少壯時欲以功名自奮，屢試不遇，棄舉子業，一生未仕，客遊幕府，授館各地，門下士甚多。客居濟南最久，諸貴人爭延之。浩然家貧好讀書，工詩，廣搜博採，轉益多師，而最愛朱彝尊詩，嘗注《曝書亭集》，世推該洽。江氏積學種文，耽於吟詠，其詩「抒詞寄意，皆極深刻」（法式善《梧門詩話》）。著有《北田文略》一卷、《北田詩臆》一卷、《叢殘小語》一卷、《江湖客詞》一卷、《韻府群玉補遺》、《曝書亭詩箋注》、《鴛湖櫂歌箋注》等。江氏尤嗜杜詩，平生寢食，少陵奉為衣缽，口不絕吟，手不停披，屢易寒暑，至其臨終，始成《杜詩集說》二十卷。生平事蹟見鄭方坤《國朝名家詩鈔小傳》。

《杜詩集說》，凡二十卷，又附卷末一卷。是編脫稿於乾隆十三年（1748），四十三年（1778）始得刊行，有嘉興江氏惇裕堂刻本。卷前有乾隆四十三年馮浩序，次錄舊序，計有樊晃、王洙、王琪、胡宗愈、王安石、李綱、吳若、郭知達、蔡夢弼、元稹等人；《舊唐書·杜甫傳》，附《新唐書·杜甫傳贊》；次附朱鶴齡所訂《杜工部年譜》；江壎撰「例言」；次列全書總目錄，各卷不另立目。卷序次第，悉依朱鶴齡本。每卷首行署書名、卷次，次行署「嘉興江浩然孟亭氏纂輯」，三行署「男塘聲先校」，後標該卷作詩時、地。此書係

〔註1〕張忠綱、趙睿才、綦維、孫微等編著《杜集敘錄》，齊魯書社 2008 年版，第 370～371 頁。

杜詩集注集評本，薈輯眾說，間陳己見。其「例言」云：「茲編合眾論以參稽，期去非而存是，偶或附以己見，愈用備取資。標題『集說』，亦不敢掠美前人云爾。」又云：「每篇於字疏句釋之後，即繼以各家論說，分載逐段之下，俾全詩首尾貫徹，脈絡分明。其總論全詩大旨者，統列各詩之後。差覺瞭如指掌，取便披吟。」其所輯諸家論說，自宋元以來不下三四十家，而尤以仇注為多。其援引前人評注，甚為簡當，總以闡明詩意為主。是本扉頁右題「沈椒園、秦果亭兩先生鑒定」，中題書名「杜詩集說」，左題「嘉興江浩然孟亭編輯　惇裕堂藏板」。《販書偶記續編》著錄此本。又有本立堂刻本，或謂該本亦乾隆四十三年刊。但該本較惇裕堂本多一張九鉞序，末署「乾隆癸卯（四十八年，1783）中秋湘潭張九鉞書」，當為重刻本。是書《清史稿·藝文志四》著錄。

孫微《清代杜集序跋匯錄》〔註2〕

一二五　江浩然《杜詩集說》

馮浩《序》

　　詩藉說而明者也，惟說杜詩者注釋、論述，傳本紛繁，闡發固無餘蘊，而未免純疵錯出之議。囿於一知半解者，淺也；墮入旁門錯徑者，僻也；拘牽文義、逞其臆見者，舛也；影附時事、強合史傳者，鑿也。其或糾正諸失，兼或發明詩指矣，而專行散見，各自成書，未獲薈萃於一。學者墨守一篇，既苦考證無自，即博觀參伍，而昧於折衷，亦難奉為依據，此吾鄉江孟亭先生所以有《杜詩集說》之著也。先生枕經胙籍，手不停披。論詩宗仰杜公，往往獨具見解，發前人所未發，而旁搜遍採，參訂尤勤。嘗歷舉以示人曰：「杜公某詩某說為是、某說為非、某詩諸說皆非，應作如是解。」鑿鑿焉，娓娓焉，一似合古今說杜詩之人敘列一堂，而咸聽其稽核進退然者。奮筆纂錄，哀然成帙。惜乎徒珍篋衍，勿克流播藝林，然揭往古之真詮，啟後賢之茫昧，精華所聚，不容泯滅。吾有以決其必傳於後，無疑也。先生既久歸道山，哲嗣聲先，謹奉手澤，果授梓以行世。是書也，搜羅富而抉擇精，謬誤悉除，義蘊畢備，從此進求作者之源流指趣，當有心領神會於詮解之外者，其嘉惠來學，豈淺鮮與！語有之：「莫為之後，雖盛而無傳。」聲先客遊嶺海，硯耕粒積，以傳先業，可謂能繼志矣。乾隆戊戌長至，桐鄉馮浩書。

〔註 2〕孫微輯校《清代杜集序跋匯錄》，人民文學出版社 2017 年版，第 261～262 頁。

江壎《例言》

杜詩箋解注釋，宋元以來，代有成書，詳略各殊，醇疵錯出。或自矜創獲，無當指歸；或聚訟紛紜，互相詰駁。茲編合眾論以參稽，期去非而存是，偶或附以己見，用備取資，標題「集說」，示不敢掠美前人云爾。

杜詩構字、選言，俱有成處，茲編薈萃群言，務在闡明大意，而訓詁之學，亦所不遺，凡各集所已載者，參酌而存之，未及者補之。至若方言、土物、逸事、僻書，注家強作解人，未免憑臆附會，寧為闕如，另俟考證。

讀杜詩之法，異於他詩，作者以詩為史，讀者以史證詩，要惟信而有徵，庶足參稽時事，尚論古人，凡篇中所徵引，一以記傳共見者為準。稍涉穿鑿影射者，置之。至各家所注，人名或時代懸殊，地名或疆域迥判，亦未踵訛濫列，勿以疏漏為嫌。

流傳刻本，字句多有異同，茲於每字每句下，注明一作某字，一作某句，某人某書定為某字某句，良以無礙並存，姑仍其舊。若其點金成鐵，以魯為魚，徒沿謬訛，概為芟節。

每篇於字疏句釋之後，即繼以各家論說，分載逐段之下，俾全詩首尾貫徹，脈絡分明。其總論全詩大旨者，則統列各詩之後，差覺瞭如指掌，取便披吟。

朱氏《輯注》、仇氏《詳注》二書先後行世，操觚家圭臬奉之。茲編卷帙次第，一依朱注定本，而採取則仇注較夥，合之宋元以降百家。披沙見寶，不啻先得我心；集腋成裘，用以昭示來許。學者繹緒論而會心，須筌蹄之可棄，謂是編之導夫先路也可。

先君子績學種文，尤耽吟詠，平生寢食少陵，奉為衣缽。於近人，則酷嗜曝書亭詩，嘗手自箋注，壎既梓以行世矣。茲集則博採宋元以來各家論說，參伍錯綜，以歸一是，舊說間有未修，則附以新裁。抉奧鉤元，悟酸鹹於味外；提綱挈領，昭模楷於來茲。口不絕吟，手不停披者，凡屢易寒暑，至戊辰歲始脫稿。庚午易簀之夕，壎適館東魯，未能侍側。先君子方喘息奄奄，且命家人扶腋起坐，取是書留連省視，復什襲藏之，囑曰：「兒歸，可慎付之，毋負吾一片心血也。」壎痛承遺命，鏤諸心曲，自此北轍南舟，攜以自隨。時欲公諸同好，以光先志，顧以卷帙頗繁，剞劂靡易。蓬窗旅舍，每一展覽，未嘗不泫然流涕也。歲戊戌，始得次第付梓。悉遵原稿，詳細校讎，累寸積銖，乃克蕆事，庶先君子著述苦心，稍慰於萬一與？乾隆戊戌四月，男壎謹識。

張九鉞《杜詩集說序》〔註3〕

　　注杜詩者，自宋九家以後，亡慮數十家。率皆牽附史事，強合詩旨，紛拿軵轕，互相培擊，使杜公忠愛之忱，流為怨誹譏刺，大傷溫柔敦厚之教。而學詩者又徒摘其某句某字之工為摹仿，買櫝還珠，千古同病。然所說不同，雖瑕瑜互見，又可為以意逆志之助。惜無好學深思者，薈諸說之大成折衷焉，而歸於至當。使讀者開卷瞭然，如與浣花翁晤對。是又非見聞之洽，藏弆之富，歲月之遠，不能也。檇李江孟亭先生續學殫聞，以詩古文辭雄齊吳幕府間。於杜集有深嗜，憫諸家之說泛濫無歸也，乃出篋衍所藏宋元明及國朝注本，去其舛駁，存其醇粹，條於詩後。闡明大意而不失之簡，分載疏注而不失之繁，間以己意參酌其間，曰《杜詩集說》，諸家之論庶乎少定矣。捐館後，喆嗣淡如，既以先生所注《曝書亭集》付梓，而是書亦次第蕆事。書一出，而觀者稱快，爭欲得為枕中鴻寶。信乎杜氏之功臣也。杜公宗武見於公詩者曰「誦得老夫詩」，曰「熟精文選理」，然於公卒不聞有傳述。淡如奔走衣食，能縮其修脯所入，以成未竟之業。展卷而先生精神躍躍毫楮，是杜公不能得之於宗武者，先生得之於淡如，誠可為藝苑中增佳話矣。是時金壇於君晴川亦以所集孫月峰、何義門兩先生《文選評本》開雕粵城，贈余一冊。吳越諸君子好學汲古如饑渴之於飲食，而淡如克承先志，嘉惠來學，其用意尤深。將度嶺歸，急援筆而序之。

〔註3〕（清）張九鉞撰、雷磊校點《陶園詩文集》文集卷四，嶽麓書社 2013 年版，第 40～41 頁。

附錄二：評論 [註1]

（清）沈德潛《國朝詩別裁集》卷十二 [註2]

　　朱彝尊，字錫鬯，浙江秀水人。明太傅諱國祚曾孫。康熙己未，以布衣召試博學鴻辭，官翰林院檢討。著有《曝書亭集》。○竹垞先生生平好古，自經史子集及金石碑版，下至竹木蟲魚諸類，無不一一考索。纂述如《經義考》、《日下舊聞》、《詩綜》、《詞綜》其最著者，又嘗集唐詩為填詞，名《蕃錦》，疑出鬼工，幾於人力不與。顧甯人先生不肯多讓人，亦以博雅稱許之。○初官翰林時，召入南書房，有用上官大夫術讒之者，旋落職，然竹垞初不以官位重也。○集中詩不分唐、宋界限，故各體具備，然予所錄者，仍以唐體為歸。

鄧之誠《朱彝尊》

　　朱彝尊，字錫鬯，號竹垞，晚號小長蘆釣魚師，又號金風亭長。秀水人。國祚曾孫，至彝尊家已中落，變亂以後尤貧。與同里周篔、繆泳、王翃、沈進、李繩遠、良年、符兄弟結詩課，為曹溶所知，漸有名里中。壯歲欲立名行，主山陰祁氏兄弟，結客共圖恢復。魏耕之獄，幾及於難，踉蹌走海上。會事解，乃賦遠遊，以布衣自尊。十餘年間，遂負重名，姓字達於禁中。舉康熙十八年鴻博之試，授職檢討，入值南書房，賜第黃化門。二十三年，以攜帶僕人入內

〔註1〕鄧之誠著，趙丕傑選編《五石齋小品》，北京出版社 1998 年版，第 332～335 頁。開林按：朱彝尊相關資料見拙著《〈曝書亭集詩注〉校證》，此數篇失載，補錄於此。

〔註2〕中華書局 1975 年版，第 204 頁。

—347—

鈔經進書，降級逐出內廷。二十九年復官。後二年復以事被褫，乃歸田，專意著述。論者惜其輕於一出，終傷鎩羽。然觀所作《弔李陵文》，早已決心自獻矣，而後削文類布衣之稱，題詩集騰笑之名，毋乃忸怩乎！卒於四十八年，年八十一。事具《清史列傳·文苑傳》及其孫稻孫所作《行述》。彝尊為學，專務博綜。《詞綜》三十卷，成於康熙十七年。獨標正始，別擇甚嚴，轉移之功，遂成有清填詞之盛。採詞集一百七十家，傳記、小說、地志三百餘家，然猶嫌秘笈之未盡睹，金石之未備錄，明詞蕪累，託言嗣出，而孤陋寡聞者，乃競起而續貂也。《日下舊聞》四十二卷，成於二十六年。所見之書，乾隆中官修《日下舊聞考》時，已有不及知者，今則亡佚更多。舊籍日亡可驚，則彝尊博洽為可貴。《經義考》三百卷，成於三十八年。分存、佚、闕、未見四門。於十四經外，附以逸經、毖緯、擬經、家學、師承、宣講、立學、刊石、書壁、鏤板、著錄，終以通說。及身刻成者：《易》、《書》、《詩》、《禮》一百六十七卷，乾隆四十二年官為刻竟。《明詩綜》一百卷，成於四十一年。著錄者三千餘人，採集部二千餘家，不薄七子鍾、譚，頗與錢謙益《列朝詩集》持異同之論。盡以遺老舊人沒於清初者，歸之於明，最為卓見。惜謹畏過甚，明初文士罹禍者，多以傾危目之。所錄順康時人之作，稍觸忌諱，輒為改削，乃欲以其書擬史，何得謂之直筆？何焯菲薄彝尊，後生競名，不足為訓。然謂彝尊此書奉陳子龍以斥謙益，而書中往往襲取謙益餘唾，頗中其失，世遂以之定錢、朱優劣矣。彝尊尤以詩文著稱，顧炎武稱其文章爾雅，宅心和厚。著《曝書亭集》八十卷，凡賦一卷、詩二十二卷、詞七卷、文五十卷。文多考據之作。題跋一類，有意與有學爭勝，或竟過之。碑板紀事之作，多足徵事。《在史館七上總裁書》備論修史首在徵書，而期限不可迫促，致身從亡之誣，瓜蔓十族之誕；謂東林不盡君子，非東林者不盡小人，當除門戶之見，尤為有識。詩篇極富，趙執信因有貪多之誚。或謂得一佳語，便可敷衍成篇。今觀《騰笑集》中詩，有改題目而存者，既無當於實事，且何足以見性情乎？然興酣落筆，遂可陵駕古人者，亦復多有。晚年才華不免稍謝，終無愧大家。先是順治十四年，彝尊入粵歸，刻其詩一百三十首、和曹溶詩三十二首，為《南車草》一卷，詩多不見本集。有蔗餘道者為之序云：「自變故以來，詩書之氣，無所附麗，天下之才人，往往化為詩人。」其言沉痛，不知何人也。嘉慶二十三年，海寧蔣楷始為之重刊。《竹垞文類》刻於康熙十六年，尚題布衣朱彝尊，為詩十四卷，文十二卷。《竹

垞文類》二十五卷本，大約刻於二十三年，削去總目及布衣一行，並削去二十六卷一卷，中有《弔李陵文》，或以此為諱也。《騰笑集》詩八卷，以續《文類》，刻於二十五年。取《北山移文》「騰笑」之語，聊以解嘲。世以彝尊佚文甚多，為之輯補者：楊謙輯遺詩二卷，駢文二卷，未行。馮登府與彝尊五世孫墨林，從《曝書亭類稿》、《石樓漫與》二集手錄本，更於斷紙零墨中，共相收拾，參以《文類》、《騰笑》，得古今體詩約四百首，分為五卷，附詞一卷，文二卷，刻於嘉慶二十二年。採之似猶未盡，後一年《南車》始重刻，故不及見。翁之潤有《曝書亭詞拾遺》三卷，從彝尊手稿錄其為集中所無者，刻於光緒二十□年。之潤為同穌孫，紈袴而以好事取名，足徵文敝。為之作注者：江浩然《曝書亭詩錄箋注》十二卷，刻於乾隆二十七年。曰「錄」者，猶之選本也。孫銀槎《曝書亭詩集箋注》二十三卷，成於嘉慶五年。兩注皆略於注事。孫注並將「屈五」字樣剜去，以友人二字代翁山。其時文禁已疏，不知何故多此顧忌。楊謙《曝書亭集詩注》二十二卷，成書最後，較為詳贍，然涉及屈五翁山者，並其詩刪之，更孫之不若也。李富孫《曝書亭詞注》七卷，成於嘉慶十九年。富孫經生，為良年後人，經學詞章具有根柢，故徵引極博，人物考訂尤詳，且能是正彝尊之失，可謂佳籍。王鳴盛《吳詩集覽序》云：「予門人范洪鑄注竹垞詩成，亦稱淹雅，正相與商榷開雕。」又李注言無名氏《騰笑集注》言「卯生人忌食河飩，先生忘其所出」，然則彝尊詩注，尚有不傳者矣。

張佩綸《澗於日記》〔註3〕

（光緒十七年辛卯正月）二十六日，晴。昨晦若見余挽壽老詩，謂似竹垞挽納蘭容若之作，非所敢當也。而少日實癖嗜朱詩，貪其使事繁博，足資稗販。貧家無書，據此剿竊，猶勝於以兔園冊子為秘本者。偶檢所藏，無江錄，而有楊謙、孫銀槎兩注本，孫注後於江、楊，然於直錄楊注者，便不著其名，近於盜竊。楊氏於徵典之外，間附作詩情事，此紀事之例，最為注詩要著，如《風懷詩》，楊幾為徵實，近於揚惡訐私，此類刪之可也。〔註4〕如《鴛鴦湖櫂歌》，楊氏搜羅和作甚多，孫亦一例去之，此則近於立異矣。覃溪評朱，專據楊注，孫注刻於嘉慶初，或覃溪未見耳，實亦孫遜於楊。

〔註3〕（清）張佩綸撰《澗於日記》第 3 冊，朝華出版社 2018 年版，第 1043～1044頁。

〔註4〕（清）朱一新《朱一新全集》，是上海人民出版社 2018 年版，第 1337 頁。

朱一新《佩弦齋雜存》卷上

其別集宜讀者，《李翰林集》、王琦注。《杜詩詳注》、仇兆鼇注。杜詩注本甚多，仇注為勝。《王右丞集》、趙殿臣注。《韓詩增注證訛》、黃鉞注。《玉溪生詩詳注》、馮浩注。義山為少陵後勁，學少陵以此為階梯，則無粗笨之病。《李長吉歌詩》、王琦注。昌谷詩非正音，然其思之深窈，筆之幽秀，為詩家別開生面，非玉川子之怪險、孟東野之寒瘦可比。《蘇詩合注》、馮應榴注。《高青丘集注》、明高啟撰，國朝金檀注。其詩工於擬古。《吳詩集覽》、國朝吳偉業撰，靳榮藩注。以下皆國朝人詩。《精華錄》、王士禎撰，惠棟注。又有金榮始注。近則金注盛行，惠注不易得。《曝書亭詩注》，朱彝尊撰，楊謙注。又有孫銀槎注。諸注皆詳征博引，具有本末，非同裨版。既學詩法，兼資腹笥。

林家溙《福州坊巷志》卷四〔註5〕

酒庫衖

在大水流灣之南，通往雅道巷。以巷中舊有酒庫而名。

酒庫

《閩雜記》云：「閩中酒店皆稱酒庫，蓋沿南宋官酒庫之名也。厲樊樹《東城雜記》云：『宋時酒醋皆官庫醞造，納緡錢於戶部，臨安有酒庫、醋庫。』」按：此本《宋史》。臨安酒庫，皆有官名。吳自牧《夢粱錄》、潛說友《咸淳臨安志》、周密《武林舊事》，所載如煮界庫、新界庫、南庫、北庫之類；又諸庫皆有官名，角妓設法賣酒，亦見《夢粱錄》。近時閩縣林昌彝《射鷹樓詩話》，載薩檀河《閩宮詞》：「酒庫新收醉袋殘。」云酒庫字不知出何典記。此豈謂王閩時未聞有酒庫耶？朱竹垞《題洪生對酒圖》云：「酒庫京坊六度開。」楊謙、孫銀槎注，亦皆未詳所出，不知何故。《東城雜記》又言：「宋自王安石設法賣酒並醋亦榷之。南渡後軍興，百費浩繁，遂不能革。」則酒醋之有官庫，北宋已然。費袞《梁溪漫志》：「東坡在齊安，有『春江綠漲葡萄醅』之句。靖康初，韓子蒼舍人作守，有旨就賜郡釀，因名其庫曰葡萄醅，亦可證也。」又按：白樂天有《酒庫詩》云：「此翁何處富，酒庫不曾空。」此或自言藏酒之處，非宋時官酒庫也。然酒庫字則已見此。按《南史·梁簡文紀》：「殯於城北酒庫中。」則酒庫已見於史。其宋人紀載，如《野客叢書》、《癸辛雜誌》、《乾淳歲時記》言酒庫者甚多，不僅所引諸書也。

〔註5〕林家溙《福州坊巷志》，福建美術出版社 2013 年版，第 159～160 頁。

按：李肇《國史補》云：「初一室為酒庫，諸醞畢熟，其外畫神，問曰，何也？曰：杜康。」此又酒庫之見於唐人記載者。

福州凡以釀造為業者，稱「酒庫」，其門首大書「酒庫發扛」四大字。「發扛」猶所謂批發；「扛」指一大壇之酒，兩人對舉。酒庫或兼零售，酒店則專營市沽，其酒取給於酒庫，不釀造也。地名「酒庫衕」者有數處，此其著也，因詳之。諺云：「一扛扛，二染缸，三當店，四鹽莊。」「扛扛」即指酒庫，謂百業之中，酒庫獲利最厚。

《袁昶日記》

辛卯年（光緒十七年，1891，六月）

竹垞老人五古用顏、鮑、大小謝句律，近體闌入晚唐，雅不滿於黃文節，嘗云：「放翁太熟，魯直太生。」然康熙壬申，罷官出都以後，時先生年六十四。率放筆為直幹，游粵遊閩，定居梅裡，諸編疏老秀逸，縱橫奇恣，與文節謫戍州、宜州時氣味絕相似。有何也？殆不自適於中，而境會亦足以相感邪。

國朝詩家以虞山、梅村為開山二祖，南朱北王皆衍其宗風者。朱近祭酒，王則不取西昆、江西家數，專從虞山所得之門徑入手。

後　記

一

　　《曝書亭詩錄箋注》是在整理《〈曝書亭集詩注〉校證》的過程中完成的，始於 2021 年 3 月 6 日，止於 8 月 3 日。該書曾經預計 22 萬字，作為《〈曝書亭集詩注〉校證》的附錄，以便通過比對來發現楊謙對江浩然的因襲，——因為，楊謙大量引用江浩然的注而不加注明。然而，文本錄完後，竟然多達 32 萬字，於是不太適合作為附錄，只好別本單行了。

　　原本應該今年 3 月和《〈曝書亭集詩注〉校證》交稿，9 月出版。但當時還念念不忘《〈曝書亭集詩注〉校證》幾個附錄材料，包括冒廣生《風懷詩案》、孫銀槎《曝書亭集》的賦注和《風懷》詩注等，就順延了半年，好在都託人拍到了，順利加以整理。遺憾的是，受疫情防控的影響，自 2020 年 4 月自鄂返鹽之後，便未再出過鹽城市區。不能出外訪書，以致孫銀槎的《曝書亭集箋注》迄今未得親見。電子書好像也沒有。紙質書孔網僅有一套在售，標價 18000 元，遠遠超出了我的經濟支配範圍。朱彝尊詩著名的三家注，第三種是否能夠得以整理，看來還有待機緣。

　　不過話說回來，現在見不到也未必不是好事。畢竟，手頭有待完成的書還有很多。就今年而言，完成了舊稿《詩經世本古義》《青學齋集校證》《莊子通》，新完成了《葉八白易傳疏證》《春秋集傳詳說》，可謂每日不得閒。有些舊稿還在繼續推進，如《闢疆園杜詩注解》《吳詩集覽校證》《左傳經世鈔》等；有些舊稿還在繼續沉睡，如《沈欽韓集》《秦瀛集》等。輾轉作戰，固然符合我追求新鮮的學術個性，使每日面對的工作不至於枯燥乏味，而是充滿新鮮感，但

與此同時，也確實加重了工作強度，在經部、子部、集部之間不斷切換（史部僅有一部《經義考易類明清卷考辨》，發表了十幾篇論文，暫時停下），著實耗損腦力。這種狀態，通俗的講法，大概就是痛並快樂著。

這和釣魚頗有些相近。前不久某日 37 度高溫，午後一點多，我出發赴團結河。經過路邊小賣部，進去買礦泉水。老闆娘一臉驚訝地問道：「這熱出去釣魚？待在家裏不香嗎？吹空調不舒服嗎？西瓜 wifi 葛憂躺不爽嗎？哎喲，真搞不懂你們這些釣魚人！」針對老闆娘的靈魂拷問，我竟無言以對。對於不釣魚的人來說，她哪能體會釣魚的樂趣呢？一個人，一條河，撲面而來的是夾雜著魚腥的風。於是選擇什麼位子，取用多長的杆子、多大的線組、什麼型號的魚鉤、吃鉛多少的魚漂，使用什麼餌料，是搓餌還是拉餌，是釣深還是釣淺，是釣浮還是釣底，目標魚是什麼魚種……這一切都是有待考量的。至於垂釣過程中，又該怎樣適時做出調整，那又另當別論。最有意思的是，垂釣的樂趣在於你對未來的無知，因為你永遠不知道下一竿會中什麼魚。更何況，中魚後的那種搏擊，那種手感，已經是沒有言語可以形容的。而這一切的一切，它所帶來的快樂，37 度的高溫就顯得太不值一提了。釣魚人的精神，就在於堅守，在於期待，在於調整。有口沒口，河邊不走。「等等吧，也許下一口就要黑漂。」當你遭遇特殊魚情，釣到絕望，開始懷疑人生，繼而憤憤不平，準備收杆回家的時候，你身邊的釣友於是說道。每一次出釣，都是一次挑戰，哪怕是同一個水域，同一條河流。因為魚情隨著季節、氣候、時間都在發生變化。

於是不論是三更四更，還是暮色深深；不論是正午炎炎，還是冰天雪地；也許是春江水漲，亦或是死水一灣；你都能夠看到釣魚人的身影。那就是釣魚人精神！

有朋友說：每天看你的日記，感覺你每天都像打了雞血一樣，你到底是怎麼做到的？我笑著回答：你要是釣魚的話，你就懂了。

其實何止學術像釣魚，人生不也如此嗎？

二

7 月 21 日的早晨，照例六點多起床，機械般的坐在電腦前忙著自己的事。這陣子正在忙於《春秋集傳詳說》、《莊子通》的附錄《莊子章義》的收尾工作以及《闢疆園杜詩注解》的校對。小寶昨晚因為洗完澡後，光著身子吹空調，今天開始了發燒。午後測量體溫，竟高燒近四十度。午後三人赴兒童醫院，門

診已經下班，掛了個急診。由於是發熱，需要先到發熱門診，測體溫，作核酸檢測，然後再分流至急診掛號，診斷。

急診的小寶寶很多。於是排隊，診斷，抽血，再診斷。最後拎著一包藥回家。藥有些苦，小寶不喝。接下來幾天就是三人強捉著小寶，然後用注射器往其嘴中強注，然而效果非常不好。他緊咬牙齒，或是含在嘴裏不吞，最後悉數吐出。就在這幾天裏，他的病情開始悄悄加劇，體溫時高時低，還開始了咳嗽。

21 日下午，楊主任微信發來消息，稱 2022 年 3 月計劃出版的書稿需要在 8 月 10 日之前提交。本此要交的五部書稿（《讀易述校證》《青學齋集校證》《陸繼輅集》《〈曝書亭集詩注〉校證》《曝書亭詩錄箋注》），其實主體早就已經完成，只是《陸繼輅集》《〈曝書亭集詩注〉校證》兩書的前言一直沒有寫。本打算這幾天集中力量寫出來。但眼下所作的事兒又有點脫不開手。《春秋集傳詳說》是四月份一鼓作氣完成的，僅剩下卷首的《綱領》和前三卷，《莊子章義》是 7 月初新弄的，《闕疆園杜詩注解》則是去年的書。在小寶喝藥的幾天，繼續這些工作，於 7 月 22 日完成《春秋集傳詳說》，於 7 月 24 日完成《莊子章義》；《闕疆園杜詩注解》還有數卷待錄，錄完的也已校完，暫時可以停下。原指望小寶喝完藥，病就好了。到了 24 日上午，小寶體溫降到了三十七度，感覺快要恢復正常。於是，午飯後，我便至團結河作釣去了。那天魚情很好。釣至五點的時候，內子打來電話，稱小寶又燒到了四十度。於是急忙回家，灌藥。次日，小寶的咳嗽聲渾濁，明顯感覺肺部有痰。於是三人再赴兒童醫院，掛門診專家號。於是拍片子，診斷為肺炎，需要住院。立馬辦理手續，在醫院住下，預交三千元。每天上午掛五瓶水，下午掛一瓶，上下午各做一次霧化。期間還有抽血、鼻拭子、大小便檢測。小寶說在醫院很無聊，很難受，我們也待的難受。直到 29 日下午三點掛完水，於是就出院了。按照醫生的意思，還應該再住兩天。結帳時，預交的錢還不夠用。

幾天沒有碰電腦。回家後打開電腦，竟有點無所適從。本擬《陸繼輅集》《〈曝書亭集詩注〉校證》兩書的前言好好寫一寫，可是從醫院回來之後的疲憊，加之酷熱的天氣已經讓我頗不寧靜了。

5 月 18 日，我在《青學齋集校證》後記裏寫道：「夏天居然沒幹過冬天，氣溫比往常同期都低。」可誰曾想到，進入 6 月之後，全球多地爆發罕見的持續極端高溫天氣，據報導，格陵蘭島冰川出現大面積崩塌，國外很多國家還熱死了人。心煩意亂的我，什麼也不想幹。於是，詳細的前言便沒能寫出來。

今天早上起的很早，完成了《陸繼輅集》的前言，接下來幾天則要來完成《〈曝書亭集詩注〉校證》的前言。

今天也是 7 月的最後一天了，暑假眼瞅著過了一半，但要做的事情還有很多。前天開始了《莊子內篇證補》的錄入，今天開始《南華直旨》的錄入，會不會錄完，抑或有時間和精力允不允許，這一切都只能是走著瞧。

前一陣子體檢，25 日收到了體檢報告，竟然有 15 項異常。終日久坐，加之食少睡少，身體就這麼損耗掉了。所以往後餘生，健康最重要。其他的事，盡力而為吧！不放棄，也不拼命，才是最好的。

2022 年 7 月 31 日上午第二節

下午第一節

麻城陳開林草於翡翠國際